暨南文库·新闻传播学
JINAN Series in Journalism & Communication

编 委 会

本书为2019年团中央"青少年研究"重点课题成果

暨南文库·新闻传播学 ❷
JINAN Series in Journalism & Communication

社区行动者的
空间建构与叠合身份认同

来穗务工青年的志愿服务参与研究

张 蕾 周承远 管 帅
著
刘运红 唐 淑 杨朝露

瞭望者 J

暨南大学出版社
JINAN UNIVERSITY PRESS

中国·广州

图书在版编目（CIP）数据

社区行动者的空间建构与叠合身份认同：来穗务工青年的志愿服务参与
研究/张蕾等著. —广州：暨南大学出版社，2021.6
（暨南文库. 新闻传播学）
ISBN 978 - 7 - 5668 - 3068 - 5

Ⅰ. ①社…　Ⅱ. ①张…　Ⅲ. ①青年—民工—志愿—社会服务—研究—广
州　Ⅳ. ①D669.3

中国版本图书馆 CIP 数据核字（2020）第 245200 号

社区行动者的空间建构与叠合身份认同：来穗务工青年的志愿服务参与研究
SHEQU XINGDONGZHE DE KONGJIAN JIANGOU YU DIEHE SHENFEN
RENTONG：LAISUI WUGONG QINGNIAN DE ZHIYUAN FUWU CANYU YANJIU

著　者：张蕾　等

出 版 人：张晋升
项目统筹：黄圣英
责任编辑：冯　琳　刘　蓓
责任校对：周海燕　孙劭贤　武颖华
责任印制：周一丹　郑玉婷

出版发行：暨南大学出版社（510630）
电　　话：总编室（8620）85221601
　　　　　营销部（8620）85225284　85228291　85228292　85226712
传　　真：（8620）85221583（办公室）　85223774（营销部）
网　　址：http：//www.jnupress.com
排　　版：广州尚文数码科技有限公司
印　　刷：深圳市新联美术印刷有限公司
开　　本：787mm×1092mm　1/16
印　　张：15.25
字　　数：263 千
版　　次：2021 年 6 月第 1 版
印　　次：2021 年 6 月第 1 次
定　　价：65.00 元

（暨大版图书如有印装质量问题，请与出版社总编室联系调换）

总　序

……

　　如果从口语传播追溯起，新闻传播的历史至少与人类的历史一样久远。古人"尝恨天下无书以广新闻"，这大约是中国新闻传播活动走向制度化的一次比较早的觉醒。

　　消息、传闻、故事、新闻、报道，乃至愈来愈切近的信息、传播、大数据，它们或者与人们的生活特别相关、比较相关、不那么相关、一点也不相干，或者被视为一道道桥上的风景、一缕缕窗边的闲情抑或一粒粒天际的尘埃，转眼消失在风里。微观地看，除了极少数的场景外，新闻多一点还是少一点，未必会造成实质性的差别；本质地看，人类作为社会性的动物，莫不以社会交往，包括新闻传播的存在和丰富化为前提。

　　这也恰好是新闻传播生存样态的一种写照——人人心中有，大多笔下无。它的作用机制和内在规律究竟为何，它的边界究竟如何界定，每每人见人殊。要而言之，新闻传播学界其实永远不乏至为坚定、至为执着的务求寻根问底的一群人。

　　因此人们经常欣喜于新闻传播学啼声的清脆、交流的隽永，以及辩驳诘难的偶尔峥嵘。重要的也许不是发现本身，而是有越来越多的研究者参与其中，或披荆斩棘，或整理修葺。走的人多了，便有了豁然开朗。倘若去粗取精，总会雁过留声；倘若去伪存真，总会人过留名。

　　走的人多了，我们就要成为真正的学术共同体，不囿于门户之见，又不息于学术的竞争。走的人多了，我们也要不避于小心地求证、深邃地思考，学而不思则罔。走的人多了，我们还要努力站在前人、今人的肩膀上，站得更高一些，看得更远一些。

　　这里的"我们"，所指的首先是暨南大学的新闻传播学人。自 1946 年起，创系先贤、中国第一位新闻学博士、毕业于德国慕尼黑大学的冯列山先生，以及上海《新闻报》总经理詹文浒先生等以启山林，至今弦歌不辍。求学问道的同好相互砥砺，相互激发，始有本文库的问世。

"我们"，也是沧海之一粟。小我终究要融入大我，我们的心血结晶不仅要接受全国同一学科学术共同体的检验，还要接受来自新闻、视听、广告、舆情、公共传播、跨文化传播等领域的更多读者的批评。重要的不完全是结果，更多的是过程。在这一过程中我们特别关注以下剖面：

第一，特定经验与全球视野的结合。文库的选题有时是从一斑窥起，主要目标仍然是研究中国全豹，当然，我们也偶或关注印度豹、非洲豹和美洲豹。在全球化时代，我们的研究总体会自觉不自觉地增添一些国际元素。

第二，理论思辨与贴近现实的结合。犹太谚语云"人类一思考，上帝就发笑"，或许指的是人力有时而穷，另外一种解释是万一我们脱离现实太远，也有可能会堕入五里雾中。理论联系实际，不仅是哲学的或革命的词句，也是科学的进路。

第三，新闻传播与科学技术的结合。作为一个极具公共性的学术领域，新闻传播的工具属于拿来主义的为多。而今，更是越来越频繁地跨界，直指5G、云计算、人工智能等自然科学的地盘。虽然并非试图攻城拔寨，但是新兴媒体始终是交叉学科的前沿地带之一。

归根结底，伟大的时代是投鞭击鼓的出卷人，我们是新闻传播学某一个年级某一个班级的以勤补拙的答卷人，广大的同行们、读者们是挑剔犀利的阅卷人。我们期望更多的人加入我们，我们期望为知识的积累和进步贡献绵薄的力量，我们期望不辜负于这一前所未有的气势磅礴的新时代！

编委会

2019 年 12 月

前　言

…　…

2020 年注定是写入史册的一年。突如其来的新冠肺炎席卷全球，深刻地考验着世界各国应对危机的社会治理能力。疫情之下，每一个微观层面的社会个体也在经历着自我社会价值的反思与重构。面对疫情的严峻挑战，甚至生死威胁，是独善其身还是勇往直前兼济天下？身处险地的武汉青年做出了令人钦佩的选择。80 后的快递小哥汪勇便是其中的代表之一。他用坚毅果敢的行动诠释了青年志愿者的社会担当。从凭借一己之力自愿接送金银潭医院的医护工作人员到独助不如众人助，组织几十人的志愿团队，解决医护人员出行、就餐，甚至医用物资调运的难题。汪勇的挺身而出充分彰显了青年志愿者自我社会意识的觉醒和投身社会服务的积极意愿。无数志愿者的善举让我们看到了每一个普通人为抗击疫情做出的不平凡的努力。志愿精神的核心价值——"服务、团结的理想和共同使这个世界变得更加美好的信念"在这个特殊的春天愈发凸显其价值。

联合国曾将志愿者定义为自愿进行社会公共利益服务而不获取任何利益、金钱、名利的活动者。在中国，志愿者一般依托于专业机构或者社群组织，不以营利为目的、不以获取报酬为前提，自愿地参与公益活动，助人为乐，奉献个人价值。随着 80 后、90 后乃至 00 后的快速成长，他们越来越多地加入志愿服务的行列，成为城市志愿服务的新生力量。无论是在抗疫的一线，还是在城市生活的常态化运行之中，作为志愿者的青年群体以更加积极的生活姿态，成为"互相帮助、助人自助、无私奉献"的践行者。

研究青年群体的志愿服务参与具有重要的现实意义。习近平总书记 2019 年1 月 17 日在天津市和平区新兴街朝阳里社区考察时曾将青年志愿者行动的开展称赞为"社会文明进步的重要标志，广大志愿者奉献爱心的重要渠道"。从宏观层面，青年志愿服务为社会的经济发展和社区的公共治理贡献了智力支持与人力保障，创造了巨大的经济效益和社会效益；从微观层面，青年志愿服务对于青年个人的自我成长具有强大的赋能效应。青年在主动参与社会、融入社会的过程中，将所学知识转换为实践能力，提升服务社会的综合素养。

在众多的城市志愿者当中，既有土生土长的本地青年，也有外来务工青年。以广州为例，强大的经济辐射能力和优越的地理位置优势吸引了大批优秀人才来穗发展，广州已经成为仅次于上海的外来人口最多的一线城市。来穗务工青年为广州的城市发展注入了源源不断的新鲜动力。他们在实现个人奋斗目标的同时，也在努力寻求自我价值的外部认同。参与志愿服务是其提升精神素养、发挥社会创造力的有效途径，也是主动融入城市生活的情感体验过程。关注来穗务工青年的志愿服务有着更加鲜明的社会价值，对于推动外来流动人口的城市社会化、市民化将是积极有益的探索。

依托于 2019 年团中央"青少年研究"重点课题的资助和暨南大学新闻与传播学院出版资金的支持，课题组立足广州，开展了以问卷调查法、深度访谈法为主的实证研究工作，取得了阶段性的研究发现。依照世界卫生组织对青年的定义，问卷调查法以参与过志愿服务的 16～45 岁的来穗务工青年作为总样本。根据广州市统计局 2018 年最新数据，在册的来穗人员共有 967.33 万人，来穗人员数量超过同期户籍人口，超过 95% 为 16～59 岁的劳动年龄人口。[①] 本研究采用概率抽样中的随机抽样，结合非概率抽样中的配额抽样、判断抽样等方法从总体目标人群中抽取 600 个样本。具体做法是：根据广州市统计局数据，来穗务工青年中男女比 0.525：0.475；广东省内外比 0.41：0.59；主要职业为制造业 2 500 000 人，建筑业 310 000 人，服务业 404 000 人，比例为 0.77：0.10：0.13，分别对性别、户籍地、职业进行配额。本研究从广州下辖的十一个区中随机抽取两个区——天河区（核心区）、番禺区（功能区）作为一级抽样框。其中，天河区下辖 21 个街道，番禺区下辖 10 个街道、6 个镇。在天河区中随机抽取石牌、棠下两个街道，约有 16 万来穗人员，配额抽取 192 人。在番禺区中选取钟村、市桥两个街道，约有 16 万来穗人员，配额抽取 192 人。在番禺区 6 个镇中抽样选取南村镇，约有 18 万来穗人员，配额抽取 216 人。

---

① 尹来. 来穗人员最需要什么样的公共服务？[N]. 南方都市报，2018-07-24（AA08）。

表1　来穗务工青年抽样调查配额表

单位：人

天河区				番禺区				番禺区南村镇216			
棠下街道/石牌街道192				钟村街道/市桥街道192							
男101		女91		男101		女91		男114		女102	
省内	省外	省内	省外	省内	省外	省内	省外	省内	省外	省内	省外
42	59	38	53	42	59	38	53	47	67	42	60

　　此次问卷调查于2019年7月1日开始实施，为期5个月。课题组成员通过与广州市广仁社工服务中心和广州市来穗人员服务管理局等机构合作的方式，在大型的节日庆典（例如建党98周年庆典活动）、"融合大学堂"（防诈骗培训、出租屋消防培训、亲子陶泥活动、美食交流活动、消防安全培训、粤语培训、积分入户政策解读）、"粤港澳大湾区创业环境和创业形势分析"融合课堂、"禁毒、国家网络安全、防诈骗"社区宣传活动、街道巡访、暖加公益2019年义工年会等活动中，依据拟定的抽样调查配额表，实地调研来穗务工青年志愿者。总计发放问卷600份，回收596份，剔除无效问卷48份，有效问卷共计548份，回收率为99.3%，有效回收率为91.3%。如无特别补充说明，书中的所有统计分析数据均来源于该数据库。

　　本书是集体智慧的研究成果。张蕾负责全书的统筹安排以及前言的撰写，周承远、管帅、刘运红、唐淑、杨朝露分别独立撰写第一篇至第五篇，各篇文责自负。

　　《"异乡人"的抉择：基于媒介情境论的来穗务工青年志愿服务参与研究》立足媒介情境论，聚焦媒介语境下来穗务工青年的志愿参与态度、志愿行为及媒介素养的异质性等问题。媒介技术的渗透使得"在地性"的志愿服务成为媒介语境的生产场所，志愿者被卷入公、私域叠合的"中区"并产生了克制的中区行为，来穗务工青年志愿服务的权威逐渐消解，并且逐渐功利化。来穗务工青年的媒介接触不同，会形成来穗务工青年内部的媒介素养和志愿服务差异。媒介语境下"数字鸿沟"加剧，低媒介素养群体容易陷入沉默，来穗务工青年选择社会角色时也因新媒体而呈现异化特征。新媒体作为语境塑造者对志愿者态度与行为影响较大。

　　《规训与感召：微信群虚拟空间对来穗务工青年志愿服务的影响研究》以社群主义作为理论支撑，探索以微信为载体的网络社群对来穗务工青年志愿服务的影响。研究发现，微信群作为一种虚拟空间，为志愿者自组织建构了参与社区基层治理的行动场域，并通过空间规训，进行道德展演，实现情感召唤。

具体来看，微信群作为一个网络空间意义上的社群，具有志愿活动信息传播、人际交流的功能，同时呈现出一定的差序状态。通过群表彰，实现多人"线上"在场式的点赞；线上捐赠"救命钱"，塑造"社会互助"精神；以公共讨论提高群活跃度，营造一种"找到组织的感觉"，激起成员的主人翁意识，强化志愿者之间的信任感，进而实现线上线下相结合，完善志愿者的自我管理、自我服务模式。但是，部分群成员"游离"于群聊之外，长期处于"失语"状态，在一定程度上影响整体志愿活动的效果。

《资源赠予与互惠性交换：组织认同对来穗务工青年志愿参与的影响研究》结合社会认同、社会交换和社会资本等理论，从志愿组织与志愿者个体的关系角度出发，探讨了组织认同对来穗务工青年志愿参与的影响。研究发现，志愿者组织认同感的产生源于组织支持、组织声誉、组织文化等因素。在组织认同的驱动下，志愿者往往基于互惠性原则对志愿组织产生非角色行为。志愿组织应当采取多种方式激发志愿者的组织认同，促进来穗务工青年的志愿参与，包括聚焦个体利益，关注软硬需求；构建组织声誉，健全内外传播机制；培养情感性关系，建立与维系情感纽带；强化价值认同，引导价值共识等。

《前置性承诺与后置性强制：政府激励机制对来穗务工青年志愿参与的影响研究》以广州来穗务工人员社会融合和志愿服务的发展为背景，从前置性承诺和后置性强制视角出发，探讨政府激励机制对来穗务工青年志愿参与的影响。广州志愿服务自2010年亚运会后发展迅速，取得了显著的成绩，但是也存在着"志愿失灵"的现象，这便要求政府发挥自身优势，在矫正志愿失灵方面发挥其应有的社会责任。志愿失灵主要表现在志愿服务资金短缺、人力资源不足、志愿服务能力不足和运作不规范等几个方面。研究提出构建政府和志愿组织合作监督的关系，以期为广州政府激励来穗务工青年参与志愿服务提供借鉴。

《稳定与融合：叠合身份认同下来穗务工青年志愿参与及社会融入研究》关注到来穗务工青年群体有着融入城市的强烈意愿，但"新广州人"的自我认知与"异乡人"现实生活困境的交织使得来穗务工青年群体在身份认同问题上存在困扰。志愿服务活动在促进区域认同、引导社会参与、强化公共服务方面有着独特作用，有助于来穗务工青年主动融入城市生活，强化其主人翁意识，弥合其"新广州人"与"异乡人"之间的叠合身份差距。

张　蕾

目 录
contents

001 总 序

001 前 言

001 "异乡人"的抉择：
基于媒介情境论的来穗务工青年志愿服务参与研究（周承远）

070 规训与感召：
微信群虚拟空间对来穗务工青年志愿服务的影响研究（管帅）

111 资源赠予与互惠性交换：
组织认同对来穗务工青年志愿参与的影响研究（刘运红）

153 前置性承诺与后置性强制：
政府激励机制对来穗务工青年志愿参与的影响研究（唐淑）

194 稳定与融合：
叠合身份认同下来穗务工青年志愿参与及社会融入研究（杨朝露）

232 附录：问卷

"异乡人"的抉择：
基于媒介情境论的来穗务工青年志愿服务参与研究

周承远

一、绪论

（一）研究缘起

1．一个群体的两种表现

2020 年的新年不平凡，一时间人们的心五味杂陈。这期间的报道，涉及的人群除了病人、政要、医学专家及一线医务人员，还有一个庞大的群体——志愿者。这一群体囊括了诸多异质性的个体，有企业家、餐馆老板、出租车司机、社区义工、快递小哥等，每个个体的周围，捐款、物资捐赠比比皆是。这些平凡的个体在灾难面前所付出的善行，不仅被国家级的媒体数次报导，更是在个体的社交媒体中铺天盖地地刷屏，不少基层志愿团队队内也纷纷响应，在意见领袖或是权威机构的引领下筹集善款和医用物资。冷静之余，另一幅画面出现在脑海之中——一些基层志愿队伍参与志愿服务，服务质量参差不齐，服务意识一厢情愿，大多数时候形式主义的志愿队总是伴随着寥寥无几的志愿伙伴，以及敷衍了事的服务态度。同样的基层志愿服务队伍，却在不同的志愿参与中有着不尽相同，甚至截然相反的表现，此中的强烈反差，缘由几何？

从不同角度、不同学科出发，会有诸多不同的原因招致这两种反差，毕竟前者是面对大灾难所表现出的爱国主义风范，后者则是日常平静生活中的公益、善举，但这两种志愿服务的本质并没有太大差别，难道同样一个群体，在疫情暴发之后，就焕然一新了？面对疫情和平日需要帮扶的弱势群体，难道真的存在"善小而不为"？那是什么可控的变量导致前后两者不同呢？

2．个体行动的判断依据

先搁置本题目，来思考这样一些问题——为何人类会对一些人、事、物感到亲切、温暖，却用"冷漠""遥不可及"来形容与之对应的东西？为什么大众在接触、认知新事物时，往往会先入为主地判断认识对象？即便你并不想图式化、刻板地认识它，却难以控制自己的想法？这种状况只存在于直接认识对象的过程中吗？还是在间接认识对象（例如通过他人言说和媒体媒介认识人、事、物）时也存在？你形成这样的想法，与你接触的中介有关系吗？

或者可以将问题具体化，一位出现在某访谈节目中的专家和一位出现在小视频中的专家，都讲述了相同主题的内容，你观看后对他们的情感、评价如何？若需要借助其中一位专家关于"新冠肺炎的防治措施"的说辞来说服你的父母佩戴口罩，哪位专家的话会更适合用于说服？

不论人们在上述场景中做出什么选择，都表明其行为和认知可能会受到他们所看视频的影响。诚然，翻阅文献便可以从社会心理学的角度轻松解答人类行动时的心理历程：认知新事物，形成态度和行为，都是通过基于图式的自动化思维[1][2]，人类会"无意识地、不带意图地、自然而然地且不需要努力地组织某个主题的知识、周围的世界的结构"[3]，这也构成了人类群体最直接、最高效、最常见的认知方式。不同的情形下，图式都"包含我们用来组织我们关于社会世界的知识以及解释新情况的基本的知识和印象"[4]，所以大多数人会根据"访谈节目"与"抖音小视频"在图式中所属的不同类别的结构来判断举谁为例最有说服力；而根据"话题"进一步思考，形成判断则是一种对自动化思维提供制衡的方式——控制性思维[5]，它会在人们决策和行动具备充足的时间和计划性时发挥作用，人们会兼顾呈现的形式和呈现的主题元素，选择是否对信息进行有效的加工和处理，你的加工动机（接收信息，进行思考的欲望）、加工能力（基于信息内容的逻辑判断）决定了态度形成的稳固与否[6]，简而言之，

① BARTLETT F C. Remembering：a study in experimental and social psychology［M］. Cambridge：Cambridge Univevsity Press，1932.

② TAYLOR S E. Schematic bases of social information processing［J］. Social cognition，1981：89－134.

③ BARGH J A，FERGUSON M J. Beyond behaviorism：on the automaticity of higher mental processes［J］. Psychological bulletin，2000，126（6）：925.

④ ARONSON E，WILSON T D & AKERT R M. Social psychology：international edition，8/e. Pearson Schweiz Ag［M］. New Jersey：Upper Saddle River，2011.

⑤ DRUMMOND T. It's not just in new jersey［J］. Time，1999，153（23）：61－66.

⑥ PETTY R E，CACIOPPO J T. Communication and persuasion：central and peripheral routes to attitude change［M］. New York：Springer Science & Business Media，2012.

即人们会在相对充足的时间里三思而后行。

3. "殊途同归"的变量

通过上述从认知层面对受众的行为所进行的分析，似乎从微观来看比较全面，但是大家是否注意到人类行动时判断的依据、图式的来源又是什么？人类形成认知框架的起点是什么？或者换言之——作为生活在今天的现代人，忽略了哪些潜移默化的但又对人们产生影响的存在？回想开篇提出的问题，是什么导致了一个群体短时间内的行动差异？再次审视"选取专家视频来说服父母戴口罩"的场景，是否大家已经默认访谈节目一定来源于电视，而小视频必然呈现在手机上呢？

此时，媒介环境学派中作为环境、生态而逐渐透明化的"媒介"，可谓人们探寻这种潜移默化的"润物细雨"的明灯。而上述两个问题涉及的共同变量，便是媒介，两个志愿服务场景、两个专家访谈，其背后的媒介语境大不相同。

言归正传，上述两个问题又从侧面体现出如下问题：

①人类如何认知媒介（或者人类通过什么认知媒介）？

②媒介作为一种技术方式，如何对人类的认知和行为进行影响？（从技术特征→受众行为）

③媒介利用其技术特征在传播文化、意识形态，规训人们的认知、情感与行为时，是否也建构了人们心中媒介固有的形象？（从内容特征→受众行为）

④作为人类认知世界的身体延伸，人们心中媒介所形成的固有形象是否会影响他们对媒介内容的态度？（从"媒介偏见"→受众行为；从受众态度→受众行为）

⑤如果上述问题成立，根据传播目的，人们该如何对媒介进行搭配组合，抑或更迭？（例如，20世纪初的村口大喇叭是战争年代权力与威信的建构者，在媒介多样化的和平年代，它该废弃吗？新冠疫情期间的它，又扮演着什么角色呢？）

受限于篇幅，本论文主要针对问题①和②进行探讨，而具体研究行进将以平时会定期参与志愿服务的青年群体为个案而展开。

（二）研究背景

综合前人已有研究（针对电子媒介与人的行为之间的关系），为聚焦问题，避免受限于自身所处的"拟态环境"，笔者将研究群体确定为普遍能接触到的、基层的来穗务工青年群体，原因如下：

其一，社会意义显著。青年人的生存与发展一直以来都是热点关注问题，青年研究往往也对社会的热点、大众关注的焦点展开深探。从发展视角来看，青年往往会根据自身的需求和现状背井离乡寻求发展机遇，这其中，珠三角地区则成为青年的选择之一。近年来广东省的外来人口与日俱增，同样，来穗人口也逼近 1 000 万人。外来青年作为"异乡人"则颇受政府重视，该群体对所在城市的贡献及其在当地的融入程度直接关系到社会的发展和稳定。此外，青年群体的媒介接触时长、媒介素养存在较大差异（受教育水平、成长环境的影响），媒介会对其行为产生重要影响，研究他们能更好地放大本文的核心问题，即媒介自身是如何影响受众行为的。

其二，方便对比研究。选择来穗务工青年群体的同时，"研究者们"就成了对照组，来穗的青年教师、学生和青年务工人员，三者的部分人口统计学特征（如年龄、性别配比）、自然环境、社会环境（社会技术、经济发达程度）等差距较小，但是在技术的应用水平，比如媒介使用（尤其是新媒体的使用水平）、媒介素养上差距较大，因此能够更好地在变量被控制的情况下进行对比研究，分析实验组和对照组受媒介技术的影响。

（三）文献综述

综述从研究对象与适用理论两条路径出发，前者着重梳理来穗务工青年群体研究所聚焦的主题，以及既有研究与本文所关注的"媒介对青年的影响"议题的交叉或涉猎的部分；而后者则针对前人中较少涉及将媒介理论应用于务工青年研究中，且较少关注被媒介语境所包裹的务工青年群体的研究空白上，从研究主题的适用媒介理论——媒介情境论出发，探析理论的背景、发展和应用，最后对理论进行评价，以便对理论进行系统化的梳理，便于后文的理论分析。

1. 来穗务工青年研究现状

欧美地区研究中，人口基数和地域差异导致青年人口进入城市的类似概念较少，最为接近的是"青年流动人口""二代移民"，例如以理论分析的角度阐释[①]二代移民的现状与诉求对策。一部分学者认为，"二代移民"通过与群体共

---

① PARK R E. Community organization and the romantic temper [J]. J. SOC. F., 1974 (3): 673.

享历史、记忆、情感等，最终将其会同为共同的文化生活。考虑到"二代移民"与"来穗"差距较大，且"来穗"具备中国特色，故而主要针对国内文献进行综述。有关该主题，国内研究主要可以概括为以下几个方面。

（1）外来务工人员特性与诉求。

"来穗"者作为外来人口，本身的特性和诉求与其他省市外来人员差异不大，使用"外来务工人员"主题检索能获得更多相关文献。国内关于外来务工人员的研究内容，主要涵盖利益诉求、住房居留、社会治理、政治权利和社会融入五个方面。此外，有大量研究探讨该群体的自身特性，尤其关注其"外来"的特点，具体体现为：①关于外来务工人员的流动性特征的解读；②分析不同的理论视角下的流动人口，例如"代际理论"和"生命历程和社会变迁理论"。

（2）青年社会参与现状与分类。

关于该主题的研究大体上可分为：①对于青年社会参与的探讨的三个维度：影响青年社会参与意愿的因素和问题、影响青年社会参与持续性的因素、社会对青年参与的支持程度；②围绕青年社会参与形成了"政治参与""经济体制""志愿服务""社会融入""青年社会组织""青年自组织"等多个研究议题；③社会参与包括人际交往、劳动参与、闲暇活动和社会互动等多种形式的活动。

（3）融入状况。

"异乡人"的社会参与，伴生效果就是"融入"，即融入本地、融入社会。而无论社会参与的最终目标是哪个层面的（实现社会稳定，抑或提升居民幸福感，还是稳定第三产业、经济结构，或者满足外来人员需求等社会、经济、个体需要），都与"参与"带来的融入有直接关系。

作为"异乡人"的外来务工青年需要面对城市劳动力市场二元结构及城乡社会二元结构的矛盾，前者是外来劳动力大多从事低层次的劳动，后者则体现出该群体多为农业户口，受困于制度和发展环境的制约;① 外来务工人员的身份、工作与收入、生活环境、心理健康等方面存在诸多问题，存在潜在的社会矛盾。② 故而"异乡人"融入城市社会必然存在着心理障碍。

---

① 高秀琴. 外来务工青年融入城市社会的思考［J］. 扬州大学学报（人文社会科学版），2004（6）：72－75.

② 骆华超. 外来务工人员政治权利的实现：浙江义乌的经验［J］. 中共杭州市委党校学报，2007（3）：58－62.

（4）媒介使用与媒介素养现状。

既有文献大多针对青年群体的文化，如佛系上班、上学族①②和青年亚文化③，青年群体的行为与表现④，青年的思想、价值观等进行研究，而关注青年群体网络素养的甚少，关注来穗务工青年群体的则几乎没有，这也为本文关注来穗务工青年的媒介接触留下了研究空间。

（5）实证研究概况。

单独提出实证研究，原因有二：其一，关于本主题，优秀的实证研究凤毛麟角，客观的数据支撑都比较缺乏，经验性的论述以作者个人的观察、事例为依据，依靠逻辑上的归纳和演绎推论得出。该类实证研究作为立足于社会现实问题的研究，其信度、效度受到质疑，但依然有一些学者的实证探讨值得借鉴，特意列出。其二，本文立足实证，虽相关实证研究少，但考虑到研究需求，需要借鉴已有的较为成熟的研究指标对受众予以测量。

①测量参与意识方面，胡子祥在 2006 年从社会责任意识、社会关怀意识、社会事务参与意识和关注时事意识四个维度，建立了 32 项指标体系，对当代大学生的社会参与意识进行了定量测量。⑤

②影响社会参与意愿方面，2019 年豆雪姣等学者以 332 名青年为研究对象，采用问卷调查的形式，研究了居住流动性对社会参与意愿的影响及其心理机制。研究得出，居住流动性与青年社会参与意愿呈显著负相关；地方认同在居住流动性对社会参与意愿的影响中起部分中介作用，流动自主性在居住流动性和社会参与意愿之间具有调节作用。⑥

③影响社会参与持续性方面，面对青年社工在社会参与的流失问题，其中从社会心理层面进行探讨的居多。王蕾于 2015 年的研究表明影响青年志愿者长期投身社会公益事业的因素包括个人特点和家庭成长环境、自我实现价值观的构筑、对他人期待的反身性构建、志愿机构声誉和组织形式、积极互动的社会

---

① 余天威. 网络青年"卖丧信佛"的符号狂欢与亚文化景观审视 [J]. 云南社会科学，2019（4）：165－171.

② 贺钟玉. 当代青年"佛系"现象的解读 [J]. 法制与社会，2019（22）：125－126.

③ 马中红. 新媒介与青年亚文化转向 [J]. 文艺研究，2010（12）：104－112.

④ 周燕. 青年群体在微博中的自我呈现 [D]. 南京：南京师范大学，2015.

⑤ 胡子祥. 当代大学生社会参与意识的实证研究 [J]. 中国青年研究，2006（5）：35－39.

⑥ 豆雪姣，谭旭运，杨昭宁. 居住流动性对青年社会参与意愿的影响 [J]. 心理技术与应用，2019，7（3）：129－137.

化影响、网络互融中的智慧连接等。①

综上，社会参与影响因素繁杂，但在测量其参与意识（意愿）、态度与持续性方面，不同学者做出了实证研究方面的努力。然而对于网络互融，以上作者并没有采取实证的方式，也没有具体探讨至网络技术或媒介素养能否促进来穗务工青年志愿参与，本文将从此处着手展开探讨。

2. 媒介情境论研究现状

（1）理论的提出。

媒介情境论，是梅罗维茨（Joshua Meyrowitz）1985 年在其出版的《消失的地域：电子媒介对社会行为的影响》（*No sense of place：the impact of electronic media on social behavior*）一书所提出的理论，理论缘起于梅罗维茨认为过去研究中"研究者普遍注重媒介中的内容，以及达成的效果，潜意识中认为媒介总是中性的"②，但事实上，文化内容的不同传播方式会导致人们对其社会角色、社会地位等社会观念产生影响。

梅罗维茨想要知道媒介对人的影响，就需要一条研究路径，即媒介—场景—受众认知及行为—社会变革，放大到媒介环境学派，③ 就是技术—媒介—场景—受众认知及行为—社会变革，研究的初始变量就是媒介。

为了实现这条路径，或者说启发梅罗维茨找寻这条路径的两个理论分别是"媒介理论，对不同传播媒介创造的不同文化环境进行历史性的、跨文化的研究"与"场景主义，研究'社会场景'塑造社会行为的方式"④。而嫁接的契机则在于两个理论各有其特色和缺陷，但又有着交叠的关注点。媒介理论关注媒介对宏观历史、文化带来的影响，而忽视具体作用于人的行为；场景主义关注面对面的传播，却忽视媒介在传播中、交流中扮演的角色。二者关注的共同点和嫁接点在于——它们都关注了"接触模式"，"场景主义认为人们的行为受

① 王蕾. "Y 世代"青年志愿者社会参与持续性的原因分析：基于 12 名青年志愿者的访谈［J］. 青年探索，2015（5）：39 - 44.

② 梅罗维茨. 消失的地域：电子媒介对社会行为的影响［M］. 肖志军，译. 北京：清华大学出版社，2002：12.

③ 刘娜，梁潇. 媒介环境学视阈下 Vlog 的行为呈现与社会互动新思考［J］. 现代传播（中国传媒大学学报），2019，41（11）：47 - 54.

④ 梅罗维茨. 消失的地域：电子媒介对社会行为的影响［M］. 肖志军，译. 北京：清华大学出版社，2002：13.

到与谁接触的影响，而媒介理论家认为媒介改变了接触模式"①。

通过两个理论的嫁接，梅罗维茨提出了许多重要观点，本文列出其中最核心的五个观点。

①社会环境中的人际交往本质（the nature of the interaction）取决于信息流动模式（patterns of information flow）而不是物理环境（physical setting）。②

②新媒介提供的信息流动模式会导致场景的融合或分离。

③场景的融合或者分离会导致人们"情境定义"的改变，甚至出现混乱。

④"情境定义"会影响人们对自己在该场景中的社会角色的认知，从而会影响人们扮演该角色时呈现的行为。

⑤随着场景的融合和分离，除了会产生1959年戈夫曼（Erving Goffman）所提出"拟剧论"中的前区行为和后区行为，还会产生"中区/侧台"行为、"前前区"行为和"深后台"行为。

由于梅罗维茨的理论体系枝繁叶茂，他本人在其著作的不同章节不同部分对每个观点都有拓展和论述，其分论点可谓"庞杂"，受限于篇幅，暂不一一列出，与本文有关的分论点和观点，将在具体分析时提及。

（2）理论的归属。

传播学研究素有技术控制论学派、经验功能学派、结构主义—权力学派，三个学派各有所专，梅罗维茨承其师门衣钵，理应属于技术控制论学派，随着对其理论研究的深入，学界普遍认为其属于软技术决定论学派。③

梅罗维茨理论的产生，本身就是对媒介环境学派理论的发展，而这一切都始于"媒介的偏向"性，英尼斯（Harold A. Innis）认为媒介具有偏向的性质，从历史和文化的宏观视角论证了媒介产生的偏向；麦克卢汉（Marshall Mcluhan）则进一步提出媒介具有感官的偏向，认为"感官平衡"是媒介偏向影响受众的秘密，媒介塑造了一种环境；波斯曼（Neil Postman）从具体偏向出发，指出媒介所包含的意识形态偏向；梅罗维茨则结合场景主义，提出了媒介有前区偏向和后区偏向。

---

① 梅罗维茨. 消失的地域：电子媒介对社会行为的影响 [M]. 肖志军，译. 北京：清华大学出版社，2002：31.

② 梅罗维茨. 消失的地域：电子媒介对社会行为的影响 [M]. 肖志军，译. 北京：清华大学出版社，2002：31.

③ 陈力丹. 试论传播学方法论的三个学派 [J]. 新闻与传播研究，2005 (2)：41-48, 97.

同时，"媒介的影响"是环境学派媒介思想的重要组成部分。英尼斯研究了媒介对文明的影响；麦克卢汉考察了媒介对人的感知、心理和社会的影响；波斯曼将电子媒介对童年的影响作为自己的研究重点；梅罗维茨则继续深入、细致地解析了媒介是如何影响人们的日常社会生活的。①

（3）理论的发展。

梅罗维茨的媒介情境论，是一个逐渐发展着的理论，在不同的时间段，不同学者，包括梅罗维茨自己，也对理论进行着修正，并不止一次在公开场合表示自己并非只强调技术的决定作用。

1990 年，梅罗维茨对媒介情境论进行了修订，认为"情境"（situation）概念主要用于限定物理环境行为，对限定媒介行为还存在不妥之处，所以他将"情境"的概念延伸为"语境"（context），具体分为地域语境（place-contexts）和媒介语境（media-contexts），并详细阐释了媒介语境对社会微观、宏观的影响。②

而林德洛夫（Thomas Lindlof）则于 1996 年对"场景融合带来的中区"进行进一步探讨，"梅罗维茨所形容的媒介带来的某些变化——比如从媒介和受众视角来看的'中区的出现'——并非永久不变的，而且，对媒介使用的适应及对媒介的解读都会不断地进化发展"③。

2004 年，梅罗维茨在《全球本土化的崛起》一文中，除了强调了"媒介共同形成的外部观点"（external perspectives）对人行为的作用外，还指出虽然全球化愈演愈烈，但事实上我们的经验都是在地性的，在地性经验离不开社会传统和社会制度；④ 此外，他还在 2009 年的美国政治社会学年会上发言，称"媒介理论（medium theory）并非指媒介可以脱离内容产生影响，也不是指媒介能

① 何梦祎. 媒介情境论：梅罗维茨传播思想再研究 [J]. 现代传播（中国传媒大学学报），2015，37（10）：14 - 18.

② MEYROWIZT J. Using contextual analysis to bridge the study of mediated and unmediated behavior [M] //Mediation, information, and communication. London：Routledge, 2019.

③ LINDLOF T. No more secrets：a retrospective essay on Joshua Meyrowitz's no sense of place [J]. Journal of broadcasting & electronic media, 1996, 40（4）：589 - 596.

④ MEYROWITZ J. The rise of glocality：new senses of place and identity in the global village [J]. A sense of place：the global and the local in mobile communication, 2005：21 - 30.

强大到'决定'对人们的影响"①。而国内学者也通过比较戈夫曼和梅罗维茨各自理论的脉络、重心和定义，认为后者只是借用了前者的视角，但理论根基则是媒介环境学派。②随着证据越来越充分，学术界关于其理论的争议也最终盖棺定论，将其划为软技术决定论之中。

而同样是在《全球本土化的崛起》中，梅罗维茨提出了"媒介三喻"（three metaphors）——媒介作为容器（medium-as-vessel/conduit）、媒介作为语法（medium-as-language）、媒介作为环境（medium-as-environment），这进一步拓宽了媒介研究的层次和视野。

根据上述学者对理论发展的贡献，结合李明伟③、何梦祎④等国内学者对媒介情境论的归纳与整理，综合得表1-1，便于审视理论的发展。

表1-1　媒介情境论的理论发展一览

时间	20世纪70—80年代雏形期	20世纪80年代末—90年代末发展期	20世纪与21世纪之交成熟期
背景	电子媒介勃兴	互联网兴起，拓展了"普遍的他域"（generalized elsewhere）	网络媒体崛起
内容	《消失的地域》在媒介理论和人际行为理论之间架设了一座桥梁，媒介情境论诞生	拓展了媒介情境论的内涵和外延，提出了"媒介语境""地域语境"	针对媒介功能定位提出"媒介三喻"（three metaphors）；强调了媒介共同形成的外部观点（external perspectives）的作用，并且为自己的理论归属盖棺定论

————————

　　① MEYROWITZ J. The end of television? its impact on the world（so far）‖ We liked to watch：television as progenitor of the surveillance society［C］. Annals of the American Academy of Political & Social Science，2009（625）：32 – 48.

　　② 车淼洁. 戈夫曼和梅洛维茨"情境论"比较［J］. 国际新闻界，2011，33（6）：41 – 45.

　　③ 李明伟. 知媒者生存：媒介环境学纵论［M］. 北京：北京大学出版社，2010.

　　④ 何梦祎. 媒介情境论：梅罗维茨传播思想再研究［J］. 现代传播（中国传媒大学学报），2015，37（10）：14 – 18.

（4）理论的应用。

立足于媒介情境论，诸多学者利用该理论中的核心观点来深入分析社会现象，例如，媒介建构的场景对家庭互动与儿童发展阶段的影响，微信朋友圈建构的场景对社交观念、行为的影响，或者 Vlog 作为中区行为的呈现阵地所带来的社会影响，直播带来的"自主情景"等。在此过程中，学者们也对理论进行验证和拓展、完善和丰富。①②③④

立足其他学科理论，也有不少学者借助多领域视角来审视媒介情境论，例如从伦理视角出发探讨"后区前置"的失范，从集合行为、群体感染理论角度出发探讨媒介情境影响社会行为时的其他变量（社会传统和社会制度，当然，这两个变量也是梅罗维茨在《全球本土化的崛起》中提出的），这些学者也为该理论注入了更多生命与活力。⑤⑥

（5）理论的评价。

梅罗维茨注重"媒介理论"（Medium Theory）而非"媒介理论"（Media Theory），因为他从单个媒介入手，研究每个媒介的特性，而非着眼于"媒介们"的共同作用。他的研究相比传统的媒介理论研究更具体、扎实，不那么大而空，全神贯注于社会行为和角色扮演这样更微观的层面，而比起场景主义理论，又要宏大、广泛、动态一些。⑦

梅罗维茨通过对一些核心概念的描述和使用——"媒介情境""信息流动模式""信息系统""情境定义""社会角色""中区行为""前前区、深后区行为""场景融合与分离"等诸多术语，构建了一个庞大而复杂、细致而周全的理论体系。在这个理论体系中，场景以具体的地点，和谁接触，对接触人的行

①　何志武，吴瑶. 媒介情境论视角下新媒体对家庭互动的影响［J］. 编辑之友，2015
（9）：9－14.

②　曾林浩，曾振华. 场景融合与身份混杂：媒介情境理论下微信朋友圈的使用［J］. 编辑学刊，2019（1）：25－29.

③　刘娜，梁潇. 媒介环境学视阈下 Vlog 的行为呈现与社会互动新思考［J］. 现代传播（中国传媒大学学报），2019，41（11）：47－54.

④　周勇，何天平. "自主"的情境：直播与社会互动关系建构的当代再现：对梅罗维茨情境论的再审视［J］. 国际新闻界，2018，40（12）：6－18.

⑤　李畅，阮超男. "后区前置"媒介情境下新媒体传播的伦理失范与反思［J］. 新闻界，2015（23）：54－58.

⑥　王贵斌，麦克道威尔. 媒介情境、社会传统与社交媒体集合行为［J］. 现代传播（中国传媒大学学报），2013，35（12）：100－106.

⑦　李明伟. 知媒者生存：媒介环境学纵论［M］. 北京：北京大学出版社，2010.

为感知等"感觉（有/存在）屏障"（例如饭店也是因为有了客人，才有了其"餐饮服务"的议题，如果没接触对象，饭店当然也可以变为"后区"），在梅罗维茨看来，这种包含接触对象、地点、时间等一些内容的东西便是信息系统。而对人们的交流起决定性作用的信息流动模式，则处于场景这个信息系统之中，一个系统内，模式多可调整，甚至可以利用流动模式连接、引入另一个系统（比如孩子们之间的视频通话、大人利用媒介获取他域的信息，这便是"信息获取模式"，它将有中介的交流纳入研究范畴，不再是面对面），形成、建构一个更大的系统，媒介的作用便在于此。媒介情境论，揭示了传统的稳定的信息系统面临着不断地被打破重组的现实，最终大家都处于"地球村"这个包罗万象的系统之中。

但是，媒介情境论并非完美无缺，梅罗维茨对理论的"全面""高解释度"的追求，也让理论变得冗杂，很难根据其理论构建出一个可量化、可验证、结构清晰明了的模型，当然这也是整个媒介环境学派所存在的问题，即太多"顿悟性""叙事诗"样的论述，尽管梅罗维茨已经比他的前辈们做得好太多，可理论家们的理论依然对实证性研究不怎么友好，这大大提升了理论的应用难度和普及难度。此外，梅罗维茨的理论追求"动态"却也陷入了"静止"，他关注新媒介对场景的分离和融合，以动态的场景视角、制度视角填补了戈夫曼的漏洞，但是陷入了技术→受众的单向通路，受众作为"受社会场景融合影响的人，只能无意识地采取不同的行为，而非有意为之"①，忽视了从受众→技术或者至少是忽视了受众→媒介的反作用力，无疑对受众的主观能动性缺乏应有的重视，这便是向"动态"出发，却又陷入了另一种"静止"。

3. 综述小结

本文从媒介环境学派视角出发，思考侧重于媒介本身的特性，或者技术特性对受众的行为影响，希望寻求对现实问题进行解释（为何同一个群体在接触不同媒介前后产生了巨大的反差与变化），通过对研究群体的进一步聚焦，并充分考虑代表性和社会意义（选择媒介接触频率和媒介素养相对较高的青年群体中更容易受到媒介影响的来穗青年），对其社会行为（着眼于群体行为的动机、缘由与媒介技术特性的关系，比如志愿参与这一与经济利益相关性较低的行为

---

① 梅罗维茨. 消失的地域：电子媒介对社会行为的影响 [M]. 肖志军，译. 北京：清华大学出版社，2002：1.

与媒介特性的关系）进行探讨。

综述分为两个方面，首先从来穗务工青年出发，涵盖了"外来人员的特点与诉求""青年社会参与类型与现状""融入状况导致的边缘化""媒介使用和媒介素养对外来务工群体的影响"，其中"媒介使用和媒介素养"是较为欠缺的部分，前人研究中关注外来青年群体受媒介影响的研究几乎没有，更遑论该群体受媒介自身特性的影响，这也为本文关注来穗务工青年的媒介接触留下了研究空白。此外，考虑到本文的实证向度，详细列出了已有的"实证研究"，为"参与意识、意愿""参与持续性"方面提供了可测量的指标，有助于更全面地了解来穗务工青年的特点与志愿参与对他们的特殊性和意义。

其次，从媒介理论出发，针对研究所采纳的视角、理论——媒介情境论，对该理论的提出、核心概念、发展和应用，以及学术评价方面进行了综述。媒介情境论作为技术（媒介）→场景→受众→社会的研究路径，揭示了媒介本身如何通过塑造场景来影响受众行为，受众如何通过信息流动模式来接入新的场景，受众的转变又如何影响社会文化和历史发生转变。该理论视角独特，补充了前人忽略的"动态性"（如戈夫曼对场景的理解相对静止）和论述跳跃（英尼斯、麦克卢汉的顿悟性论断），近年来逐渐完善，但理论概念繁复、框架"全面"却冗杂、量化难度大，应用时容易陷入"技术决定论"囹圄，而忽略受众能动性。

（四）研究意义

本文的理论意义是：从媒介技术、媒介情境角度丰富和创新社会参与的研究视角，并且为理论提供实证依据，填补对来穗人员志愿服务受网络媒介技术所产生的行为诱因和情境制约的研究空白，从个体、群体、社会三个层面出发，对媒介情境论进行拓展与丰富。此外，还融入集体行为理论，并借鉴传播学、社会学、人类学、社会心理学等多个交叉学科理论知识进行分析与补充。

本文的实践意义是：有助于来穗人员管理相关部门、各省市外来人员管理部门（如广州市来穗人员服务管理局）等部署与实施媒介宣传中的战略、战术，通过塑造媒介语境加强来穗人员的志愿参与，对促进来穗务工人员的身份认同、地方认同，促进地域融合、稳定社会结构与动态平衡具有一定的社会意义。

（五）研究方法

本文采用问卷调查法。结合文献综述，笔者提出操作化指标，据此设计问卷，通过深入来穗务工青年社区志愿服务组织，以志愿服务者的身份，与其一同参与志愿服务活动并发放问卷，获取一手数据，并采用 SPSS 20.0 进行数据分析、处理。本文以数据为实证依据，以媒介情境论等相关理论为论证基础，对媒介语境如何影响来穗务工青年的志愿参与进行质化、量化结合的论证分析，此外还通过偏相关分析验证了变量间相关性及相关程度的强弱。由此提出促进来穗务工青年参与志愿服务的关键影响因素，进而改善参与环境，便于其更好地参与志愿服务。

（六）研究重点

本文以来穗务工青年为研究对象，重点针对来穗务工青年在网络媒介影响下的认知、行为的成因和现状进行探究。网络媒介的普及不仅让传统的媒介形态得以重组和强化，而且让媒介这种技术因素渗透进了普罗大众的工作与生活的层面，媒介不只是来穗务工青年感官的延伸，更是来穗所处的环境，这种环境促使他们认知与行为的形成，影响着他们的一举一动，但以往媒介所营造的这种情境常常被人忽略。故而本文的重点内容便是引入媒介视角，通过对比传统媒介的语境和网络媒介的情境、语境的异同，分析人们的认知与行为差异，着重考量媒介在其中的作用，以及媒介如何发挥作用，最后根据媒介作用方式来丰富服务、引导来穗务工人员的治理对策。

二、信效度检验与描述性分析

（一）信效度检验

信度是用来衡量问卷是否准确的标尺。信度分析涉及了问卷测验结果的稳定性和一致性，通过信度分析调整量表可降低和控制随机性误差。

在内部信度测试方面，由于李克特五级量表所测变量为有序分类变量，故采用克朗巴哈系数（Cronbach's α），并且参考 CITC 系数，以此来检验问卷结果的一致性及可靠性（见表 1-2）。α 值在 0 ~ 1 之间，代表这一量表取得真分数的能力，α 值越高，则潜变量中各个侧项的结果就越趋向于一致稳定，也意味着问卷信度越高。

表 1-2 问卷信度检验

操作化指标	项已删除的刻度均值	项已删除的刻度方差 ɤ	校正的项总计相关性	项已删除的 Cronbach's α 值
先前接受过志愿帮扶有助于我参加志愿活动	48.95	86.70	0.52	0.88
我周围的亲戚朋友理解并支持我进行志愿服务	48.78	87.63	0.54	0.88
在志愿服务他人和社会时，我是自豪的、高尚的	48.69	86.44	0.58	0.88
我的居住状况比较稳定，流动性不强	48.93	86.17	0.55	0.88
服务他人时，我感觉团队氛围很好，大家相处融洽	48.63	87.12	0.60	0.88
我觉得每次志愿活动都是高质量的、高效率的	49.1	83.62	0.68	0.87
关于志愿服务的新闻能够促使我参与志愿活动	49	82.39	0.73	0.87
为了累计志愿服务时长，我会参与更多的活动	49.3	81.80	0.64	0.88

（续上表）

操作化指标	项已删除的刻度均值	项已删除的刻度方差 ɣ	校正的项总计相关性	项已删除的 Cronbach's α 值
参加志愿活动能给我带来明确的奖励与回报	49.91	82.81	0.51	0.88
我喜欢在志愿服务的微信群里聊天	49.7	81.35	0.65	0.88
我愿意主动介绍别人参加志愿活动	48.98	82.50	0.68	0.87
参加志愿活动可以增强我的归属感	49.44	85.65	0.44	0.89
参加志愿活动可以使我获得当地人的认可、赞许	49.58	85.03	0.48	0.88
参加志愿活动可以结交朋友，获得人脉、资源	49.55	85.71	0.42	0.89
Cronbach's α 值	0.89	项数	14	

通常认为 α 值达到 0.7 为佳，且本问卷并非用于临界值、分组等重大决策性研究，而是用于探索性、指标性的实证，故 α 值为 0.89 表明问卷信度较高，可以被采纳。本问卷主要题项 α 值均接近 0.9，单个量表信度非常高。

效度即有效性，是衡量研究量表达到预期目的的程度，主要用于对量表的真实有效性进行检验，问卷调查首先要保证问卷的真实性，有效度的问卷才能反映问卷调查内容，从而达到问卷测验的目的。量表的效度包括内容效度、结构效度等种类。

内容效度是测验量表中的测量项是否能够反映研究所要测量的心理特质，而研究所用量表均采用较为成熟的李克特五级量表，具有较高的内容效度。结构效度主要是量表的测量项能够真正测量到相关变量的理论结构和特质的程度，本文以效度检验中最常用的探索性因子分析法，找出影响研究变量的因子个数以及两者的相关程度。

在此之前，需要通过 KMO（Kaiser-Meyer-Olkin）检验和 Bartlett 球形检验对各个变量进行检验，当 KMO 测度值在 0.7 以上且 Bartlett 球形检验结果显示"显著"时才能够进行探索性因子分析。表 1-3 为本文问卷数据的 KMO 值和 Bartlett 球形检验的情况：

表 1-3　KMO 和 Bartlett 球形检验

取样足够度的 Kaiser-Meyer-Olkin 度量		0.87
Bartlett 的球形度检验	近似卡方	4 165.97
	df	91.00
	$Sig.$	0.00

本问卷样本数据的 KMO 测度值达到了 0.87，接近 0.9，说明变量之间的正向相关较高，且 Bartlett 球形检验值的 $Sig. = 0.00 < 0.05$（p 值 < 0.05，即显著性概率 < 0.05）时，说明球形假设不成立。因此，本量表的变量间正向相关较高，适合进行探索性因子分析。

表 1-4　解释的总方差

单位:%

成分	初始特征值			提取平方和载入			旋转平方和载入		
	合计	方差	累积	合计	方差	累积	合计	方差	累积
1	5.99	42.75	42.75	5.99	42.75	42.75	4.00	28.54	28.54
2	2.09	14.96	57.71	2.09	14.96	57.71	3.59	25.64	54.18
3	1.97	14.06	71.77	1.97	14.06	71.77	2.46	17.59	71.77
4	0.87	6.21	77.97						
5	0.50	3.60	81.57						
6	0.41	2.94	84.51						
7	0.38	2.74	87.25						
8	0.37	2.63	89.88						
9	0.34	2.41	92.29						
10	0.27	1.90	94.18						

（续上表）

成分	初始特征值			提取平方和载入			旋转平方和载入		
	合计	方差	累积	合计	方差	累积	合计	方差	累积
11	0.25	1.77	95.95						
12	0.20	1.45	97.40						
13	0.20	1.43	98.83						
14	0.16	1.17	100.00						
提取方法：主成分分析									

在具备信度条件下的 14 道题项中，一共可提取出 3 个主成分因子，这 14 个主成分因子的解释总方差占 71.77%（见表 1-4）。通常当主成分因子的解释总方差大于 80% 时，主成分因子的信效度较高，而本次问卷的解释总方差距离高信度差距不大，因此，这次提取的 3 个主成分因子在充分提取和解释原变量的信息方面相对理想，解释度可以接受。（本文其余部分均以此信效度检验为准。）

（二）描述性分析

在进行深度分析前，本小节从人口统计学基本信息出发，着重描述分析样本所表现出的特征差异，以便提前了解来穗务工青年的志愿互动意向和志愿推荐行为，此外还会关注其志愿服务的渠道与形式，这有助于理解后续理论的分析。

一般从人口统计学特征出发，媒介技术使用水平和应用能力通常与媒介素养联系密切，而与这直接关联的便是受教育程度和个人收入，其中前者决定了"软能力"（使用技巧、搜寻技巧等素养），后者决定了"硬设施"（良好的收入带来多方位、更全面的基础设施以及个人硬件的配置，更早的媒介接触和使用），下文则聚焦这二者与在线志愿信息互动以及在线推荐行为的交叉表来展开分析。

先来关注受教育程度与在线上互动的状况，中等教育水平人群尤其是具有大专/高职教育背景的人，比起其他人群更喜欢应用网络技术进行志愿服务交流与沟通（见表 1-5），反映出其对微信群作为信息流动平台的倚重和自身信息通路较为单一的特点，对比来看，本科生对此项离散程度较大，有热衷于微信群互动的，但也有漠然甚至反对的，整体数据分布平均，说明本科生在志愿信息互动中并不总是积极的，也一定程度上反映该群体自身信息获取能力和素养较高，可从其他路径获取信息。

表 1-5 志愿服务微信群互动意向与受教育程度交叉表

单位:%

受教育程度	我喜欢在志愿服务的微信群里聊天				
	非常不同意	不同意	一般	同意	非常同意
小学			0.2	0.4	0.5
初中	0.4	2.2	2.7	2.9	2.2
职校/中专/高中	0.9	1.1	6.4	5.5	3.5
大专/高职	1.3	2.2	12.6	9.0	6.6
大学本科	1.5	5.7	12.3	7.9	4.9
研究生及以上	0.4	0.4	1.8	2.4	0.4
合计	4.4	12.1	36.3	28.0	18.1

关注个人收入与志愿信息的互动情况，可知不论月收入高低，大部分志愿者都不太愿意在网络新媒体平台中进行互动。这其中也存在着一些差异，中等收入群体（3 000～5 000 元/月）明显更愿意进行互动（见表 1-6），一定程度上反映其对群聊信息平台的重视，更容易在网络媒体中找到自己生存的价值空间。

表 1-6 志愿服务微信群互动意向与个人月收入交叉表

单位:%

个人月收入	我喜欢在志愿服务的微信群里聊天				
	非常不同意	不同意	一般	同意	非常同意
1 000 元以下	0.7	0.4	1.8	1.1	0.4
1 001～3 000 元	0.4	2.2	4.8	2.9	2.7
3 001～5 000 元	0.7	1.5	7.3	6.6	4.8
5 001～10 000 元	1.6	3.8	10.6	9.3	4.8

（续上表）

受教育程度	我喜欢在志愿服务的微信群里聊天				
	非常不同意	不同意	一般	同意	非常同意
10 001～20 000 元	0.4	1.3	4.8	3.5	2.6
20 001 元以上		0.5	2.4	2.0	1.6
无收入来源	0.5	1.8	4.4	2.6	1.3
合计	4.4	12.1	36.3	28.0	18.1

而低收入群体（3 000 元以下）对线上互动较为抵触（见图 1-1），作为来穗务工青年的"主要部分"，这部分收入群体无法从线上志愿参与情境中找到互动的诱因（有可能是无法形成归属，或者行为受情境制约），其内在原因将在后文中深入分析。

我喜欢在志愿服务的微信群里聊天

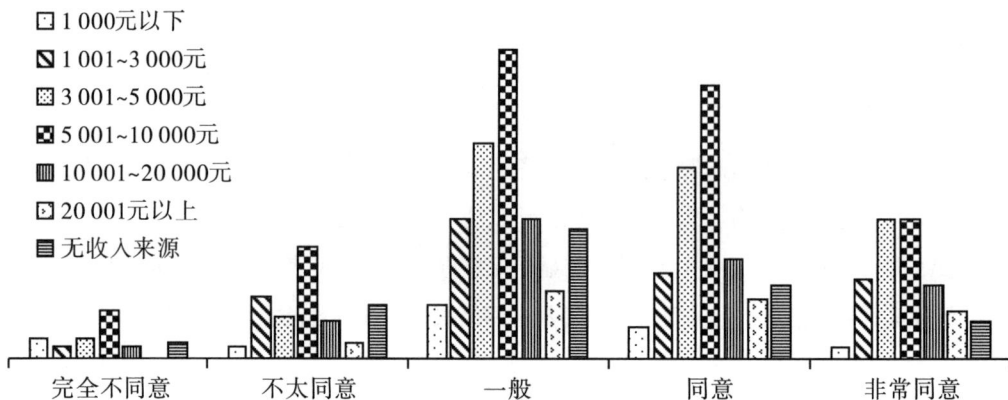

☐ 1 000元以下
◨ 1 001~3 000元
▥ 3 001~5 000元
◧ 5 001~10 000元
▥ 10 001~20 000元
◪ 20 001元以上
◼ 无收入来源

完全不同意　　不太同意　　一般　　同意　　非常同意

图 1-1　志愿互动意向与个人月收入直方图

根据图 1-2、图 1-3 能更清晰直观地观察到，中等教育程度与高收入水平的样本更愿意进行推荐行为。整体来看，对于推荐志愿活动的行为，样本态度普遍偏正向，充分说明样本对于志愿服务参与的认同感和评价整体上是良好的。

我愿意主动介绍别人参加志愿活动

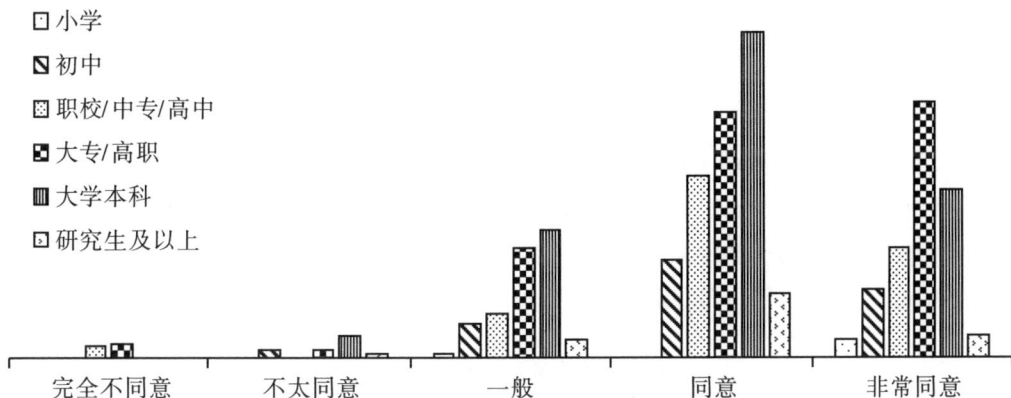

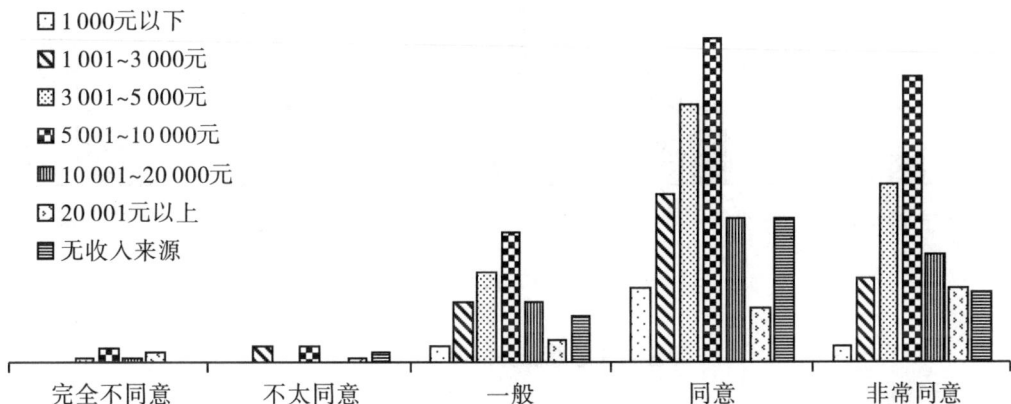

□ 小学

◩ 初中

▥ 职校/中专/高中

▨ 大专/高职

▤ 大学本科

◪ 研究生及以上

完全不同意　　不太同意　　一般　　同意　　非常同意

图 1-2　志愿推荐意向与教育水平直方图

我愿意主动介绍别人参加志愿活动

□ 1 000元以下

◩ 1 001~3 000元

▨ 3 001~5 000元

◪ 5 001~10 000元

▥ 10 001~20 000元

▷ 20 001元以上

▦ 无收入来源

完全不同意　　不太同意　　一般　　同意　　非常同意

图 1-3　志愿推荐意向与个人收入直方图

此外，通常来说，在人口统计学特征的描述中，除了个人收入和受教育程度明确与网络技术能力、素养息息相关外，年龄、职业也会对网络媒介渗透深度、素养存在影响，年龄决定了其素养的培养、技能的学习的成本，职业决定了其素养、技能习得的环境。

根据年龄、职业与志愿信息互动交叉后得图 1-4、图 1-5。尽管青年群体整体偏向在微信群里获取信息、交流沟通，但是不同年龄段的人群依然存在异质性，青年群体中年龄偏大的人群更热衷于在微信群内获得信息，这与常理相一致，年龄较大者时间分配有限（受制于家庭、工作），学习成本高，一般更愿意采取便捷、有一定可信度的平台或者网络——如微信群，以及表1-7中突出显示的朋友介绍等"地缘网络"。而职业方面，对待线上志愿服务信息获取差异化明显，建筑行业对志愿服务的态度较为冷淡，服务业也不尽理想，形成鲜明反差的是商业、教育行业与学生群体，这三者对志愿信息的获取积极，对志愿服务态度明显高于前两个职业，且都有一个共同的特点——融入期望高。商业、教育行业都属于长期性的职业，无法走马观花般轮转，调整职业所在地往往需要付出较大的成本，故而一旦扎根广州，即表明其融入预期和信息明显会高于其他职业，进一步研究可以从职业出发探究其深层次原因。

我喜欢在志愿服务的微信群里聊天

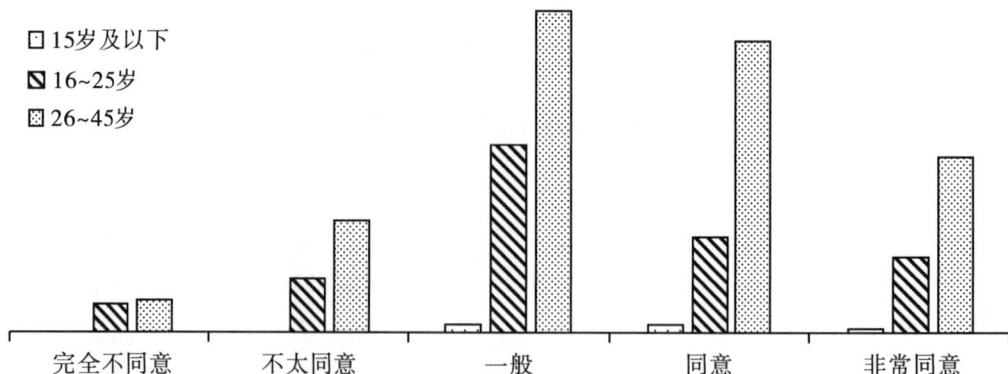

图1-4 志愿互动意向与受众年龄直方图

我喜欢在志愿服务的微信群里聊天

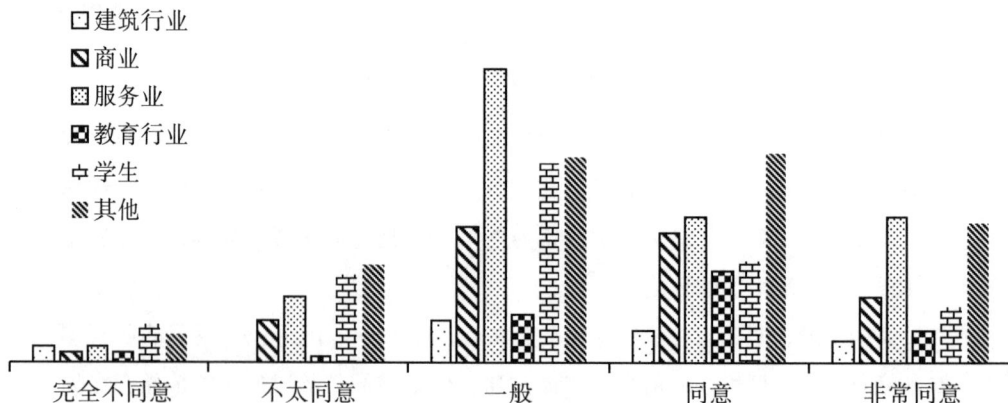

图1-5 志愿互动意向与受众职业直方图

表1-7 受众年龄与志愿活动了解渠道交叉表

单位:%

年龄	志愿了解渠道[a]					
	报纸、电视、广播等媒体	微信群消息	微博、网站等	朋友介绍	路过遇见	其他
16～25岁	12.3	18.1	10.8	14.6	4.9	3.0
26～45岁	21.9	33.1	15.7	36.1	11.0	6.8
总计	34.2	51.2	26.5	50.7	15.9	9.8
百分比和总计以响应者为基础						
a. 值为1时制表的二分组						

综上，利用单一网络新媒体平台了解、获取、实现志愿参与服务的群体大致具备以下特征：中低教育程度、中等收入水平、年龄相对偏大（26～45岁群体）、职业周期长（转换成本大，如商业个体等），此外他们还热衷"熟人推荐"等"地缘网络"。而愿意将态度转换为推荐行为的群体大致具备以下特征：中等教育程度、高收入水平、职业周期长的青年群体，样本总体表现出积极的推荐度，样本对于志愿服务参与的认同和评价整体呈现良好。

三、场景的融合与分离：媒介塑造的志愿服务新场景

许多时候人们不得不承认，不论是媒介也好，还是其背后的技术也罢，乃至是媒介所塑造的情境，常常会被忽视，只有在出现极端状况时，人们才有可能意识到它们的存在（例如网络相册导致隐私泄露、疫情期间借助线上授课）。比起这些，人们的注意力都被技术的具体形态，媒介的呈现内容，情境中的人、事、物所吸引。社会情境在传统的研究中并不受重视，尤其是在社会学、人类学、心理学中，研究者通常会对诸如年龄、职业、受教育程度、性别、阶级、收入水平等方面进行充分的考量，认为这些是从心理到实践，从个体推至社会群体、社会整体的影响人们认知、行为的重要变量，但是个性指标并不能很好地反映日常生活的社会行为，而且焦虑反应之类的行为主要由情境因素引起[①]（例如在实验室实验时，被试通常有讨好实验人员的行为倾向）。在这方面，戈

---

① 侯蓉英. 媒介与社会变迁 [D]. 苏州：苏州大学，2005.

夫曼作为有洞见性的学者，在其分散的几本著作中提出了一些颇有建树的观点，集中体现为"框架/片段分析"和"拟剧论"，这些观点强调了"社会情境"作为一种变量，时时刻刻影响着个体的行为反应，尤其是其"焦虑行为"，更是受到情境的制约，而学术界也普遍认为"社会情境"是研究行为科学的重要指标。但戈夫曼作为社会学家、戏剧家，关注的社会情境是充满既定规则制度、既定团体、既定时间空间的社会情境，在这种情境中，时间和空间异常稳定，哪怕该情境被突如其来的原因所打破了，此状态也并不会持续很久，最终旧的定义依然会恢复其约束力，这种侧重面对面的人际交往所形成的"社会情境"显然是静态的，更遑论把技术、媒介，以及媒介技术建构的情境作为研究的变量。但在电子媒介时代，梅罗维茨看到了技术迅速发展的产物——媒介对传统社会秩序、旧的情境定义的挑战，受第一代媒介理论家的影响，他将影响社会变革的重要原因归根于技术，认为情境是可以被建构的，而媒介作为一种技术，是建构情境的核心力量；梅罗维茨后期的理论受到了社会符号互动论者米德（George H. Mead）、库利（Charles H. Cooley）的深刻影响，意识到"镜中我""普遍的他者"对个体认知的习得及自我的形成所产生的重要作用，在此基础上，他认为个体的自我从来都是依靠外界的观点和行为，并在和外界互动的过程中形成的，而电子媒介为个体提供了一个相对完整的社会观点。

诚然，媒介情境论在其成熟期受到了后现代主义浪潮影响（强调差异哲学的后现代主义主张"去权威""去中心""拆结构"，强调差异与多元的存在，承认异质之间的平等，由此派生出"边缘文化和少数群体的崛起"），而梅罗维茨的理论重心也出现了偏移①，将"情境"转换为更广阔、更脱离时空的"语境"，并且区分了"地域语境"和"媒介语境"，在注重"普遍的他域"的基础上实现了从"情境融合/分离""情境定义""社会角色"等核心概念转向"媒介导致了界限迁移"（体现为公共领域的增多和后区空间的萎缩），且重新区分了后现代媒介的功能（"媒介三喻"）。但对志愿服务参与的分析，本文依然从早期的媒介情境论出发，因为即便是初始期的该理论，也是最为学界所承认、知晓的理论形态，它足够经典且具备较强的解释力。而关于志愿参与服务的行为的一些探讨，将涉及梅罗维茨理论成熟期的核心概念来进行分析，这有助于更成熟地看待如今媒介环境下来穗务工青年的志愿参与行为转变。

---

① 于文秀. "文化研究"思潮导论 [M]. 北京：人民出版社，2002：21.

（一）对志愿服务的入侵：媒介作为技术是如何改变场景的

在深入论述开始之前，需要厘清在媒介情景论的理论结构中，媒介是如何改变人们行为的。不同的信息流动模式下，人们会接触不同信息渠道中所包含的人、事、物，这个技术过程是将人们置身不同的信息系统之中（场景），或者可以理解为在原有信息系统之中（场景中）接入更大的、异质的或者同质的信息系统（抑或对原有信息系统进行分离，简化信息渠道），让他们对该信息系统内的"信息渠道"和"人事物"进行判断，这个过程可以理解为"情境定义"，根据"情境定义"的调整，他们会对自己社会角色的认知、对场景的认知产生相应的调整（当然，你可以将具体的认知调整过程理解为经典的"刺激—反应模型"，因为原理论并未对此调整过程有细致、微观的描述），改变认知和态度，从而相应的行为也会调整，这其中，行为的发生会有两个向度——"中区"行为或者"深后区"和"前前区"行为，前者归因于场景间的融合，而场景的分离自然导致后者。关于场景的分离和融合与行为的变化，可简单理解为图 1 - 6。

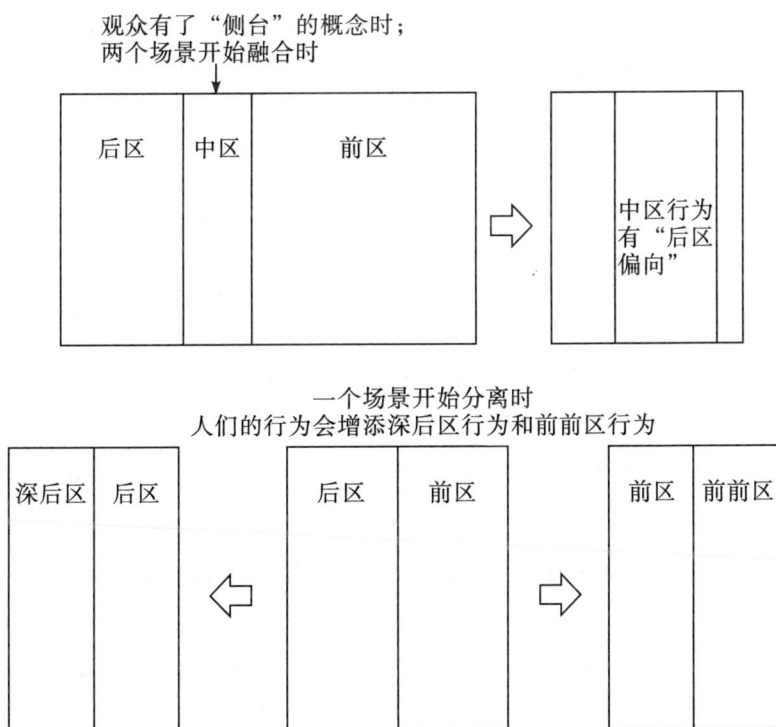

图 1 - 6 场景的融合与分离导致的场景变化

　　总体来看，这条路径的重点主要有两部分，也是媒介情境论的理解难点，就是：①技术/媒介—场景；②情境定义—社会角色—受众行为。这两部分基本分别囊括了"场景主义""媒介理论"的精华，也是实现两者嫁接的方式，至于"大众行为变革—社会历史文化变革"这条宏观、广泛影响的路径发生，可以从英尼斯、麦克卢汉对"媒介偏向""感官平衡"的论断中，从"两河流域苏美尔文明开始的泥板、硬笔和楔形文字"开始，从"口述时代"开始，来找寻前人的论述，从媒介角度出发理解人类历史文化的变革，以及了解媒介对人类的历史文化所带来的重大影响。

　　鉴于媒介情境论的两个理解难点，故而将"技术/媒介—场景"作为本文该部分的侧重点进行着重论述，而本文第四部分将对"情境定义—社会角色—受众行为"进行论述。

　　"我们不仅生活在社会网络中，而且生活在虚拟的互联网络中。互联网加剧了虚拟社会关系取向。"① 从人类使用器物信息技术伊始，"媒介"便开始发挥其技术的影响力了，② 如果从"泛媒介观"出发，从原始人驱赶野兽的一根木棍到如今内化于人体的"芯片"，这些媒介本身都代表着一种信息，呈现其相应的技术特点，他们被人们创造，又赋予了使用者新的信息流动模式，这些模式塑造了一个又一个与媒介息息相关的场景。

　　梅罗维茨在其专著曾这样表述电子媒介在当时社会的能力："比起传统社会，现代社会媒介的变化必然导致社会场景的变化，而社会场景的变化又进一步导致人类行为的变化，其中电子传播媒介对社会变化所产生的巨大影响更令人瞩目，因为它能更有效地重新组织社会场景和削弱自然环境及物质'场所'间一贯密切的联系。"③ 这番话向人们表明了一个信息——媒介拥有将社会场景与物质空间分离的能力。

　　如果说电子媒介所包含的时空观是通过缩减"传输"时间而打破空间间隔的话，互联网媒介便压缩时间以"同步"的方式追求对媒介的融合，进而构建了新的空间，现实空间在虚拟空间上不但有了类似的复刻，还有了比现实空间

---

　　① LAZER D, PENTLAND A, et al. Life in the network: the coming age of computational social science [J]. Science, 2009, 323 (5915): 721–723.

　　② 肖峰. 信息技术哲学 [M]. 广州：华南理工大学出版社, 2016.

　　③ MEYROWITZ J. No sense of place: the impact of electronic media on social behavior [M]. Oxford: Oxford University Press, 1985.

更丰富的场景。人们实现了肉身缺席的交流，转而以一种虚拟共在的方式，在新场景中游荡。

类似的情况发生在各个领域，受众的地域场景和传统的媒介场景，不断被"入侵"，其中也少不了这种长期以"面对面"的人际交往为行进模式的在地的志愿服务。这种渗透，体现在志愿活动信息的获取途径上，通过表1-8便可直观了解。

表1-8　志愿活动信息获取渠道频率

志愿活动信息获取渠道[a]	响应		个案百分比（%）
	N	百分比（%）	
报纸、电视、广播等媒体	188	18.5	34.7
短信、微信群消息	279	27.5	51.5
微博、网站等	141	13.9	26.0
朋友介绍	269	26.5	49.6
路过遇见	85	8.4	15.7
其他	54	5.3	10.0
总计	1 016	100.0	187.5
a. 值为 1 时制表的二分组			

通过表1-8，可以看到来穗务工青年通过微信群来获取志愿活动信息的人超过了50%，而口口相传的熟人网络——朋友介绍一项紧随其后，也接近总人数的一半。相比之下，即时性、便携性差的传统电子媒体，以及使用和学习成本比较高的网页端、客户端媒体的使用率各占了总体的三成。这充分说明志愿活动信息发布渠道体现出来的"互联网媒介＋传统地域场景"特性，即"便捷性""即时性""易操作性""可信度""地缘网络"，拥有以上特性的渠道才能被志愿者及服务对象接纳。

同时我们还需要关注志愿参与途径的现状。结合表1-9，可见志愿者社团与社工组织占据了所有已选人次的一半以上，且一半以上的人都通过志愿者社团这种有组织、有规划、有保障的方式参与志愿活动，志愿者社团进一步正规、常规、职业化，形成社工组织，从社团走向社工组织，也代表着志愿者参与志愿服务走向了稳定与常规化的方向。

表1-9　志愿参与途径频率

志愿参与途径[a]	响应		个案百分比（%）
	N	百分比（%）	
社区居委会	183	19.2	34.0
志愿者社团	295	31.0	54.8
自主联系	106	11.1	19.7
社工组织（非营利、服务他人的组织，如广仁、风向标）	237	24.9	44.1
青年自组织（青年自发组织的，如乒乓球俱乐部）	107	11.2	19.9
其他方式	24	2.5	4.5
总计	952	100.0	177.0
a. 值为1时制表的二分组			

　　既然社团职业化、常规化是其发展的必然方向，那么媒介技术对于社团、社工组织等运转是否有影响？影响具体又如何呢？关注表1-10，以群体为结构的组织、社团依赖网络新媒体等技术来获取志愿活动信息的占到了近八成，而志愿者社团与社工组织对于新媒体的依赖尤为明显，从而可以认为互联网媒介是组织内外发展不可或缺的组成部分。

表1-10　志愿参与途径与了解渠道交叉表

单位:%

志愿参与途径[a]	志愿了解渠道[a]						总计
	报纸、电视、广播等媒体	微信群消息	微博网站等	朋友介绍	路过遇见	其他	
社区居委会	17.7	21.3	11.0	16.2	6.0	3.5	34.1
志愿者社团	20.7	36.8	17.0	31.3	8.6	5.0	54.7
自主联系	8.2	10.8	9.5	11.2	4.9	2.1	19.6
社工组织（非营利、服务他人的组织，如广仁、风向标）	16.6	27.1	15.1	31.0	6.7	3.9	44.2

（续上表）

志愿参与途径[a]	志愿了解渠道[a]						总计
	报纸、电视、广播等媒体	微信群消息	微博、网站等	朋友介绍	路过遇见	其他	
青年自组织（青年自发组织的，如乒乓球俱乐部）	9.3	11.8	9.5	10.4	6.7	1.5	20.0
其他方式	1.5	1.9	1.1	1.9	0.9	2.6	4.5
总计	34.5	51.7	25.7	50.0	15.9	9.9	100.0
百分比和总计以响应者为基础							
a. 值为 1 时制表的二分组							

表 1-8、表 1-9、表 1-10 传递了这样一个信息——不论是志愿者，还是志愿者社团、社工组织，个体和群体的信息流动超过半数是由互联网媒介带来的，互联网媒介并没有彻底瓦解传统的地域场景，而是在此基础上构建出了新的媒介场景，互联网媒介为志愿者的志愿活动信息获取和志愿参与途径提供了"虚拟"场景，扩大志愿覆盖范围的同时，也把志愿者卷入了"中区"。

通过与来穗务工青年的近距离接触、观察发现，互联网媒介依靠在地的志愿服务资源塑造的新场景包括但不限于志愿网站、志愿者公众号、志愿者 App、志愿微信群/QQ 群。需要注意的是：第一，这些场景并非互相独立，媒介场景之间的关联性极高，其中以微信群/QQ 群与公众号的黏度最为显著，微信群/QQ 群基本是来穗务工青年在志愿活动中获取信息、参与志愿服务的主要信息流动模式；第二，地域场景并非孤立，而是正如梅罗维茨所说，一切物理经验都是"在地性的"，它是人类媒介场景建立的依托，"在地性"的志愿服务资源成为媒介场景的生产场所。

（二）公域与私域的重叠：志愿服务微信群作为"中区"的出现

"社交媒体虚拟关系网络，是一种新型的、'想象的共同体'。"[①]

---

① GRUZD A，WELLMAN B，TAKHTEYV Y. Imagining Twitter as an imagined community [J]. American behavioral scientist，2011，55（10）：1294-1318.

作为传统地域场景，泾渭分明的"前区"与"后区"是人们对情境定义、行为判断的依据，人们在"前区"表现出自己希望大众看到的一面，这是人们希望对自我进行"印象管理"的舞台；而在"后区"，人们的行为则更私人化，这里是人们生活中的常态，是人们希望藏匿的。戈夫曼认为，只要人感受到被注视，就会有"表演"行为，这点在他的专著《日常生活的自我呈现》中可以找到大量的论证，此处不再敷述。而传统的志愿服务场景，就是简单的"前区"与"后区"，人们从自己的住所出发，从到达志愿服务地点的那一刻起，便进入了"前区"。人们希望自己在服务时是"热情的""奉献的"，从而在人际交流之中尽可能地表现出自己的热心，通过帮扶对象的言语神态、具体行为，感受志愿服务时服务他人而带来的自我满足，融入"大家"的满足，形成以"我们"为共同体的感受。结束服务，人们各自回家，则进入了"后区"，人们可能会向家人抱怨今天的志愿活动疲惫且辛苦，向朋友诉说活动时长过长，帮扶对象也没有予以相应的谢意，总之，不论如何，人们的行为进入了相对的"暗房"。这个过程中会不会出现"中区"呢？其实会的，传统的地域场景，即便没有媒介的介入，依然会有"中区"场景，比如此时你正在和家人抱怨或者诉说，突然你的邻居前来拜访你，此时，你便会感觉到既有场景有了变化，你需要面对新的人和事，此时你便会进入"中区"，行为也会相应改变。

上述描述中大家会发现，"中区"的存在时间相对较短，而且出现几率较少，人们并不会因为"中区"的出现而持续地重新定义人们所处的情景，因为人们心中对场景的感知是依靠物质结构的，譬如你所处的空间，和你邻居所处的空间在物质性上是分隔的，这种分隔一直存在，你清楚地知道，这种"中区"的产生只是偶尔的，因为物质结构不会改变，邻居是"进入"了你的"家"，但并非处在同一个"家"。而这一切都被互联网媒介以迅猛的速度改变了。物质地点不再成为信息传播的障碍，私人情感或隐私在媒介关注下成为公共消费的产品，公私情境的重合，使得泾渭分明的"前区"和"后区"行为滋生了更多衍变可能。①

此时再回顾本部分开头的话，"社交媒体虚拟关系网络，是一种新型的、'想象的共同体'"，人们便可以从媒介场景的角度来理解这句话。"想象的共同

---

① 李畅，阮超男. "后区前置"媒介情境下新媒体传播的伦理失范与反思［J］. 新闻界，2015（23）：54－58.

体"某种程度即"虚拟共在的共同体"，而"虚拟共在的共同体"，是不是也就意味着"互相注视的共同体（或共视群体）"；再进一步，"共视的共同体"其实也就是"'全景监狱'内的共同体"。

表 1 - 11 志愿服务微信群互动意愿

我喜欢在志愿服务的微信群里聊天	频率	百分比（%）	累积百分比（%）
非常不同意	24	4.4	5.5
不同意	66	12.0	17.6
一般	199	36.3	53.9
同意	153	27.9	81.9
非常同意	99	18.1	100.0

根据表 1 - 11 的态度评估，来对志愿服务中场景的变化进行窥探。志愿服务微信群本身作为一个立足于更好凝聚志愿者、服务志愿对象，形成"我们"的共同体的媒介，其技术手段理应能够很好地实现志愿者在志愿参与和志愿参与之余的互动与归属感的形成，但是数据显示，有超过一半的志愿者对于在志愿服务的微信群聊天并不感兴趣，似乎这个在地性的志愿服务场景被新媒体介入后，场景间融合的效果并没有实现（至少预期之中，微信群的出现一定是为了更好地服务志愿者、服务志愿参与而出现的），那么志愿微信群本身作为可以实现情感互动和归属认同的场景，为何变得如此不受待见呢？

志愿服务本身极具"地缘"属性，这种地域场景被媒介场景侵入，在产生的诸多场景中，微信群是最适合作为研究对象来探讨的。通过一个月以来对广仁志愿者微信群成员互动、消息发布等内容的观察，可以发现，群内人作为一个"共识共在的共同体"，其实不论是群内的讨论还是发言，都不如志愿服务的地域场景中那样"热烈"，通过访谈群主得知"该群创立已久，刚刚创群之时群内成员发言要比现在踊跃得多，参与志愿活动的来穗人员也较为积极，后来也有新成员陆续加入，群的辐射范围虽然扩大了，但是群内整体氛围不如以前浓烈了，志愿参与也不尽如人意"。

通过群主的描述，可以捕捉到群内氛围变化的两个可能的变量——时长和成员变动。此时再来回顾下"中区"的产生与"时长"和"接触人员"的关系，其结果不言而喻。互联网媒介对传统场景的改变，最大的特点在于其改变了信息流动模式，而在梅罗维茨眼中，这个模式就包含着"谁出现、谁消失、接触什么"，他认为"长时间的场景融合或分离，会产生'中区'或'前前区'和'深后区'"。志愿者微信群长时间的存在，在传统的地域场景之上融合媒介场景，改变了志愿服务本身单一的在地性，并且长时间地把群成员置于群内所有人的"注视"下，原本的"家"与志愿服务地点呈现了一个融合的趋势，融合的新场景便发生在媒介场景之中。一开始的微信群，就像"邻居拜访"，但随着这位邻居"不仅不走，还带来了越来越多的陌生人"，微信群仿佛一个大家所共的"家"，而不是你的家或者他的家，它不像"前区"那样需要"理想化地表演"，因为它只是你志愿服务中了解志愿活动信息、获取参与途径、进行参与互动的场景，并没有直面你的服务对象，但群内又聚集着一批与你"志同道合"的群体，群体中不断加入的成员还会稀释你对群体的熟悉程度，不断改变着你对该微信群的场景定义，长此以往形成"中区"。

　　"中区"的产生，与"场景变化时长"和"场景变化内容"密不可分，当"场景内容变化""长时间变化时"，公域和私域便会交叠，此时交叠的部分，带有明显的"中区"色彩。

（三）等级祛魅：被侵入的"后区"空间与志愿权威消解

　　上文对"前区"和"中区"场景产生的影响进行了相对详细的论证和分析，包括其在案例中的体现和应用，下文将着重从不断被"入侵"的"后区"空间来分析媒介技术对志愿参与场景的改变。首先来看梅罗维茨对"后区"空间的功能和作用的一种角度的描述，这对大家理解受众如何看待志愿参与十分重要。

　　"'后区'空间越隐秘、越大则该角色准备越充分，以此获得的权威和认同越高，传统媒介情景中信息占有率不同，导致个人行为前后差异，等级差异……"

　　这段描述的核心概念无疑出自戈夫曼的"拟剧论"，每一个扮演社会角色的个体，都有着与角色相左、相不符的"后台"或者"后区"空间，"后区"是世人歇脚和调整的地方，"后区"含有大量的隐私、暗面和人们失去印象管理之后的个体表现。个体因为有"后区"的存在，而拥有充分的宣泄口，并且有时间和精力来练习不同的社会角色，反思在表演时所暴露的问题，从而进行调整。但是"后区"的被入侵，渐渐揭开了一个个体除社会角色外的其他面，这是一个解谜的过程，也是一个祛魅的过程，就好比当孩子渐渐长大，听得懂、看得到父母越来越多的"后区"空间时，他们心中"无所不能"的父母形象，会逐渐被消解，他们看到父母失败、垂头丧气、失控宣泄的时刻，看到父母开心如孩童、喜好零食和电视剧等形象，会觉得父母其实与自己的想象存在差距，而自己的"后区"空间，甚至自己被父母所诟病、批评、纠正的"后区"表现，也会在父母身上出现，父母的"后区"中有可能充斥着他们自身批评、纠正的内容，那么父母作为权威的形象渐渐也会被消解，"造神运动"的对象转而成为与孩童们距离较远的、孩子们看不到其"后区"的老师。老师与学生——本身这个称谓，就是一种标准的、规范的社会角色。很明显，学校基本就是一个标准场景，这个场景肯定是"前区"居多的，偶尔特定情境下，会出现"中区"，或者"后区"，但"后区"是极少的，学生和老师之间相互看得到的都是对方的"前区"，老师"无所不知"的形象，或者说"等级"，就会通过孩子自己的认知、父母的认知而逐渐神化和加固，这便是"信息占有率"的问题。假使孩子、父母对老师的"后区"空间一览无遗，假使他们知道老师在"后区"表现出对电子游戏的喜好（或者老师是"游戏痴迷者"），那么他们心中的老师依旧"权威"吗？

利用上述理论视角同样适用于分析志愿参与。终归来讲，"信息占有率"变化可能导致的"等级祛魅"，依旧是一个因技术特征而改变受众认知的过程，而信息占有率的转变，以及场景中"前、中、后区"的调整，只是技术特征发挥作用的不同环节的具体表现而已。传统媒体因为其技术因素，导致受众只能单向地、被动地、有限地了解事物，对媒体中所提及的人事物，了解的只是其在传统媒介所呈现的一种"前区"的展演，这种场景下，人们的信息运行模式单一，获取的信息或者信息占有率有限，人们的情境定义中自然会对这种"了解有限的人事物"打上"神秘"的标签，如若媒体呈现出的"前区"展演是十分高尚的、褒扬的态度，或者说媒体所采用的叙事框架是"崇高又伟大的、具有奉献精神的、实现人生价值的、与每个人息息相关的"，那么人们对这一人事物的既定认知，则一定会受到这种叙事框架的影响，故而在这种情况下，志愿参与服务本身作为社会参与，作为公益行为，是充满了光荣与使命感的。而且在有限的媒体资源中，志愿参与服务作为社会参与的一种，对社会融合、社会繁荣稳定有着不可或缺的作用，那么志愿参与自然会在传统媒体中占据一席之地，在这种媒体资源有限的时代，能占据一席之地本身就说明了这件事的重要性和"神圣"程度。

反观如今，媒体资源泛滥，各种技术手段实现了信息生产和传播的低成本、便捷性，这主要带来了两个问题：其一，再神圣的人事物，其"后区"空间一定会因为技术特征、信息运行模式的增多、丰富融合，而被暴露出来，受众利用新媒体主动了解、搜索，而在受众心中技术形象各异的新媒体为了竞争，也会有不少"博出位"的举动与行为，其利用各种角度报道志愿参与（尤其是偏负面、偏形式化的内容），无疑改变了信息占有率，使原本崇高的志愿参与在受众眼中渐渐走向"政绩""形式主义""做样子"的在地实践。

其二，新媒体的增多，新媒体间、新媒体与传统媒体间都存在的竞争，需要争夺受众的眼球以求得媒体自身的存续。传统媒体的背后推手更偏向于"意识形态"，而新媒体，尤其是自媒体背后，则站着"资本"，资本的趋利性让资本裹挟着文化工业而来，快速而标准化的大众娱乐产品成为淹没受众的精神消费，这种足不出户就能实现精神享受的文化工业，让受众迷失在娱乐与低俗的海洋中，尤其是媒介素养不高、辨识能力不强的受众，这部分受众通常文化水平和受教育程度都不高，直接导致了志愿参与服务的主体只能是高知高学分子，而来穗务工青年群体，作为媒介素养较低的群体，自然也会迷失在文化工业的海洋中，对于志愿参与这种"高尚而又费力""与自己没啥关系"的行为敬而远之。

归结而言，新媒体作为一种资源无限的、交互的、低成本的、便捷的技术手段，打破了传统媒体对志愿参与的"叙事框架"，暴露了更多的志愿参与服务的"后区"空间，消解了志愿参与服务原本的形象、权威与"等级"，而新媒体背后的资源所裹挟的文化工业争夺了受众的注意力，让媒介素养较低的受众沉浸在标准化、低俗化的大众娱乐之中，从而导致志愿服务群体中还在坚持的大都是高知高学历群体（根据图1-7数据调查结果显示，高知高学历群体对志愿服务参与的评价明显好于低学历低收入群体）。志愿服务参与作为一种本可以实现自身价值的方式，却渐渐成为来穗务工青年为"积分入户""获取活动赠品""累计志愿时长"的一种功利性工具。

在志愿服务他人和社会时，我是自豪的、高尚的

□ 小学
◤ 初中
▨ 职校/中专/高中
▧ 大专/高职
▥ 大学本科
▣ 研究生及以上

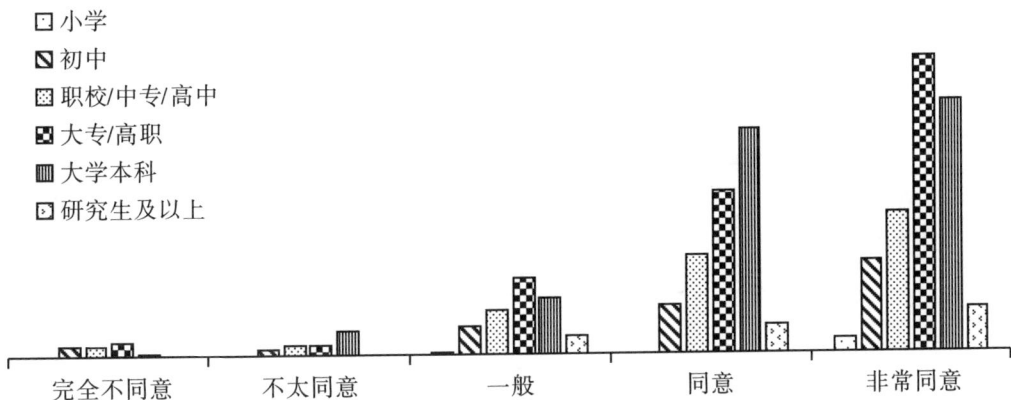

完全不同意　　不太同意　　一般　　同意　　非常同意

图 1-7　志愿评价意向与受教育程度直方图

（四）场景的动态性判定："感觉屏障"与媒介素养

除了梅罗维茨本身对场景变化的论述与界定外，本文从案例分析中发现，媒介情境论的动态性主要体现在受众视角中，即受众对情境的判定上。影响受众认知情境的主要因素体现在以下两个方面：

首先，"感觉屏障"变化的动态性。首先需要明确，"感觉屏障"是戈夫曼提出的一个立足"时间空间"的概念，它的产生本身就带有在地性，是用来衡量情境、进行情境定义的一个重要指标，但是场景的分离与融合是动态的变量，而非恒定的，人们对场景的"感觉屏障"就不止涵盖了"谁在""谁不在"。根据上文的论述，可以发现，"感觉屏障"也必须包含"谁加入了""谁离开了"这一动态过程，此外，人们还会对场景变化的时间"离开/加入多久"进行判断，这些感知对人类行为的影响是巨大的。但归根结底，"感觉屏障"的在地性依然没有解除，梅罗维茨则认为，"感觉屏障"概念本身其实是根植于信息系统之中的，而"感觉屏障"的存在也并非只是在地性的存在，故而"感觉屏障"实际上是一个从更广泛的视角来解释情境产生动态性的概念。

其次，根据数据分析可以发现，媒介情境论在针对个体行为时解释力非常强，但是针对群体行为时就出现了漏洞，而漏洞体现在理论并没有考虑到个体所组成的群体对媒介场景的接受水平的群体间差异，从而忽略了场景的第二个动态来源——个体组成的群体的媒介素养。

表1-12 受众年龄与志愿了解渠道交叉表

单位：%

年龄	志愿了解渠道[a]						总计
	报纸、电视、广播等媒体	微信群消息	微博、网站等	朋友介绍	路过遇见	其他	
16～25岁	12.3	18.1	10.8	14.6	4.9	3.0	32.1
26～45岁	21.9	33.1	15.7	36.1	11.0	6.8	67.9
总计	34.2	51.2	26.5	50.7	15.9	9.8	100.0
百分比和总计以响应者为基础							
a. 值为1时制表的二分组							

通过表1-12可发现，虽然都是来穗青年，但个体间存在较大的差异，他们的媒介使用占比多少，反映的是他们媒介素养的高低，以年龄为变量，不同年龄段的、以单一媒介为信息获取方式的人具有显著特点——年龄相对偏大（26～45岁群体），他们格外热衷"熟人推荐"之类的"地缘网络"。

当群体内媒介素养不同时，同样的媒介场景对于不同个体意味着不同的情境定义，比如在年龄较大的青年人群中，他们对互联网媒介的使用并不如年龄较小的青年人群熟练，即便他们有微信群，媒介素养较低的他们受互联网媒介融合场景后的"中区"影响也比较小，就较少出现"公域"和"私域"的重叠，因为对他们来讲，"互联网媒介"作为相对陌生的"场景"，很有可能全部属于"前区"，他会尽可能地把"后区"藏匿，就像人们面对陌生人时的警惕。但需要注意，"感觉屏障"和媒介素养在原本的技术欠发达年代，也许并没有什么太大交集，但在今天时常产生交融，下文将对这二者自身以及其交融的场景进行例证。

可以试想，假使同样的募捐行为，其发生地点在微信朋友圈，或者是你所在城市的大广场，在这两种场景中，募捐主题相同，募捐对象是同一批人，什么情景中大家募捐行为会更为踊跃呢？诚然，这当中存在诸多变量，此处无法一一描述和假定，但可以根据媒介情境论来考量不同场景之中的动态性，以及导致动态性的变量——群体的媒介素养（或者可以简单理解为媒介使用水平、接受程度）。在朋友圈里，人们的"感觉屏障"，向来是根据朋友圈内朋友们的"出现"，进行把握和定义的，也就是说个体"感知"朋友圈中近期没有动态的人的"存在"，这些人作为"屏障"的一分子被感知的幅度就会弱一些，甚至你会在你的朋友圈遗忘这些人，遗忘他们有一定概率注视你的言行，但你会因为这些庞大的"沉默群体"，感觉自身朋友圈的"浅关系"增多。① 这个"中区"随着"浅关系"（可以理解为泛泛之交）的增多，会更偏向"前区"，那么这个"前区"偏向的"中区"相较于"广场"，完全是"前区"，其本身就会有场景的区别，其中一个显著的区别就是——感知"沉默者"的差异。前文已经说了许多"浅关系"进入朋友圈让朋友圈本身更偏向"前区"，但是它并不同于真正的"前区"，所以"浅关系"只是扩大了受众对场景大小、人员发声状态的感知，但是你对于"沉默"的大多数，只是笼统的"感觉屏障"，所以这个"中区"虽然偏向"前区"，但是依然有大量的后台行为。这种未知的动态性，允许你有后台行为，有个人的观点，比如你可以沉默、不发言，或者发言观点与众人不同。因为你感知的"沉默者"的数量和状态并不准确，你也预设了前提，他们"沉默"也许是因为他们没看到朋友圈里的募捐内容，或是他们并不赞同，故而"感觉屏障"中这些人的注视状态、赞同与否是打问号的，或者你也可以称之为"薛定谔的猫"，即本身这个"问号"就代表着动态性，即"沉默"并不是一种静态，而是一种随时会产生改变和逆转的"动态"，但这一切在"广场"上就会截然不同。

目光转回大广场。人们在现场的募捐受到来自群体的注视，尤其是陌生人的注视，这种"前区"让人们充满了表演的欲望和对自我实现的满足，人们对情景的定义因为这些目光的注视而产生，人们的行为根据场景对他们的约束和引导而有所偏向。换句话说，你会被群体情绪感染，因为你的"感觉屏障"让你觉得如果你在这个场景中没有表现出和大家预期的、相一致的情绪和行为，你就是"不合时宜""不合群"的，而你会因为"感觉屏障"的存在，感知别人的行为，来形成"屁股决定脑袋"的行为对认知的反作用（这在社会心理学中已经被证明且硕果丰硕）。人们会因为捐款来衡量、评价他人与自己——如"大家都聚集于此，一定是大家都关注疫情，都希望能出一份力，大家是一个共同体，而你能出现并停留于此，说明你和大家别无二致，或者你应该和大家属于一个整体，故而你应该符合大家的行动，保持一致"。从这种心理状态可以明显看到受众"行为→认知→行为"的连续作用，而这个作用的强弱，影响因素

---

① 曾林浩，曾振华. 场景融合与身份混杂：媒介情境理论下微信朋友圈的使用 [J]. 编辑学刊，2019（1）：25 – 29.

诸多，但至少有一个——聚集人的多少、时长、去留状态，比如人群是越来越多地聚集，但散去得少，还是越来越少地聚集，散去得多。诸如此类，这便是"感觉屏障"对场景、行为的动态性调整的一个表现。

此刻，可以再做一个具有启发性的假设，假使广场中的募捐活动鼓励大家踊跃捐款，而捐款渠道只能是线上扫描二维码进行募捐时，群体内就会产生差异了。此时你就会发现，"感觉屏障"和媒介素养同时起作用的场景出现了，而且这种场景，如今比比皆是。暂且不论大家的媒介素养是否允许每一个人都能顺利地线上捐款（因为这种媒介素养所发挥作用的层面是大家都能理解并且体会到的，即"使用新媒体的水平如何"这种媒介接受和使用的层面，但媒介素养起作用的绝不止"能不能、会不会"的行为层面，而是深藏在认知层面，深受技术偏向的影响，下文将论证），下面就先来看一个群体中不同的人对于线上捐款的态度是否会不同。

（五）技术特征如何影响媒介素养：一条从技术→受众→技术的分析路径

此处将继续以上文中对志愿参与中的"募捐"所假设的场景（这个场景能帮助本文更好地、更结合热点地来放大媒介素养的作用）为主，结合对来穗务工青年的实证研究数据，主要解决"群体内的媒介素养差异问题"。要考察一个群体内部的媒介素养，可以从以下维度入手：媒介信息获取（获取时长、获取媒介偏好和议题偏好），媒介信息评价（媒体评价、议题评价），媒介信息处理（生产、二次传播）。[①] 根据表 1 - 12 和表 1 - 13 可知，不同年龄段的青年，媒介信息获取的能力和偏好大不相同，甚至是对不同媒介的评价也有差异，例如来穗务工青年中年龄较小的群体，更喜欢微信群，可见其对微信群的偏好和正面评价，而年龄稍大的人较为均衡，但是超过三成的人更喜欢"朋友介绍"，而表1 - 13也显示出年龄较大的群体对于网络新媒体的附加功能更为认可，网络新媒体为他们拓展了新的实现方式和情感交流。从这些实证数据来看，一个群体之中的媒介素养差距如此之大，便是其中的媒介素养所蕴含的偏好受到了媒介的技术因素的影响。

---

① 张蕾. 公共场域中的自我存在：香港青年的媒介素养特质研究 [J]. 现代传播（中国传媒大学学报），2019，41（1）：163 - 168.

表1－13　网络新媒体评价与受众年龄交叉表

网络新媒体评价[a]		年龄	
		16～25岁	26～45岁
获取相关活动信息	计数	124	262
	年龄占比（％）	72.5	72.6
成员间交流互动	计数	104	247
	年龄占比（％）	60.8	68.4
建立紧密的成员关系	计数	75	184
	年龄占比（％）	43.9	51.0
增强团队归属感	计数	71	191
	年龄占比（％）	41.5	52.9
影响不大	计数	26	20
	年龄占比（％）	15.2	5.5
其他	计数	7	15
	年龄占比（％）	4.1	4.2
总计	计数	171	361
百分比和总计以响应者为基础			
a. 值为1时制表的二分组			

　　传统的电子媒介如电视、广播作为传播渠道，其技术特点——有限的频段资源，决定了它的稀有和技术实现方式与成本，人类对稀缺资源、有限资源的一贯重视和争夺，让传统电子媒介的信息生产和传播掌握在专业的信息运行系统之中，个体乃至小机构组织根本无法涉足，这提高了生产和传播的门槛与成本。正是这种技术特征，让传统媒介的权威性、可靠性和单向性得以存在，技术特征决定了媒介自身的特点，这些技术特征决定的信息生产和传播方式，让受众对某些媒介产生了"框架"般的认知印象，如电视是图文并茂的权威媒体，报纸是注重逻辑和文笔的深度媒体，广播是即时通信和生活休闲媒体。虽然这些印象近年来因为媒体融合的趋势而有所调整，但是大众对其的主观评价、潜意识中的刺激—反应映射在大多情况下依然会呈现出这样的媒介认知。同样的，大众对于互联网媒体或者说新媒体的认知，自然也会因为新媒体与传统媒

体相异的技术特征而不同。新媒体资源的再生性、无限性，让媒体资源得到了合理的分配，虽然专业的信息运行系统和组织依然掌握了大量的媒体资源（换个角度，新媒体赋权普通民众的时候，其实更多的资源还是掌握在资本和主流媒体手中），但是受众依然可以利用长尾资源。这其中的技术特征也彰显着新媒体信息生产和传播的廉价性与便捷性，它的技术特征允许实现个体向 UGC（用户生产内容）的转化，故而众人都可拥有资源，众人皆可云传播，这样，新媒体犯错的成本便因为技术成本低廉的技术特性而大大降低，故而新媒体的媒介认知或者媒介印象，就与"谣言""不可信""失实"挂上钩。而当新媒体技术特征能让资源普及到个体的时候，个体为了维持其资源的存在、壮大其资源的影响，唯一的方式就是通过竞争以求得在漫漫长尾资源中的生存之所，故而新媒体之间竞争不断且不择手段，渐渐地，新媒体在受众眼中就挂上了"引人入胜""吸引眼球""妙趣横生""俗不可耐"等评价。

　　不同的技术手段对受众眼中的媒介认知、印象有着最根本、最重要的影响，因为路径"技术特征—资源特性—资源分配—信息生产传播（方式、主体、内容）—受众解码—受众对技术再认知—影响技术特征的调整"是从技术到受众再到技术的宏观路径，但是也不难看出其中间环节多，层次杂，影响变量繁复，单就"资源分配""信息生产传播内容""受众解码的意义符号背景"，每个都能使受众对技术的认知产生影响，而技术也在根据受众需求和自身发展需要进行调整，故而技术特征也只是最初的变量。借由该路径，是想说明三件事：其一，技术特征决定了受众的媒介认知、媒介获取、媒介评价等诸多受众与媒介之间的关系，这也间接对受众的媒介素养造成了巨大影响；其二，观点分析需持有软性技术决定论立场——技术特征总是动态发展的，根据需求调整的，受众是可以给予技术以能动反作用的，例子比比皆是，比如融合媒体的出现便是技术在根据受众需求和自身发展需要而进行的技术调整；其三，技术与受众之间的关系变量繁多，上述路径中任何一个环节的微调，都会改变二者之间的关系。而与此处探讨的技术与群体间纷杂的媒介素养所相关的部分、对其二者关系影响最大的变量，自然是"受众解码"环节存在动态性。不同年龄段、不同经历、不同文化背景的青年，对信息系统的生产和传播的解码方式不同，套用情境论理论，就是"决定受众行为的是信息运行模式……人们处在信息系统之中，根据信息运行模式来把握对情境的定义"，这个"情境定义"就是上述的一种"受众解码"。辩证来看，"受众解码"的源头又在哪里？其实如今媒体以包围之势裹挟着人类，新时代的孩童，其解码的源头，也就是媒体所呈现的、灌输的那套意义符码。孩童们利用这套符码来定义情境，而在新媒体欠发达的时代，人们则用另一套基于传统媒体所传播的符码进行情境定义，那么自然可以理解"代沟""媒介素养差异""偏好差异"为什么会出现在同一个群体之中。当然，上述举例也只是从"年龄"角度审视不同时代、不同的技术接触带来的不同影响，哪怕同一个年龄段的不同阶层的孩子，也会一开始就接触不同的意义符码来形成自己的基本认知和框架。例如传统媒体兴起之时，鉴于技术设备（电视机）的成本，普通阶层和精英阶层接触的媒体便有了分野，而其意义符码的习得，自然受到了来自技术特征的重要影响。自此，本文相对系统地、全面地分析了技术和受众之间的关系，目的就是方便人们从更大的格局，不只是从媒介情境论，而是站到整个媒介环境学派，以技术决定论范式去看待今天人类所要探讨和面对的问题。从大处着眼，便会发现，细微的变量往往是更大的环节、更大的变量中所包含的一个小分子，同时也更能明确受众媒介素养为什么会有如此大的差异，而技术在其中，或者单就媒介本身而言，到底发挥了什么作用，又如何影响人们的认知和行为。简言之，技术接触会从根本上影响人们如何看待媒介、偏好媒介、使用媒介等媒介素养，技术接触存在差异，导致群体中受众媒介素养的差异。

因此，再回到在论述之前提出的问题——一个群体内对线上捐款（或诸如此类的非传统的技术实现手段）是否会有态度的差异，答案显而易见。2019年末到2020年初的新冠肺炎疫情来袭，一部分人利用朋友圈、微信公众号等线上方式进行捐款，而另一部分人选择线下汇款募捐给红十字会等基金会，还有一部分人选择捐款给自己的所在单位，不同的方式其实暗含着不同的媒介偏好。如若例证说服力还不够，可以看看2020年2月初的湖北省红十字基金会被问责事件，事件本身对不同的群体有什么样的影响——曾经选择捐款给基金会的人是否还会信任并使用这种技术手段捐款？而线上捐款的人是否又会因此次事件而对线上募捐产生更怀疑，或是更认可的态度？故而类似的偏好也会出现在更具体、普遍、日常的志愿服务参与中。所以，把握一个群体内部媒介素养的差异，能更好地协调志愿参与的信息发布、活动设置等具体的志愿实现方式，也可避免志愿服务参与安排中出现受众无法操控、理解甚至十分厌恶的技术手段（该技术手段也可以理解为志愿信息获取、志愿服务参与的具体方式、形式，比如微信群或者官方网站、宣传册、宣传报道等），从而更好地促进来穗务工青年的志愿服务参与。

四、来穗务工青年行为动因：情境定义与"普遍的他域"

本文第三部分着重分析了新媒体的入侵所带来的场景转变，其中部分讨论不可避免地会涉及场景转变后受众的认知和行为的一些改变，这很正常，因为无论媒介情境论也好，媒介环境学派也罢，最终探讨的核心都是技术与人的关系问题，着重探究技术的改变对人类社会的决定性作用及其体现，乃至技术的发展会让人类走向何方。既然已经明确了路径的前半段（技术/媒介—场景）是如何发生的且如何利用该路径分析、解释志愿服务参与场景的改变，那么下文则会深入描述后半段路径的发生，从受众视角出发（路径前半段是客观的现实改变，而路径的后半段则更偏向心理学层面，是受众主观视角里的改变），来分析它对受众行为产生的具体影响，即遵循"情境定义—社会角色—受众行为"的分析路径。

"'场景主义认为我们的行为受到与谁接触的影响，而媒介理论家认为媒介改变了接触模式'……我们要思考这样一个问题，场景模式改变带来了哪些具体变化？场景改变持续下去，我们的行为将会如何跟着改变？还是说，我们会在场景中迷失、混乱？"①

梅罗维茨通过借鉴"场景主义"的理论视角，为后人嫁接了媒介和受众行为，针对场景的转变，媒介情境论在原有的"前区""后区"的基础上，根据场景的融合和分离，提出了"中区/侧台"和"前前区""深后区"，而针对场景中这些空间的改变，到底如何影响受众判断、认知并产生行为，更值得人们深思，其中两个关键概念就是"情境定义"和"社会角色"。

（一）情境定义的"信息渠道"偏移：从技术视角看志愿行为的形成

从戈夫曼的观点出发，人们在做出行为之前会进行情境定义，情境定义指对情境内一切存在的和不存在的人、事、物的主观性判断和定义，其内容包括角色、规则、任务、目标、出场人的特征，以及对参与者的看法等。故而大致可以明确，对于人的互动行为，情境定义起影响乃至决定作用。同时，情境定

---

① 梅罗维茨. 消失的地域：电子媒介对社会行为的影响［M］. 肖志军，译. 北京：清华大学出版社，2002：46、54、55.

义也会根据互动的进行而不断调整。车淼洁则通过对比戈夫曼和梅罗维茨之间对"情境"的指代含义、作用方式等，纠正人们对情境的理解。① 相较于梅罗维茨，戈夫曼考察的重心是情境定义与行为的关系，而非情境与行为的直接关系。而梅罗维茨的情境不强调面对面，不强调物理空间、物理阻隔形成的私域，不取决于"我们在哪里"和"我们和谁在一起"，而是能产生信息流通的任何情况。这无疑拓展了情境外延，那么此时便出现了困扰本部分的核心问题——既然梅罗维茨的情境限定不再依靠戈夫曼提出的物理阻隔或空间存在，抑或缺失的互动对象，那么他的情境靠什么来把握与衡量？

"对人们交往的性质起决定作用的并不是物质场地本身，而是信息流动的模式。实际上，场景定义的讨论可以由直接物质现实问题完全转向只关注信息渠道。"②

梅罗维茨在书中轻描淡写的一句话，为大家点明了方向。媒介情境论中，所谓情境定义的发生，主要依靠的就是受众对信息渠道的判断，而不再是过去的纯物理空间中的空间关系和空间内人际间的互动关系。情境定义发生的依据产生了改变，这意味着一种视角的转换——技术视角"粉墨登场"。从戈夫曼到梅罗维茨，乍看上去似乎是梅罗维茨在新时代、新媒介环境下对戈夫曼情境定义的进一步提炼和概括，让更多的东西装进了情境定义中（比如两个纯物理空间通过媒介实现连接的生活现象、某个个体利用媒介"入侵"了不属于他的物理空间），但仔细思考会发现，其实梅罗维茨只是延续了情境这个词"约定俗成"的使用而已，他的情境着眼点完完全全更换了，电子媒介的出现，让他对万事万物之间发生联系、发挥作用的方式产生了更本质的思考，而这种思考得益于其启蒙者——媒介环境学派的先驱们。如果说戈夫曼的理论是社会学、行为学、心理学的智慧结晶，那么梅罗维茨则为此而添了一把柴——信息技术哲学。梅罗维茨强调可以从物质现实问题转向关注信息渠道，这意味着他认为场景内的人和空间、人和人、空间和空间之间的关系的产生和维持全都可以归功于信息的传播，情境定义归根结底是从受众视角出发，发生在受众眼中、心里的一种认知，而正是他们之间信息的流动、运转，让持续不断的编码和解码的过程在受众认知层面发生，受众才能够如期做出所谓的情境定义，信息渠道

① 车淼洁. 戈夫曼和梅洛维茨"情境论"比较 [J]. 国际新闻界，2011，33（6）：41－45.

② 梅罗维茨. 消失的地域：电子媒介对社会行为的影响 [M]. 肖志军，译. 北京：清华大学出版社，2002：33.

则顺理成章地成为受众判定情境时借助的一个最为重要的工具。因为对于受众来讲，无论其作为传播方还是接收方，是编码者还是译码者，与个体直接产生关系的，就是信息渠道，而新技术（新媒介）带来的直接影响——信息渠道所依附的技术手段发生了改变，信息渠道自然改变，故而"技术—信息运行模式—场景—情境定义—社会角色—受众行为"的路径便产生了，而如果将上述路径按本文论述的方式拆分开来，从受众视角出发，则技术产生作用的路径便是："技术—信息渠道—情境定义—社会角色—受众行为"。通过上述分析，梅罗维茨理论的技术视角显露无遗，而其情境定义的确是"旧瓶装新酒"，以更本质的技术维度实现了从"场景主义"到"媒介理论"的嫁接，将人在主观世界中对一切的认知与判定，归结到了对"信息"的处理上，从而技术成为影响"信息"各个维度最为重要的因素。

情境定义的信息渠道偏向，能够帮助大家厘清来穗务工青年在进行志愿参与时是如何判定情境，以及如何明确自己的社会角色并进行相应行为的。前文已经证明了来穗务工青年最主要的志愿服务信息的获取和参与途径是"微信群/QQ群"和"朋友介绍"这两种技术途径。而对于不同的技术途径，来穗务工青年又有着怎样的情境定义？先来看看他们对网络新媒体的评价和认知，这将从侧面体现在志愿服务场景发生融合时，他们对"信息渠道"的关注与评价，以此来反映出他们的情境定义能力。

表1-14　网络新媒体功能频率

网络新媒体功能[a]	响应		个案百分比（%）
	N	百分比（%）	
获取相关活动信息	394	29.1	72.4
成员间交流互动	356	26.3	65.4
建立紧密的成员关系	265	19.6	48.7
增强团队归属感	268	19.8	49.3
影响不大	47	3.5	8.6
其他	22	1.6	4.0
总计	1 352	100.0	248.5
a. 值为1时制表的二分组			

通过表1-14，网络新媒体在获取信息方面无疑取得了最优评价——超过七成样本认为其有助于获取志愿服务的信息，而在成员之间的互动、认同中也体现出网络新媒体强大的"连通"功能，这种功能的实现方式依靠的便是网络新媒体对"信息"的承载和传播，它对一个团队的归属感和组织间关系有着重要的影响与作用。网络新媒体的功能性认可度高、评价同质性强，但根据表1-14的个案百分比一栏，可以看出至少五成来穗务工青年认为，网络新媒体能够促进他们情感的交流、需求的满足、归属感的增进和关系的亲密化，而只有不到一成的人表示网络新媒体加入志愿服务参与场景中后，并没有发挥什么作用、掀起什么波澜。通过进一步观察，网络新媒体从实现信息获取到增强成员间关系，呈现了小幅度递减的状态，这也表明网络新媒体的功能性从基础的技术性功能（简单的信息传播）到附加的社会文化功能（实现个体间高层级的需求，如归属、满足、交际互动），其效果会因其技术特征而略微衰减，但是总体上对他们个体参与志愿服务的传统场景带来了"入侵"，这些"入侵"包含了许多积极的因素，来穗务工青年对网络新媒体的评价和态度，完全可以视为他们对这一信息渠道的评价，是他们关注该信息运行模式的具体体现，也是他们做出情境定义的依据。而辩证来看，既然存在从基础的技术性功能到附加的社会文化功能的衰减，就意味着人们必须承认，在实现个体更高层级的需求时，或者说来穗务工青年在以网络新媒体为主的志愿服务场景的情境定义中，认识到自己所处的情境并不是一个能够充分满足、实现他们更高层次追求的情境，这个情境在他们看来更偏向于他们实现信息的获取行为，但不是实现个体间交流、群体间形成归属的最佳情境。该情境受制于其信息渠道所携带的技术特征（陌生人、关联度低的人进入该微信群或进入该情境的成本和门槛低，且互动成本低，匿名者可以在这个情境中随性参与和退出，这种场景与现实场景的区别在于前者形成"泛泛之交"的可能性远远高于后者），使得网络新媒体在情境定义中呈现了"浅互动""浅社交""形式上的归属"的标签，大家并不会在微信群等线上环境中形成所谓"深厚感情""强烈归属""坚实的共同体"，这种所谓的群体实际上"外紧内松"。随着群体中匿名者（陌生人）低成本地增加，基于这种情境定义，来穗务工青年在扮演社会角色时会产生一种克制的、自然而然的规避与自我保护心态，故而该场景的"中区"行为会越来越多，所以出现这种功能评价的衰减（上文中提到的来穗务工青年对网络新媒体功能评价变化）便合情合理，这和上文中分析"公域"与"私域"的成因类似，但侧重点不同。本处的情境定义更能凸显出来穗务工青年的行为逻辑，同时通过对情境定义的分析，可以发现单一的网络新媒体应用、线上互动聊天受制于其技术特征，对于社会互动的限制与阻碍较为显著，网络新媒体必须模仿、结合现实情境中的场景规则进行场景的制度性管控（比如提高场景中"前、中、后区"空间变化的成本，提高场景的准入门槛），而且要结合线下的、实在的实践，才能更好地发挥其社会文化功能、满足高层级需求，而不至于掣肘、反制志愿服务活动。

（二）"普遍的他域"与在地性经验的冲突：志愿服务参与面临传播难题

在媒介情境论进入到理论的成熟期时，梅罗维茨受到后现代主义浪潮的影响，对其理论进行了调整，其调整的方向和重心的偏移，很明显受到了米德、库利等的社会符号互动理论的深远影响，其中库利对"自我"的形成的重要表述——"镜中我"让梅罗维茨关注到了人们是如何在社会互动中，或者符号的互动中形成对自我的认知、塑造，以及对自我的评价。这种社会互动中所流动的符号，也可以理解为一种流动中的信息，这种符号同样处于信息系统之中，而有所区别的只是符号这种信息的组成类型更为明晰，它主要侧重的是人和互动对象之间的信息，互动对象可以是个体、群体，也可是时间、空间，甚至可以是一种"不在场"的声音或者观点，例如米德的"他域"。"普遍的他域"可以理解为在技术迅速发展、技术产品层出不穷、媒介触角延伸到各个地方、电子媒介甚至互联网媒介渗透普及的年代，人形成认知、判断，塑造自己的一种外部观点，或者是一种社会观点。

"各种媒介的出现拓展了我们的感知领域（perceptual field），即便所有的物理经验都是来自本地的，但我们并不通过本地经验形成判断。恰恰相反，我们通过各种媒介共同形成的外部观点（external perspectives）出发做决定。"[①]

在地性经验的缺位，或者说在地性经验与媒介提供的"普遍他域"的较量中，梅罗维茨认为在地性经验落了下风，但是这并不意味着在地性的经验不重要，它是人们形成认知基础的来源地，只是很多时候成为人们行为抉择的惜败者。诚然，梅罗维茨的理论具有其局限性，它对在地性经验的作用和影响有所

---

① MEYROWITZ J. The rise of glocality：new senses of place and identity in the global village [J]. A sense of place：the global and the local in mobile communication, 2005：21－30.

轻视，而且他在理论后期也承认了除了媒介创造的情景外，礼仪、媒介内容、领地接触①也影响着社会行为，媒介并非唯一决定因素，但是正如梅罗维茨一再强调的，他只是希望学界重视对技术、媒介的考量。

尽管梅罗维茨依然发展着他的理论，且理论并不完美，但是梅罗维茨的理论视角却为人们分析现象提供了不可或缺的角度。媒介让"他域"迅速地连接，尽管不能完全打破在地性的局限（例如你无法让叙利亚的难民享受和中国一线城市的老百姓一样品质的生活，区域经验依然是社会的重要组成部分），但是媒介能够改变社会区域的结构，以此来增强全球范围内的同质性，并且增强同质性又无须完全解构时空区隔，故而实现全球"同质性"与区域"多元化"的并存，而媒介实现这种同质性的方法，就是为受众提供了一个普遍的外部视角、社会视角。

在对来穗务工青年进行调查时，问卷设计之初就专门针对可能存在的"外部视角""社会视角"做了考量，对数据的分析和本文第三部分的关于"中区形成"和"等级祛魅"的观点，隐隐透露出志愿服务参与目前的一个重大困境——传播学角度的困境，志愿服务参与难以"出圈"，很难走进大众的视野，缺乏合理的框架和叙事，淹没于冗杂的信息当中，形成了一种"有偏见"的外部观点，此处将着重论证为什么志愿服务参与的困境是一个社会性的传播问题。

表 1-15　志愿服务参与存在问题频率

志愿服务参与存在问题[a]	响应		个案百分比（%）
	N	百分比（%）	
参与人群较少	218	15.5	40.3
参与渠道较少	258	18.3	47.7
宣传力度薄弱	270	19.2	49.9
缺乏各方支持	210	14.9	38.8
理解和支持的人较少	170	12.1	31.4
志愿者服务质量不高	97	6.9	17.9

① 侯蓉英. 媒介与社会变迁 [D]. 苏州：苏州大学，2005.

（续上表）

志愿服务参与存在问题[a]	响应		个案百分比（%）
	N	百分比（%）	
志愿服务社会氛围不足	155	11.0	28.7
其他	29	2.1	5.4
总计	1407	100.0	260.1
a. 值为 1 时制表的二分组			

分析表 1-15 数据可知，其中来穗务工青年人群近一半的人认为志愿服务参与宣传力度薄弱，个案百分比中，49.9%的调查对象选择了该项，而紧随其后的是"参与渠道较少"和"参与人群较少"。"缺乏各方支持"也是占比较大的选项，达到 38.8%，这些选项除去"参与渠道较少"之外，都有一个共同的特点，即这些选项都是一种"感知"，是来穗务工青年对志愿服务参与的一种判断和感知，这种普遍性的观点，对于每一个个体来讲，就是"普遍的他域"，就是他们所感受到的并且会受其影响的"社会观点"。但与此同时必须注意，在志愿参与人员眼中志愿活动的质量并不差，这种对自身所处志愿服务在地性的质量评价与上述的个体对志愿服务存在问题的感知，实际上就迎来了在地性经验和"普遍他域""社会观点/外部感知"之间的矛盾与冲突。

而表 1-16 则重在考量理想的外部环境对于参与志愿服务的行为发生有多么重要。近七成调查对象认为先前接受过志愿帮扶有助于他们的志愿行为的发生，反对者不到两成充分说明志愿帮扶作为在地性的活动发生，给予了志愿帮扶对象在地性的经验，让他们形成了主观上的对志愿活动本身的外部观点，这个外部观点会继续影响被帮扶对象产生志愿行为。

表 1-16　志愿接受有助于志愿实践态度评价

先前接受过志愿帮扶有助于我参加志愿活动	频率	百分比（%）
非常不同意	22	4.0
不同意	50	9.1
一般	97	17.7
同意	194	35.4
非常同意	185	33.8

表 1-17　志愿氛围与环境态度评价

我周围的亲戚朋友理解并支持我进行志愿服务	频率	百分比（%）
非常不同意	10	1.8
不同意	4	0.7
一般	71	13.0
同意	178	32.5
非常同意	193	35.2

　　表 1-17 是对志愿服务参与者的亲戚朋友是否为他们营造了一个舒适的、明确的、友好的情境进行调查。通过数据明显看出，有志愿服务行为的调查对象，对该项的认同态度近 70%，样本对本项的认同率同样明确了人们形成的认知和判断，其与周围环境的互动不可分割，志愿者存在于这样的一种被普遍支持、理解的情境之中，渐渐形成了其对志愿服务的积极判断和参与行为。

　　在地性的经验获取不可或缺，而志愿者们所接收的"社会观点/外部感知"也同样重要。表 1-18 测量了当媒介形成一种对志愿服务"积极的、高尚的、主动的、频繁的"报道时，这种基于媒介而形成的感知，是否能够促进受众进行志愿服务活动？很明显，被调查者对此项的认同率接近八成，这说明媒介所形成的"普遍他域"对于志愿服务参与行为的影响重大，且高于在地性经验的获得。或者换个说法，相比地域语境，媒介语境似乎对于激励、促进志愿者参与志愿服务有着更积极、更显著的影响。

表 1-18　志愿服务新闻有助于志愿活动态度评价

关于志愿服务的新闻能够促使我参与志愿活动	频率	百分比（%）
非常不同意	5	0.9
不同意	14	2.6
一般	95	17.3
同意	266	48.5
非常同意	161	29.4

至此可以明确的是，来穗务工青年的志愿服务参与，受到媒介语境下所呈现的"外部感知/社会观点"影响深远，志愿服务参与本身所面临的问题主要出现在媒介语境和参与渠道上，也可以理解为志愿服务存在的困境实际上是传播的困境、宣传的困境、媒体针对志愿服务的叙事频率和叙事重心的困境，这体现为大众媒介难以营造一个理想的志愿服务社会氛围。在志愿参与人员眼中，志愿活动意义非凡且认同度高（前文已论证），但是信息（或者说社会评价）并不对称，存在行业偏见和误解，社会整体上并未传达出理性的态度、评价——志愿服务是"高尚且必要""有用且应该""时尚且日常"的。

总体来讲，社会、政府需要利用好媒介语境，结合梅罗维茨"媒介三喻"的理论，将媒介作为一种语法的功能集中体现和发挥出来，在营造社会氛围和号召激励上下功夫，实现在地性经验和"普遍的他域"联结所呈现的"外部感知/社会观点"之间的结合与配套，针对二者的冲突进行化解，尤其要解决好志愿者在地性的志愿服务的高自我评价和他们所接受的外部感知中志愿服务的宣传力度、社会氛围不理想之间的矛盾。恰好此题项也呼应了作者建立的指标——社会政府层面的"激励与号召""媒介技术互融"，这二者必须互为支撑，才能利用技术融合解决传播的困境，营造理想的、偏见较小的社会氛围。

此外，媒介本身也具备相当的涵化功能。从"媒介三喻"出发，国内有一些学者明确把媒介教育从宏观与微观上区分，将媒介教育目的订正为使学生成为一个成熟的公民，而不是成熟的消费者。他们反对"文本之中"的媒介教育（即反对过分重视内容而忽略媒介语境、媒介自身特性），而主张应该把文本分析与对生产和接受问题的探讨整合到一起，并且认为尤其在像美国这样高度商业化的国家，对于机构的分析尤为重要，他们把这种方法称之为"语境方法"来对照传统的"文本方法"。[①] 因此，应该把媒介认知能力上升到一种社会文化的层面来认识。

五、慎思媒介技术渗透：个体的自由、真实性与群体的隔离

本文第三、四部分通过理论分析、推演，结合数据实证，针对来穗务工青年的志愿服务参与场景及媒介导致的场景变化如何影响行为进行了探讨，具体

---

① 蔡骐. 论媒介认知能力的建构与发展 [J]. 国际新闻界, 2019 (5)：56 - 61.

可以从以下两个角度总结：①媒介作为技术如何改变了固有场景，改变了哪些场景内容，场景具体如何变化，场景的动态性、技术如何影响同一群体在面对相同场景时产生的不同反应，结尾部分对技术如何改变受众认知以实现改变其媒介素养进行了论述；②从受众视角出发，分析受众的行为如何受到媒介技术导致的场景变化而产生变化，其中分为两个角度——从媒介导致情境定义的判断偏移（信息渠道）的个体角度出发，以及从"普遍的他域"导致的群体感知、行动的群体角度出发。两个视角各有侧重地描述了受众微观上如何被影响，又如何产生相应的行为，其判断依据是什么。

第五部分论述是对前文内容无法涵盖，但在媒介情境论中又相当重要，且对来穗务工青年在新的媒介语下会产生可能的、潜在的影响和困扰的问题进行探讨。这些问题带有很强的伦理性，关系到来穗务工青年的主体性和能动性，也关系到他们的自我实现与归属。本部分内容涉及的理论不局限于媒介情境论，在分析群体行为时，会涉及行为科学的理论，例如斯梅尔塞（Neil Smelser）的集合行为条件论等，此外，本部分的问题本身并没有定论，问题本身及其答案都存在不小的争议，所以在此的分析只做视角参考。此处的核心问题将着眼于：

①媒介技术塑造的媒介语境、社会情境不可逆，私人话题越来越多地进入公共场域，成为公共问题，那么这种"中区"越来越大、"后台"持续压缩的情况会不会导致来穗务工青年被技术掣肘，失去自由而沦为技术的奴隶？

②受众（来穗务工青年）在丰富而庞杂的情境中长期扮演多个角色，究竟哪个角色更贴近其本人？个体的真实性如何变化？

③来穗务工青年能否在志愿服务的群体中，或是在志愿服务的过程中找到自身的归属与实现？媒介能在其中起到什么作用？

（一）异化后果：挑选、拒绝甚至失去"社会角色"

当讨论媒介技术带来人的异化时，依然要站在媒介情境论的视角下分析，这样有助于从整体视角出发来看媒介作为技术在形塑、改变情境的同时，到底是如何对人们形成异化的。人类的认知、行为都会受到媒介的技术特征的影响，但是这些影响最终有一个落脚点——社会角色。这体现在两个维度：其一，社会媒介对情境的作用力导致了人类社会的信息运行模式的变化，人类感知情境定义实际上就是在感知信息渠道，情境的定义是用来描述情境复杂的动态交流及其规则，而不论人类感知的结果如何，最终会脱离一种初始的、被媒介"侵人"的混乱状态转而习惯、调整自己的认知与行为。这种情境中包含了几种调整的模式，而这些调整的模式中每种模式都会为人们提供所谓的社会角色供人们选择和扮演，这体现了社会角色的客观性，它基于一定的"规范""约定"，而且这种"规范"很可能被技术因素所放大；其二，社会角色作为人类行为的一种模板，不光具有客观性，同样体现了人类主体的能动的反应，譬如选择什么角色、应该怎么扮演，这些通常是基于自己的主观考量、既定经验和对外界期待的考虑，所以说同样的社会角色，由不同的人扮演会不尽相同，这体现了社会角色的主观性。

但是媒介在形塑情境的同时，也对人类扮演社会角色提出了不止一点的新的要求。对比传统情境——戈夫曼所论述的场景——即便是突如其来的情境改变也只是暂时的，最终旧的定义依然会发生作用，这说明旧的情境中不仅对突然需要你来扮演的社会角色的要求有时限，甚至这种暂时的场景可能在你还没来得及搞清楚应该应用哪种模式调整、应该扮演什么角色的时候，就要么消失，要么被旧有定义重新约束了，而你依然可以扮演或恢复原有的社会角色。可这一切在如今的互联网媒介大行其道的阶段彻底改变，很多时候媒介的介入对场景的改变是永久性的。例如来穗务工青年的志愿服务微信群，这种网络媒介可以作为一种长期存在，甚至会将志愿服务在地性抹去，从而实现线上的志愿服务的"技术"。它的颠覆性让社会角色面临着复杂又艰难的挑战，这个时候，技术要么迫使你在社会角色的切换中犯错、迷失，要么让你扮演一个一言不发的社会角色（例如沉寂的微信群，大多来穗务工青年志愿服务成员并不喜欢在微信群里聊天）。无论哪种抉择，人类所创造的技术，都在逐渐地制约、控制人类的行径，而通过媒介的技术特征来实现的这种控制，很多时候使人类似乎除了迎合技术之外，只能被技术所抛弃，这让大众陷入了一种两难的境地。来穗务工青年中媒介素养低的那部分群体（通常他们的受教育程度相对较低、年龄较大），尤其容易沦为互联网媒介的"奴隶"，他们很多时候只能沉默，因为媒介技术特征将话语权赋予了媒介素养更高、更能应付和掌握新的情境的人，当然这也从侧面表明，同样的来穗务工青年，仅媒介素养的差异，就导致了他们在媒介语境下几乎不可能实现所谓的"群体认同""群体归属"，只有少部分人能够"自我实现"。人们通常会用这样一句俗语来描述一个群体——"生在互联网，长在互联网"，现在看来人们描述的并不是一个群体的特质，而是描述一种伴随这个群体成长的一种情境，生在该情境、长在该情境的人，应对该情境的方式也并非一定会有助于其发展（因为他们同样会因技术而迷失，比如部分小镇青年），但是他们的确更容易接受新的情境，更快习惯新的情境，更能根据情境的转变做出反应。

戈夫曼曾在著作中辩证地描述过在情境被迫改变时，人们身为"人"的"自由"的体现——"在不同的情境中会有不同的角色。角色通常是用在某个给定的情境中，存在'正确性''预期性'或'恰当性'……场景主义下，人们对自由的理解，可以是因为拒绝别人所赋予的、场景所规定的社会角色而自由，也可以是选择社会角色、控制观众类型、在任何时间地点扮演想扮演的社会角色，这也是一种自由"。戈夫曼侧重研究面对面的交往，认为角色是由特定的交往地点以及观众所决定的，然而他却忽略了社会秩序的变化，从媒介理论视角看来，他忽视了媒介对于情境的整合。按照戈夫曼的说法，人们拥有的自由是"挑选角色""拒绝角色"，而如今的媒介让全球范围的文化"同质性"增强，大家都面临掌握更高的媒介素养才可能拥有更多的自由和权利（例如话语权）的问题，媒介技术的发展速度令人无法抵抗，伴随着资本和权力的运作，媒介素养更高的人获取更多的服务、权利（乃至是更多的权力），也会被资本青睐，而媒介技术的门槛导致媒介素养低的群体一旦"饰演不好角色"，就有可能"彻底失去角色"而陷入沉默。所以如今的时代，"数字鸿沟"是扩大了，而不是缩小了，媒介素养高的来穗务工青年拥有的自由是可以挑选或者拒绝社会角色，而媒介素养低的来穗务工青年很可能面临着彻底失去社会角色的风险，但不管是前者还是后者，他们的选择范围，都被媒介所影响甚至掌控，从而呈现出异化特征。

（二）叠合身份："外来打工仔"的社会角色定位

哪个才是"真实"的我？这是一个社会心理学的经典问题，在众多的社会角色下，人们扮演的时长不同，付出的精力不同，对他们造成的影响也不同，但人们总会扪心自问——"我是谁？"

"这种'自我'并不是简单地戴上面具，而是一种个性。扮演某个角色的时间越长，角色就越真实。我们每个人都是通过与他人的关系来获得自我的观念，这一事实加强了以表达和形象为基础的社会交往的稳定性。"

——戈夫曼

来穗务工青年本身兼有多种社会角色，从"来穗务工青年"的称谓就能够看得出其社会角色众多，他们不光是"外乡人""青年"，更多时候是"打工仔"，这种社会角色对其自我的真实和判定会产生巨大的影响。依照社会参与理论，志愿服务能够为他们提供一个相对不同的、社会评价不错的社会角色，但是他们时常扮演不好这个角色，或者干脆不想扮演这个角色，导致他们对融入社会、获得当地认同并不感兴趣，这一点从"稳定性"指标中清晰可见。当来穗务工青年所处的环境愈加稳定，自身的流动性越低的时候，他们才会思考所谓的"认同"，才会寻求一些其他社会角色，譬如去进行志愿服务参与。而当他们流动性较强时，他们最常扮演的角色——"外来打工仔"，这种长时间、高强度、大精力扮演的角色，自然会越来越影响、逼近他们真实的自我，他们对自己所处的角色也会进入一种潜移默化的认同，最终导致其他社会角色难以进入来穗务工青年的脑海中。

表 1-19　相关性

变量		身份认同	稳定性	群体机制	激励与号召	媒介技术互融	志愿服务参与度
身份认同	Pearson 相关性	1					
	显著性（双侧）						
	N	227					
稳定性	Pearson 相关性	0.316**	1				
	显著性（双侧）	0.000					
	N	227	227				
群体机制	Pearson 相关性	0.269**	0.300**	1			
	显著性（双侧）	0.000	0.000				
	N	226	226	226			
激励与号召	Pearson 相关性	0.412**	0.333**	0.212**	1		
	显著性（双侧）	0.000	0.000	0.001			
	N	225	225	224	225		

（续上表）

	变量	身份认同	稳定性	群体机制	激励与号召	媒介技术互融	志愿服务参与度
媒介技术互融	Pearson 相关性	0.165*	0.181**	0.014	0.549**	1	
	显著性（双侧）	0.013	0.006	0.829	0.000		
	N	226	226	225	225	226	
志愿服务参与度	Pearson 相关性	0.171*	0.340**	0.224**	0.171*	0.178**	1
	显著性（双侧）	0.010	0.000	0.001	0.010	0.007	
	N	225	225	224	224	225	225
** 表示在 0.01 水平（双侧）上显著相关							
* 表示在 0.05 水平（双侧）上显著相关							

对于表 1 - 19 的 225 个样本，需要进行事先说明，这 225 个样本在调查时有意做了控制，相较于其他样本，这 225 个样本控制的变量体现在他们的媒介素养相对都不高，没有广州户籍，月收入明显偏低，且本身受教育程度较低，他们职业大多分散在"服务业""建筑行业"等体力劳动型产业。

借助偏相关分析中的"Pearson 相关"对上表进行分析，除去网络技术因素，稳定性与所有变量都有至少弱相关的表现（$P < 0.05$，$0.2 < R < 0.6$），而激励与号召、身份认同、群体机制都与稳定性相互影响，志愿服务参与度也直接受到稳定性的影响，这表明来穗务工青年的稳定性关乎其认同与归属，影响着他们的群体生活和交流，进而对其志愿服务参与也至关重要，至此，笔者的观点经数据实证而得到了充分的论证。

（三）媒介语境：作为影响志愿服务集合行为的变量

下文主要回答开头研究缘由所涉及的问题，即为何本质相同的行为，在面对疫情和面对日常的志愿活动，同一个群体的行为差距如此之大？"环境条件、结构性压力、诱发因素、行为动员、普遍情绪的产生或共同信念的形成、社会控制能力，这六个要素构成了集合行为的组合，带来了社会集体行动"，这是斯梅尔塞在 20 世纪 60 年代提出的集合行为的基本条件论（又称价值附加理论)①。而志愿服务参与作为一种群体的集合行为，该行为本身也许并没有很强的传染性，但是同样也具备以上六个要素。志愿参与本身能作为一项公益行为持续如此之久，自然有其历史必然性，结合这次的新冠肺炎疫情，众多志愿服务群的表现的确符合以上六个要素，存在允许集合行为的发生的媒介环境和自然环境，不同地域的人群存在不同的结构性压力，疫情的严重程度和与志愿者个体的关联性本身就是极其重要的诱发因素，而行为动员更不用说，基本所有的媒介都在利用其叙事框架进行情感和行为动员，人们在这样的叙事框架下强化了"我们"作为共同体的认同感，产生了普遍的情绪和信念，而社会控制能力对于群体行为是持肯定的态度的，这次的疫情很好地为人们提供了一个对比的案例。反观来穗务工青年的志愿服务参与，这种集合行为的发生强度和发生频率，不可与疫情来临时的反应相比，这其中固然有不同的结构性压力和诱发因素，但是我们是否可以试着从环境条件、行为动员和情绪、信念的产生与形成等方面对二者进行对比？

媒介伴随着技术的发展，其渗透能力和影响力不用多作赘述，媒介的力量完全可以实现人们对一个事件、组织、个体等对象从无到有的关注，并且媒介语境所采用的叙事框架能够影响许多受众对一个目标对象的基本认知和看法。既然媒介力量这么强大，媒介也介入了志愿服务场景，为什么来穗务工青年并没有因此而获得更高的行动力？反而是为来穗务工青年带来了更多的技术掣肘（比如对"后区"的压缩，对其社会角色扮演所形成的挑战）？表 1 - 20 考察的是来穗务工青年对志愿活动带来归属感的态度评判。其中不到五成的样本同意志愿活动会为他们带来归属感，这意味着这项集合行为本身并不能实现他们高层级的追求。

表 1 - 20　参加志愿有助于归属感培养的态度评价

参加志愿活动可以增强我的归属感	频率	百分比（%）	累积百分比（%）
非常不同意	73	13.3	13.3
不同意	90	16.4	29.7

---

① SMELSER N. Theory of collective behavior [M]. New York：The Free Press. 1962：pp. 23 - 46.

（续上表）

参加志愿活动可以增强我的归属感	频率	百分比（%）	累积百分比（%）
一般	134	24.5	54.2
同意	132	24.1	78.3
非常同意	119	21.7	100.0

　　既然归属感作为高层级的需求不能被满足，那么从具体情境出发，来穗务工青年参与志愿服务时能否获得当地的认同？表1-21中接近六成的人并不认可志愿服务能帮助他们获得当地人的认同和赞许，数据表明志愿服务这种行径本身的认可度并不高，这从侧面反映出社会中有关志愿服务本身的评价和社会志愿服务实践并不理想。对于来穗务工青年，想要融入当地，志愿服务本身也许是最适合的（甚至最功利的，例如积分入户，成为当地人），但是来穗务工青年即便通过这种方式实现了"法理"上的融入，却依然在"情理"上被拒之门外，"心理归属"路漫漫。

表1-21　志愿活动身份认同的态度评价（一）

参加志愿活动可以使我获得当地人的认可、赞许	频率	百分比（%）	累积百分比（%）
非常不同意	61	11.1	11.1
不同意	111	20.3	31.4
一般	147	26.8	58.2
同意	128	23.4	81.6
非常同意	101	18.4	100.0

　　表1-22则更具体地从侧面考察了来穗务工青年参与志愿服务能获得的自我价值，可是结果依然显示出，548个样本中，近六成的人并不认同自己可以从志愿活动中获得自我满足的机会和价值，甚至连结交朋友都难以实现。

表1-22　志愿活动身份认同的态度评价（二）

参加志愿活动可以结交朋友，获得人脉、资源	频率	百分比（%）	累积百分比（%）
非常不同意	76	13.9	13.9
不同意	104	19.0	32.8
一般	132	24.1	56.9
同意	122	22.3	79.2
非常同意	114	20.8	100.0

至此可以初步确定，对于来穗务工青年，志愿服务并不是获得地域认同、融入社会甚至获得归属的有效途径。他们普遍对志愿服务为他们带来的附加价值持偏向否定的态度，但为什么在这种态度之下，他们仍能为疫情防控奔走呼告呢？

不妨大胆提出猜想，也许这二者中间，起到关键作用的，是媒介语境。横向对比他们对两种志愿、公益活动的不同反应，媒介本身作为信息渠道同样承载了公益信息的发布，这并没有什么区别，但两种情况中媒介语境却存在巨大的差异，叙事框架也存在明显的区别。诚然，必须得承认区域性的公益行为和国家性的公益行为自然是有所不同的，但是人们对"区域性"和"国家性"的判定来源于哪里？显然，媒介语境是最为重要的来源，那么同样的，要使环境条件、结构性压力、诱发因素、行为动员、普遍情绪的产生或共同信念的形成、社会控制能力这六个要素的存在并作用于来穗务工青年，最高频、最有效的方式，其实就是在媒介所塑造的情境中。在这种情境下（此处媒介塑造的情境其实就是媒介语境），他们通过对这些信息渠道的判定而形成了"全国性疫情""没有硝烟的战争""我们共同战胜疫情"等一些概念。而这其中，对个体受众产生志愿参与行为影响最大的、最为积极踊跃的，却是新媒体。新媒体的叙事内容和框架（例如湖北武汉定点医院向社会求援的文章），在来穗务工青年的朋友圈中刷屏，形成了一种情感共在，也将一个个分散的个体纳入普遍的信念和情绪中，并对受众进行行为动员。新媒体作为情境塑造者，无疑对志愿行为贡献了最大的力量，而这些情境的缔造者，在志愿服务的日常活动中无疑是缺位的。虽然新媒体的媒介语境力量如此强大，但人们并不能因此就忽视传统媒介的媒介语境，正是因为传统媒介采用了"全国性""战争""我们会胜利"等叙事框架，才为这次突发危机赋予了一个合理的、足够引起大家重视的定性。传统媒体和新媒体拥有不同的技术特性，故而其媒介语境发挥的作用不同，二者的配合才有了一呼百应的志愿行为。但是反观来穗务工青年所处的媒介语境，除了日常的信息接收，剩下的功用便是呈现文化工业所裹挟的标准化娱乐内容了。

六、利用网络技术提升来穗务工青年的志愿服务参与对策

对于来穗务工青年群体来说，许多现状中的变量是固有的或难以在短时间内控制并改善的，如"年龄""个人收入""职业周期""受教育程度"以及他们受不同时代、不同物质环境中媒介技术特征影响而形成的"媒介素养"。但人们可以通过调整、建构新媒体所塑造的语境，来影响这些既定变量对来穗志愿参与者的影响，比如个体在职业周期短的行业里增强自身竞争力，走向更长期、更稳定的职业岗位，或者通过"再教育"提升教育水平以提高媒介素养等，但面对社会、政府层面的媒介技术互融，具体的措施如下：

（1）单一的网络新媒体应用、线上互动聊天受制于其技术特征，对于社会互动的限制与阻碍较为显著，网络新媒体必须模仿、结合现实情境中的场景规则进行场景的制度性管控（比如提高场景中"前、中、后区"空间变化的成本，提高场景的准入门槛，例如需要实名认证、3位介绍人介绍、志愿参与5次或志愿时长满10小时才可入群等"群规"进行管理），而且要结合线下的、在地性的实践，才能更好地发挥其社会文化功能，满足高层级需求，而不至于被新媒体特性而掣肘、反制志愿服务活动。

（2）总体来讲，社会（基层社区组织）、政府部门（外来人口管理部门、招商引资宣传部门、城市形象宣传媒体和平台等）需要利用好媒介语境，结合梅罗维茨"媒介三喻"的理论，将媒介作为一种"语法"的功能集中体现和发挥出来，在营造社会氛围和号召激励上下功夫，实现在地性经验和"普遍的他域"联结所呈现的"外部感知/社会观点"之间的结合与平衡，针对二者的冲突进行化解，尤其要解决好志愿者对在地性的志愿服务的高自我评价和他们所接受的外部感知中志愿服务的宣传力度、社会氛围不理想之间的矛盾，塑造出理想的态度评价——志愿服务是"高尚且必要""有用且应该""时尚且日常"的。在地性的经验获取不可或缺，而志愿者们所接收的"社会观点/外部感知"

也同样重要，注重志愿服务参与的宣传、沟通的方式、渠道的选取与设置，注重在志愿平台上应用互联网媒介技术，以此来促进参与志愿服务的个体和群体。此外，志愿参与、沟通渠道的畅通与否，也是当前志愿服务所面临的严峻问题，此困境直接关系到参与人员的自我效能能否实现，以及再次参与志愿活动的抉择。应用网络技术搭建、优化志愿参与、沟通的新媒体平台则能帮助志愿者更高效地、便捷地实现自身价值。

（3）需要认清的是——对于来穗务工青年而言，志愿服务并不是获得地域认同、融入社会甚至获得归属的有效途径。新媒体作为情境塑造者，无疑对志愿行为贡献了最大的力量，而这些情境的缔造者，在来穗志愿服务的日常活动中，无疑是缺位的。传统媒体和新媒体拥有不同的技术特性，故而其媒介语境发挥的作用不同，但二者的配合才有了一呼百应的志愿行为，在塑造媒介语境时，传统媒介的语境往往最容易被忽视，所以应注重"传统媒介"定性，"互联网络媒介"造量的配合宗旨，二者一个负责权威，一个负责有趣、有用，实现媒介语境的最大效用。与此同时，数据表明媒介技术必须和政府、社会的激励与号召互为支撑，最好能相互配合，官方尤其要注重融媒体矩阵的搭建，利用媒介技术融合来提升传播力，而数据实证也表明这二者的相关性强，只有联合发力，才能给予受众稳定的生存环境、较高的信心和预期状态，实现更好地融入。

（4）注重来穗务工群体之中受媒介技术影响而产生的媒介素养的差异，选取合适的新媒体，实现对素养差异的兼容，并且制定符合不同媒介素养的媒介语境和信息渠道，这体现在选取有针对性的、简明易懂的传播方式、宣传物料。与此同时，除了传播端的努力，从个体受众出发，增强网络技术基础设施建设和基础教育普及，让低收入、教育水平较低的人至少也能拥有接触、学习的权利，借此来提高媒介素养，弥合"数字鸿沟"。

七、研究结论与展望

健康的、平稳运行的社会需要作为国家未来的青年群体持续地融入，社会参与又是融入社会的重要环节，而青年群体也需要通过一些途径实现自身更高层级的需求，例如认同与归属。本文主要聚焦于媒介技术，尤其是互联网媒体对来穗务工青年的志愿服务参与带来的影响，通过对媒介情境论发展状况的梳理，明晰了理论发展阶段和目前状态，并通过该理论搭建了从场景改变到情境定义再到受众行为最后影响到社会群体的分析路径：技术—媒介（信息运行模式）—场景（信息系统）—情境定义（信息渠道判定）—社会角色—受众行为—社会群体。结合来穗务工青年在志愿参与时需要面对的繁杂的媒介场景现实（从志愿网站、志愿者公众号、志愿者 App、志愿微信群/QQ 群），分别撰写了媒介技术对传统场景的入侵的发生过程、具体的场景转变、场景存在的动态变量等内容（第三部分），针对媒介技术如何通过塑造情境来影响受众的认知、形成受众具体行为展开了分析（第四部分），以及路径中媒介技术为受众带来了可能存在的异化、真实性和群体无法融入的困境展开论述（第五部分），最后针对如何塑造媒介语境来提升来穗务工青年志愿服务参与而提出了具体建议（第六部分）。

通过数据实证，并结合媒介情境论进行分析，可以发现志愿服务参与不能算作来穗务工青年实现自我、融入社会最有效的途径（至少在"情理"上不是，"心理融入"阻力重重），且造成志愿服务参与宣传薄弱、氛围不足等传播困境的主要原因之一，便是媒介语境。具体结论如下：

（一）研究结论

（1）媒介技术针对来穗务工青年、其所在群体或组织以及其志愿服务参与环节中的渗透是全面而深入的，呈现出了"在地性"的志愿服务资源成为媒介场景的生产场所的特点，新媒体在原有地域场景上创建新场景，为志愿信息获取和志愿参与途径提供了"虚拟"场景（以微信群最受青睐），在扩大志愿覆盖范围的同时，当微信群中"场景内容变化""长时间变化"两个同属信息运行模式中的子变量发生时，志愿者通常会被迫卷入公域与私域叠合的"中区"，形成"共视的共同体"。此外，新媒体作为一种资源无限的、交互的、低成本的便捷的技术手段，打破了传统媒体对志愿参与的"叙事框架"，改变了信息占有率，暴露出了更多的志愿服务参与的"后区"空间，消解了志愿服务参与原本的形象、权威与"等级关系"，而新媒体背后的资源所裹挟的文化工业，让媒介素养较低的受众沉浸在大众娱乐之中，来穗务工青年的志愿服务渐渐成为"为积分入户""为获取赠品""累计志愿时长"的功利性工具。

（2）场景本身动态性除了受个体的"感觉屏障"影响，还受到群体的"媒介素养差异"的影响。媒介的不同技术特征、不同的媒介接触塑造了来穗务工青年群体中的媒介素养的巨大差异，传统媒介作为有限频段资源（稀缺资源），生产和传播的成本高，信息生产和传播把握在专业的信息运行系统中，个体乃至小机构组织无法涉足，这铸就了传统媒介的权威性、可靠性和单向性；新媒体的再生性、无限性，让资源被合理地分配，信息生产和传播的廉价性和便捷性，实现个体向 UGC 的转化（新媒体赋权普通民众的同时，更多的资源其实依然在政治和资本的掌控中），技术特性决定了新媒体犯错的低成本，其媒介印象与"谣言""不可信""失实"挂钩，而当新媒体为维持其资源的生存、壮大其资源的影响而争夺受众注意力，其技术特性又导致了"引人入胜""吸引眼球""妙趣横生""俗不可耐"等媒介评价。

技术接触会根本性地影响人们如何看待媒介、偏好媒介、使用媒介等媒介素养。"技术特征—资源特性—资源分配—信息生产传播（方式、主体、内容）—受众解码—受众对技术再认知—影响技术特征的调整"是从技术到受众再到技术的宏观路径，其变量复杂，"资源分配""信息生产传播内容""受众解码的意义符号背景"的影响不容忽视，技术也只是最初的变量，而技术在根据受众需求和自身发展的需要下也会进行相应的技术调整，受众可以给予技术以能动的反作用（体现了软技术决定论立场，指明受众的主体能动性）。

（3）从技术视角出发，来穗务工青年在新媒体情境中的情境定义（认知、态度）发生了从关注物质现实到关注信息渠道的偏移（场景内的人和空间、人和人、空间和空间之间的关系产生并维持全都可以归功于信息运行的结果），新媒体的技术特征导致情境介入、退出以及情境内互动关系产生的低成本，网络新媒体呈现出"浅互动""浅社交""形式上的归属"，而实际意义上却无法形成归属，随着场景内容持续的变化，会使来穗务工青年产生克制的、规避的保护行为（即"中区"行为）。

（4）媒介让"他域"迅速地连接，实现了全球"同质性"与区域"多元化"并存的同时，为来穗务工青年的志愿服务参与提供了普遍的外部感知、社会视角，但目前志愿参与服务本身所面临的问题主要集中于媒介语境和参与渠道上，也可以理解为志愿服务存在的困境实际上是传播的困境、宣传的困境。媒体对志愿服务的叙事频率和叙事重心存在较大缺失，体现为大众媒介难以营造理想的志愿服务社会氛围和志愿服务社会评价。

（5）面对媒介全面地渗透，更高的媒介素养才可能拥有更多的自由和权利（更多话语权，挑选或者拒绝社会角色的权利），媒介技术的门槛导致媒介素养低的群体一旦"饰演不好角色"，就有可能"彻底失去角色"而陷入沉默，加剧"数字鸿沟"。来穗务工青年的社会角色选择范围及自由，被新媒体影响甚至掌控，呈现出了异化特征。与此同时，来穗务工青年自身的"稳定性"决定了其行为动机（比如融入预期即融入行为的动机之一），当来穗务工青年所处环境稳定，流动性低时，会寻求一些其他的社会角色（例如志愿者角色）；当流动性较大，"外来打工仔"即其最常扮演的社会角色，这种长时间、高强度、大精力扮演的角色影响、逼近、形塑着他们真实的自我。最后，志愿服务并不是来穗务工青年获得地域认同、融入社会甚至获得归属的有效途径，虽然新媒体作为情境塑造者，对志愿行为贡献了最大的力量，但在来穗务工青年的日常志愿服务活动中，这些情境塑造者是缺位的。

一些其他发现如下（主要是对数据进行基础的描述性分析所带来的发现）：

①利用单一网络技术了解、获取、实现志愿参与服务的群体具备以下特征：中低教育水平、中等收入水平、年龄相对偏大、职业周期长（转换成本大，如商业），并热衷"地缘网络"。

②将态度转换为推荐行为的群体大致具备以下特征：中等受教育程度、高收入水平、职业周期长的青年群体。样本总体表现出积极的推荐度，样本对于志愿服务参与的认同和评价整体良好。

③网络技术功能从获取信息到增强成员间关系，呈现从基础功能到附加功能的效果衰减，单一网络技术对社会互动会产生限制与阻碍。

④志愿者社团与社工组织等组织群体对于新媒体的依赖尤为明显，网络技术是组织内外发展不可或缺的组成部分。

（二）研究展望与局限

1. 局限

首先，媒介情境论本身对技术视角的偏倚，会容易让笔者陷入"技术决定"的桎梏之中，故而分析的时候容易忽视其他影响因素对来穗务工青年志愿服务参与的影响。而借用梅罗维茨的说法，我们并非强调技术的决定性作用，而是希望在分析来穗务工青年的生存发展现象中（包括其为什么进行志愿服务、他们希望在志愿服务中获得什么、如何促进他们进行志愿服务），增强对技术因素的重视。梅罗维茨认为人们倾向于在情境中做出行为决定，却很少意识到不同情境对人们的行为选择做出的限制，所以通常都会忽视媒介在事件发生时的作用。

其次，媒介情境论本身理论体系是动态发展的，理论本身较为复杂，其中的核心概念几次更改，既包括对"场景""情境""语境"的取舍，也包括对

"在地性""虚拟性"的认知和区分（即后来发展出的媒介语境和地域语境），还包括后期梅罗维茨的研究从媒介理论转向对符号互动，其关注的目光也长期存在于文化研究之中。总之，该理论本身的野心很大，掌握起来比较困难，缺乏体系性，分析时会因为理论庞杂而没有明确框架和模型而产生视角的重叠，譬如本文第三、四、五部分其实存在多处的逻辑重叠。

本文实证数据中，样本异质性较强，媒介素养差异较大。分析问卷调查所得数据时，548 份样本存在小部分缺失值，代表性未达到预期。

2. 展望

研究中第五部分提出的三个问题还需要继续探索，只从媒介情境论分析，具有一定的片面性。技术视角不可或缺，故媒介本身能在什么维度发挥什么作用、如何发挥作用，从而塑造更利于志愿服务参与的媒介语境，这些都有待进一步的量化研究来实证。

当然，持续发展着的媒介情境论需要系统地整理出一个明确的模型框架，这将为学术的分析、推演和扬弃带来更多的便利，同时也能让媒介理论不再沉浸在"顿悟"和"论断"之中，可以考虑加入更多的量化研究方法来对理论进行实证。

附录

（一）执行 Bootstrap 具体相关性表格

变量			身份认同	稳定性	群体机制	激励与号召	媒介技术互融	志愿频次测量
身份认同	Pearson 相关性		1	0.313**	0.271**	0.413**	0.274**	0.035
	显著性（双侧）			0.000	0.000	0.000	0.000	0.598
	N		223	223	223	223	223	223
	Bootstrap^c	偏差	0	0.001	0.002	0.003	0.003	0.000
		标准　误差	0	0.065	0.071	0.055	0.056	0.074
		95% 置信区间　下限	1	0.194	0.134	0.299	0.165	-0.118
		95% 置信区间　上限	1	0.442	0.416	0.521	0.379	0.175

（续上表）

变量			身份认同	稳定性	群体机制	激励与号召	媒介技术互融	志愿频次测量
稳定性	Pearson 相关性		0.313**	1	0.308**	0.333**	0.353**	0.173**
	显著性（双侧）		0.000		0.000	0.000	0.000	0.010
	N		223	223	223	223	223	223
	Bootstrap^c	偏差	0.001	0	0.001	0.002	−0.001	0.001
		标准 误差	0.065	0	0.071	0.065	0.060	0.066
		95% 置信 下限	0.194	1	0.172	0.202	0.233	0.034
		区间 上限	0.442	1	0.446	0.459	0.461	0.297
群体机制	Pearson 相关性		0.271**	0.308**	1	0.213**	0.172*	0.135*
	显著性（双侧）		0.000	0.000		0.001	0.010	0.044
	N		223	223	223	223	223	223
	Bootstrap^c	偏差	0.002	0.001	0	0.003	0.001	0.001
		标准 误差	0.071	0.071	0	0.063	0.064	0.072
		95% 置信 下限	0.134	0.172	1	0.098	0.051	−0.011
		区间 上限	0.416	0.446	1	0.339	0.302	0.266
激励与号召	Pearson 相关性		0.413**	0.333**	0.213**	1	0.578**	−0.017
	显著性（双侧）		0.000	0.000	0.001		0.000	0.803
	N		223	223	223	223	223	223
	Bootstrap^c	偏差	0.003	0.002	0.003	0	0.000	0.001
		标准 误差	0.055	0.065	0.063	0	0.050	0.072
		95% 置信 下限	0.299	0.202	0.098	1	0.474	−0.155
		区间 上限	0.521	0.459	0.339	1	0.669	0.124
媒介技术互融	Pearson 相关性		0.274**	0.353**	0.172*	0.578**	1	0.099
	显著性（双侧）		0.000	0.000	0.010	0.000		0.142
	N		223	223	223	223	223	223
	Bootstrap^c	偏差	0.003	−0.001	0.001	0.000	0	−0.001
		标准 误差	0.056	0.060	0.064	0.050	0	0.067
		95% 置信 下限	0.165	0.233	0.051	0.474	1	−0.042
		区间 上限	0.379	0.461	0.302	0.669	1	0.231

（续上表）

变量		身份认同	稳定性	群体机制	激励与号召	媒介技术互融	志愿频次测量
志愿频次测量	Pearson 相关性	0.035	0.173**	0.135*	−0.017	0.099	1
	显著性（双侧）	0.598	0.010	0.044	0.803	0.142	
	N	223	223	223	223	223	223
	Bootstrapᶜ 偏差	0.000	0.001	0.001	0.001	−0.001	0
	标准 误差	0.074	0.066	0.072	0.072	0.067	0
	95% 置信区间 下限	−0.118	0.034	−0.011	−0.155	−0.042	1
	上限	0.175	0.297	0.266	0.124	0.231	1
**表示在 0.01 水平（双侧）上显著相关							
*表示在 0.05 水平（双侧）上显著相关							
c. 除非另行注明，Bootstrap 结果将基于 1 000 bootstrap samples							

（二）效度旋转成分矩阵 a

操作化指标	成分		
	1	2	3
先前接受过志愿帮扶有助于我参加志愿活动	0.247	0.684	0.037
我周围的亲戚朋友理解并支持我进行志愿服务	0.114	0.854	0.079
在志愿服务他人和社会时，我是自豪的、高尚的	0.166	0.822	0.132
我的居住状况比较稳定，流动性不强	0.215	0.713	0.141
服务他人时，我感觉团队氛围很好，大家相处融洽	0.168	0.868	0.123
我觉得每次志愿活动都是高质量的、高效率的	0.819	0.270	0.055
关于志愿服务的新闻能够促使我参与志愿活动	0.821	0.320	0.086
为了累计志愿服务时长，我会参与更多的活动	0.831	0.129	0.131
参加志愿活动能给我带来明确的奖励与回报	0.753	0.017	0.118
我喜欢在志愿服务的微信群里聊天	0.830	0.158	0.116
我愿意主动介绍别人参加志愿活动	0.695	0.436	0.048

（续上表）

操作化指标	成分		
	1	2	3
参加志愿活动可以增强我的归属感	0.147	0.090	0.875
参加志愿活动可以使我获得当地人的认可、赞许	0.137	0.121	0.915
参加志愿活动可以结交朋友，获得人脉、资源	0.070	0.157	0.862
提取方法：主成分 旋转法：具有 Kaiser 标准化的正交旋转法 a. 旋转在 5 次迭代后收敛			

由旋转后的因子载荷矩阵可知，各维度的各个测量项在 3 个因子载荷较大，调查问卷效度可以接受。

参考文献

（一）专著

[1] 梅罗维茨. 消失的地域：电子媒介对社会行为的影响 [M]. 肖志军，译. 北京：清华大学出版社，2002.

[2] 肖峰. 信息技术哲学 [M]. 广州：华南理工大学出版社，2016.

[3] 霍克海默，阿道尔诺. 启蒙辩证法：哲学断片 [M]. 渠敬东，曹卫东，译. 上海：上海人民出版社，2003.

[4] 米德. 文化与承诺 [M]. 周晓虹，周怡，译. 石家庄：河北人民出版社，1987.

[5] 吴忠泽，陈金罗. 社团管理工作 [M]. 北京：中国社会出版社，1996.

[6] 张静. 现代公共规则与乡村社会 [M]. 上海：上海书店出版社，2006.

[7] 郑杭生. 社会学概论新修 [M]. 北京：中国人民大学出版社，1994.

（二）硕博、期刊论文

[1] PARK R E. Community organization and the romantic temper [J]. J. SOF. F., 1974 (3)：673.

[2] CORBARA B. Self-organization in the division of labor in incipient societies of the ant Ectatomma ruidum (Formicidae：Ponerinae)：emergence of an age polyethism [J]. Sociobiology, 2000, 36 (3)：447 - 464.

[3] LYBECK R. Mobile participation in urban planning；Exploring a typology of

engagement ［J］. Planning practice and research, 2018, 33 (5)：523 –539.

［4］ Teney C, HANQUINET L, High political participation, high social capital? A relational analysis of youth social capital and political participation ［J］. Social science research, 2012.

［5］ AKALIN A. Affective precarity：the migrant domestic worker ［J］. South Atlantic quarterly, 2018.

［6］ RITCHIE G. Unfree labour struggles of migrant and immigrant workers in Canada ［J］. Adult education quarterly, 2018.

［7］ MOHAMED E M. Citizens of the margin：citizenship and youth participation on the Moroccan social web ［J］. Information, communication & society, 2018.

［8］ Hong Y, LIN T T C. The impacts of political socialization on people's online and offline political participation：taking the youth of Singapore as an example ［J］. Advances in journalism and communication, 2017.

［9］ LOND, R. B. L. H. Methods of measuring internal migration by United Nation Department of Economic and Social Affairs ［J］. Internal migration review, 1972, 6 (3)：331 –332.

［10］顾舒苒. 志愿者志愿倾向影响因素的研究 ［D］. 成都：电子科技大学, 2018.

［11］周燕. 青年群体在微博中的自我呈现 ［D］. 南京：南京师范大学, 2015.

［12］豆雪姣, 谭旭运, 杨昭宁. 居住流动性对青年社会参与意愿的影响 ［J］. 心理技术与应用, 2019, 7 (3)：129 –137.

［13］王蕾. "Y世代"青年志愿者社会参与持续性的原因分析：基于12名青年志愿者的访谈 ［J］. 青年探索, 2015 (5)：39 –44.

［14］张华. 1949—2009：中国青年社会参与的特点和历史经验 ［J］. 中国青年研究, 2009 (10)：16 –22.

［15］刘芳. 青年自组织社会参与：认同、社会表征与符号再生产：以"南京义工联"为例 ［J］. 中国青年研究, 2012 (8)：21, 65 –68.

［16］闵兢, 徐永祥. 青年社工的流失与留驻：从"角色规制"到"身份认同" ［J］. 青年探索, 2018 (4)：15 –23.

［17］王春光. 新生代农村流动人口的社会认同与城乡融合的关系 ［J］. 社会学研究, 2001, (3)：63 –76.

［18］周怡. 代沟现象的社会学研究 ［J］. 社会学研究, 1994 (4)：67 –79.

［19］施芸卿, 罗滁. "90后"大学生的数字化生存 ［J］. 青年研究, 2014 (6)：1 –4.

［20］严宇鸣. 青年外来务工人员利益表达方式研究 ［J］. 青年研究, 2015 (6)：

11 – 18，91.

［21］刘林平，郭志坚. 企业性质、政府缺位、集体协商与外来女工的权益保障 [J]. 社会学研究，2004（6）：64 – 75.

［22］陈诗达. 和谐劳动关系是现代社会和谐的基础：浙江省劳动关系问题研究 [J]. 浙江社会科学，2006（3）：105 – 109，132.

［23］李涛. 新生代农民工市民化问题的社会学分析 [J]. 长春理工大学学报（社会科学版），2009（5）：729 – 731.

［24］刘传江. 新生代农民工的特点、挑战与市民化 [J]. 人口研究，2009（2）.

［25］文嘉. 发达地区农村青年的社会参与研究：以广东省 G 市 D 区为例 [J]. 青年探索，2016（4）：38 – 43.

［26］时昱，沈德赛. 当代中国青年社会参与现状、问题与路径分析 [J]. 中国青年研究，2018（5）：38 – 44.

［27］张艳. 互动：青年社会参与与社会管理创新的关系 [J]. 青年探索，2014（5）：92 – 96.

［28］姚亮，吕东霞. 解构与重构：青年对社会稳定的双重影响：近年来关于青年与社会稳定问题的研究综述 [J]. 中国青年研究，2017（8）：110 – 118，28.

［29］高秀琴. 外来务工青年融入城市社会的思考 [J]. 扬州大学学报（人文社会科学版），2004（6）：72 – 75.

［30］骆华超. 外来务工人员政治权利的实现：浙江义乌的经验 [J]. 中共杭州市委党校学报，2007（3）：58 – 62.

［31］余天威. 网络青年"卖丧信佛"的符号狂欢与亚文化景观审视 [J]. 云南社会科学，2019（4）：165 – 171.

［32］贺钟玉. 当代青年"佛系"现象的解读 [J]. 法制与社会，2019（22）：125 – 126.

［33］马中红. 新媒介与青年亚文化转向 [J]. 文艺研究，2010（12）：104 – 112.

规训与感召：
微信群虚拟空间对来穗务工青年志愿服务的影响研究

管　帅

一、研究缘起

随着我国户籍制度的不断改革和完善，人口流动性不断增强。由于经济发展的需要，全国各地从控制人口增长开始转变为抢夺人才。而人口的流动性增强意味着社会稳定性在某种程度上受到一定的影响，如何让外来人员稳定下来，强化对本地的认同感（也就是社会流动人口的社区融入问题），成为亟待解决的问题。以广州为例，"穗"是广州的简称，而"来穗人员"就是指非广州户籍的外地人员。据了解，截至 2018 年 5 月底，广州市登记在册的来穗人员967.33 万人，户籍人口 911.98 万人，非户籍人口（来穗人员）超过户籍人口。[①] 广州市为了加快外来人员的融入进程，特地设置广州市来穗人员服务管理局，并发布《广州市来穗人员融合行动计划（2016—2020 年）》，扩大基本公共服务覆盖面，以积分制为办法的入户及随迁子女入学政策，将来穗人员纳入住房、上学保障范畴。通过创建广州市来穗人员服务管理示范区，形成超大城市社会治理的新思路。随着社会治理主体的多元化以及志愿者深度参与社会治理行动，志愿者在公共领域治理中的作用越来越不可或缺。甚至可以说，志愿者及其服务行动为寻求破解"治理失灵"和"改革失灵"双重困境提供了新思路。[②] 在组织构成方面，官方性质的志愿者群体与民间性质的志愿者自组织并存，相比来说，后者的自主性更加显著。民间志愿组织的自主性生成过程反映

---

① 广州市来穗人员服务管理局. 南方都市报：来穗人员最需要什么样的公共服务？[EB/OL]. (2018 – 07 – 24) [2020 – 05 – 01]. http://lsj. gz. gov. cn/gzdt/content/post_2804308. html.

② 周军，黄藤. 合作治理体系中志愿者及其行动的组织与吸纳 [J]. 江苏大学学报（社会科学版），2019（6）：44 – 51.

出我国国家与社会关系的演变动向，成为社会治理主体的社会组织开始对国家治理体系和治理能力现代化建设产生积极影响。①

就广州来看，加快来穗人员的社会融入的核心在于强化来穗人员的社会参与，即社会成员在社会互动过程中，以某种方式参与、介入国家的政治、经济、社会、文化以及社区的公共事务，从而影响社会发展的过程，包括人际交往、劳动参与、闲暇活动和社会互动等多种形式的活动。② 而本研究主要集中在社区志愿服务方面，区别于群体的政治参与。其中，青年的社会参与又具有鲜明的群体特性。青年社会参与是指青年以个人或组织的形式对政治、经济、文化、社会等一切社会事务的行为投入。③ 青年社会参与是青年个体或群体用来显示利益需求的一种社会表达方式，不同的时代主题与价值取向往往会影响甚至界定青年社会参与的动力、内容与方式的基本边界。在众多的来穗人群中，青年群体较为庞大。以天河区为例，天河区户籍人口 90.28 万人，常住人口 169.79 万人，来穗人员 146 万。人数最多的就是处于 16 ～ 40 岁年龄段的青年群体。而且，相较于在校学生，来穗务工青年的社会参与度更高，接触到社会参与的机会更多。

习近平总书记在纪念五四运动 100 周年大会上指出："青年是整个社会力量中最积极、最有生气的力量，国家的希望在青年，民族的未来在青年。"与此同时，青年也处于人生的过渡时期，充满了矛盾性和易感性：他们渴望实现人生目标和价值、获得社会认可。其人生张力使他们的感性思维、意见表达、社会交往和集体行动异常活跃，通过青年自组织、网络亚文化等途径汇聚成建设性或者破坏性的社会力量。青年也容易受到意识形态或社会思潮的影响而形成群体行动。青年既被时代所裹挟，也深刻影响着这个时代。早在改革开放初期，青年就体现出了他们在志愿服务方面的强大力量。青年推动志愿服务成为改革开放新时尚，让"志愿中国"成为国家的新形象，同时促进志愿服务成为社会建设新元素。在社会建设进程中，志愿服务纳入国家战略，成为国家新元素、

① 徐家良，张其伟. 地方治理结构下民间志愿组织自主性生成机制：基于 D 县 C 义工协会的个案分析 [J]. 管理世界，2019（8）：110 - 120.

② 杨宜音，王俊秀. 当代中国社会心态研究 [M]. 北京：社会科学文献出版社，2013.

③ 刘芳. 青年自组织社会参与：认同、社会表征与符号再生产：以"南京义工联"为例 [J]. 中国青年研究，2012（8）：65 - 68，21.

国内凝聚力、国际软实力，为"一带一路"倡议和世界和平发展做出新贡献。[①] 20 世纪 80 年代开始的社区服务催生了两个重要成果，即青年志愿者与社区志愿组织的诞生与发展。2004 年 10 月，共青团中央、中国青年志愿者协会启动了"参与志愿服务，共建和谐社会"社区志愿服务和谐行动主题活动，围绕服务社区困难群体、倡导和组织社区互助、开展社区公共事务服务，集中组织社区志愿服务力量，为社区发展和居民提供实实在在的服务。为了进一步增强对青年的培养，中共中央、国务院按照经济社会发展的总体目标和要求，结合我国青年发展的实际情况制定，于 2017 年 4 月 13 日印发并实施《中长期青年发展规划（2016—2025 年）》。该规划围绕青年思想道德、青年教育、青年文化、青年社会融入与社会参与等方面展开青年的发展领域、发展目标、发展措施论述。其中，在"青年社会融入与社会参与"篇章中，规划特别强调：青年更加主动、自信地适应社会、融入社会，进一步提升青年志愿服务水平。

为了深入贯彻落实党和国家有关青年志愿服务管理政策，1999 年，广东出台了全国第一部志愿服务地方性法规《广东青年志愿服务条例》，2010 年修订为《广东省志愿服务条例》，后来持续推出支持和发展志愿服务组织、统一全省志愿服务信息平台、推进行业和学生志愿服务工作、志愿者守信联合激励等一系列制度安排。"社工 + 志愿者"的联动机制，使得广东省志愿服务"一张网"的创新，转化为法律法规和制度安排固化下来。早在 2009 年，广东省委、省政府就印发了《关于进一步发展志愿服务事业的意见》，明确提出"在全国率先建立起覆盖全社会、与政府服务和市场服务相衔接的社会志愿服务体系"，首次将志愿服务作为创新社会治理的重要内容进行顶层设计。广东抓住志愿服务在社会治理中起突出作用的关键领域，尝试探索形成志愿服务助力社会治理的"广东方案"。

在广东省省会广州，青年逐渐成为广州志愿者主力。共青团广州市第十五届委员会第九次全体（扩大）会议指出，截至 2019 年 12 月底，实名注册志愿者人数 295.4 万人，占常住人口比例约 20%，其中 35 岁以下青年志愿者 245 万人，占已注册志愿者总数的 83%，成为志愿者主力。[②] 因此，研究青年尤其是

---

① 谭建光. 中国志愿服务：从青年到社会：改革开放 40 年青年志愿服务的价值分析 [J]. 中国青年研究，2018（4）：28 – 33.

② 新华网. 后生有爱！35 岁以下青年人成广州志愿者主力 [EB/OL]. (2020 – 01 – 22) [2020 – 05 – 01]. http://www.xinhuanet.com/newscenter/2020 – 01/22/c_ 1125493671.htm.

流动青年的社会志愿服务参与情况显得十分重要。在这种背景下，专业社工机构逐步嵌入社区治理中，以政府购买服务为主要活动形式，服务社区居民、展现社工专业性。在具体的管理中，就涉及志愿者招募、活动发布渠道、动员参与问题。如何将众多志愿者聚拢在一起，将个体的参与目标融入整体的公益活动中，以升华其价值，增强其荣誉感、收获感，建构价值共同体，是摆在志愿组织眼前的重要议题。

在互联网时代，新媒体如雨后春笋一般发展起来，公众进入了网络社会。第 45 次《中国互联网络发展状况统计报告》显示，截至 2020 年 3 月，我国网民规模达 9.04 亿，较 2018 年底增长 7 508 万，互联网普及率达 64.5%。① 由新媒体平台形成的社交网络建构了链接现实的意义空间。社会变迁和技术变迁双重逻辑的交织，为人们提供了一个全新的社会场景，其结果之一便是"去中心化—再中心化"，即个体从原有社会结构中脱嵌又重新嵌入新的社会关系之中，一种新的社会群体——网络社群由此崛起，并参与到社会治理和国家治理的实践中。② 媒介化合作网络将有助于社区自治力量的生长，从而推动基层社区治理结构由科层制向纵横交织的网络结构转变。③ 本研究从社群视角出发，以社群主义作为理论支撑，探究微信社群在群体动员、志愿服务意义构建等方面的作用。

二、概念界定与理论依据

（一）社会融入与社会认同

人是社会的产物，随着社会结构的不断调整，工业化、城市化水平不断提高，由此造成的人口分布、流动的变化很早就引起了学者的关注。在这一方面，国内外学者开展诸多有关流动人口的社会融入内涵的研究，涉及社会学、人类

---

① 中国互联网络信息中心. 第 45 次《中国互联网络发展状况统计报告》［R/OL］.（2020 – 04 – 28）［2020 – 05 – 01］. http://www.cac.gov.cn/2020 – 04/27/c_1589535470378587. htm.

② 张华. 网络社群的崛起：基于国家、社会、技术互动视角的研究［M］. 上海：复旦大学出版社，2018.

③ 高红，杨秀勇. 社会组织融入社区治理：理论、实践与路径［J］. 新视野，2018（1）：77 – 83.

学、传播学等多个学科。从国外来看，有学者研究认为，二代移民通过与群体共享历史、记忆、情感等，最终将其会同为共同的文化生活。① 同时，也有学者认为外来务工青年是社会经济地位处于相对弱势的群体，国家应该从法律制度的层面进行调整。② 国内相关研究以实证调查研究为主，有学者通过多次采用普查数据分析比较影响外来务工青年生存发展的因素，诉求因素直接影响了外来务工青年的社会参与程度与范围。③ 社会参与的前提是社会融入与相应的身份认同，人的生存发展状态对人的诉求起着决定性的作用，进而影响人的社会参与层面。④ 换言之，我们对外来青年群体生存发展状态的研究，既要对他们的生活方式和发展方向进行研究，也要关注他们的特定需要及其变化。泰弗尔（Henry Tajfel）在其 1981 年出版的著作 *Human groups and social categories：studies in social psychology* 中，将社会认同界定为：个体自我概念的一部分，来自个体对其所属的社会群体（单个或多个）成员身份的认知，这种对自我身份的认知，伴随着其对所属的群体的价值观和情感等方面的重要性的认知，这些认知共同构成了一个人的社会认同。⑤ 卡斯特尔（Manuel Castells）在《认同的力量》这一著作中探讨了社会认同问题及认同所建立的意义。卡斯特尔将认同分为三种形式——合法性认同、拒斥性认同、计划性认同，三类认同方式分别针对不同的社会类型和社会状态。网络社会的社会认同更多是拒斥性认同，人们在现实认同遭到抵抗后，会在网络中寻求新的认同，从而形成网络虚拟社区。⑥ 刘芳通过对"南京义工联"的参与观察和半结构式访谈，认为社会认同是青年自组织社会参与的重要内在动因，社会认同在自组织的"在线—在场—在线"的行动空间内，通过个体的认知、情感和社会比较的心理过程不断建构

———————————

　　① PARK R E. Community organization and the romantic temper ［J］. J. SOC. F, 1974（3）：673.

　　② 崔岩. 青岛经济技术开发区外来务工青年生存状况调查研究 ［D］. 青岛：中国海洋大学，2010.

　　③ 刘立光，张景蝶，王朋岗. 留不下的城市回不去的农村？中国青年流动人口的城市融入分析：基于十二五期间全国流动人口监测调查数据的实证研究 ［J］. 青年发展论坛，2018（6）：19 - 20.

　　④ 任远，邬民乐. 城市流动人口的社会融入：文献述评 ［J］. 人口研究，2006（3）：87 - 94.

　　⑤ TAJFEL H. Human groups and social categories：studies in social psychology ［M］. Cambridge：Cambridge University Press，1981：255.

　　⑥ 谢俊贵. 凝视网络社会：卡斯特尔信息社会理论述评 ［J］. 湖南师范大学学报，2001（3）：41 - 47.

和强化。① 可以看出，流动人员的社会融入行动与社会认同的形成存在相辅相成的关系。外来人员在与本地居民互动中逐步融入社区，并在此过程中确定自己的社会身份，强化社会认同，而这一认同又会对外来人口的社会行为产生相应的影响。在新媒体场域中，这种互动能够在虚拟空间中展开，从面对面到屏对屏，外来人员能够借助网络社群实现虚拟在场，推动其社会融入与社会认同。

（二）社群主义和网络社群

在社群主义者看来，社群是一个拥有共同的价值和目标的联合实体，其中每个成员都把集体的目标当作自己努力的方向。社群概念基本上源于亚里士多德的论述，社群为成员提供思维、行为、判断和生活的基本背景，假设任何人都有自我实现的欲望，当这种欲望遇到一种机制阻碍的时候，人会有越轨的倾向，该假设的核心是个体与所处的社群、社群之间关系的和谐有助于消除社会冲突和群体失范行为。② 社群对其成员具有内在的吸引力，为成员提供个人行为无法实现的权益。就中国社会而言，袁洪英主张公民参与各种类型的社群，培养共同意识，从而走向更具民族凝聚力和文化凝聚力的社群。③ 当前我国社会进入了一个传统媒体与新兴媒体、融传媒与受众互动于一体的"媒体融合"时代，传播环境的变化、传播框架的消解与重构打破了传统的时空局限，出现了全程媒体、全息媒体、全员媒体、全效媒体，信息无处不在、无所不及、无人不用。从中央到地方，多级传统媒体平台和微信、微博等以交友、兴趣、即时通信等为目的的核心社会化平台，以及网络直播、短视频、知识资讯、电商购物等衍生社会化媒体并存的媒体格局由此形成。

互联网和新媒体激活了个体，催生了新的交往关系、新的社会群体——网络社群。当今中国社会，群体呈现出多元特征，利益冲突复杂化，个人表达的方式日趋多样化。因此，新媒体平台不仅是群体多元表达的渠道，也是多元群体进行组织、动员、行动的平台。李良荣认为，知乎、果壳等知识问答平台崛起，成为社群动员和意义生成、参与行动的新空间，这使得知识社群、兴趣社

---

① 刘芳. 青年自组织社会参与：认同、社会表征与符号再生产：以"南京义工联"为例[J]. 中国青年研究，2012（8）：65－68，21.

② 崔晖，张海涛. 新生代农民工的城市融入研究：以社群主义为视角[J]. 哈尔滨市委党校学报，2019（6）：56－63.

③ 袁洪英. 当代社群主义自我理论及价值研究[M]. 北京：中国社会科学出版社，2017：12－13.

群以及社群经济等在社会生活中发挥着越来越重要的作用，成为网络空间的行动主体和动员的重要力量。① 当然，由于各个媒体平台具有不同的定位和风格，其所形成的话语特色、虚拟空间也各不相同。对中国社交平台发展溯源可以看出，早期的网络论坛（BBS）出现后，一种大众性舆论传播渠道由此诞生，互联网所传递的平等、互动、分享精神吸引了大批网民的参与，有学者称之为"网络茶馆"。但是，随着网络论坛、网络贴吧的衰落，博客、微博应运而生，鲜明的开放性、全民社交性等特点，让博客成为人们眼中的"公共客厅"，而微博则被视为"广场政治"的最佳场域。随后，微信等具有封闭性、私人属性的即时社交平台盛行，网民的社交活动进入了熟人圈的私密空间。虚拟公共空间的产生与发展引起了学界的关注，诸多学者开始以 BBS、贴吧、Facebook 和知乎社区等作为研究个案，从虚拟空间场域的视角展开案例分析，分析虚拟社群中的社会关系和社会网络，进而探究虚拟社群在不同技术平台中的虚拟空间传播机制和动员。任娟娟在研究中国穆斯林网站 BBS 社群后认为，网络虚拟空间是一个特殊的场域，是以"身体不在场"为特征的虚拟人际关系网络，是成员间以弱联系为主的社会网络，虚拟社群具有较低的密度和较弱的凝聚性特征，呈现出一种陌生人为主的聚合程度较低的联结形式。② 郑雯等对 2014 年上半年传播范围广泛的公共事件传播中的在线社群进行潜类分析发现，微博空间存在较大的群体异质性，但互联网空间的碎片化过程仍然具有一定规律，分化与聚集趋势并存，中国互联网空间"过度政治化"的判断有待商榷，而且微博空间仍然更多地呈现出"公共空间"而非娱乐化空间的属性。③ 汤景泰以 Facebook "表情包大战"事件为案例，他认为，场域内视觉模态的话语是此次事件中网民制造舆论的主要方式，前所未有的社群集聚能力和议题设置能力，形塑了新的社会抗争场域与抗争形态。④ 随着微信的诞生，一种新型的虚拟社群进入人们的研究视野，但就目前来看，相关研究主要涉及业主、村民议事等领域，对其内

---

① 张华. 网络社群的崛起：基于国家、社会、技术互动视角的研究 [M]. 复旦大学出版社，2018.

② 任娟娟. 网络穆斯林社群的历史记忆与族群认同：对中国穆斯林网站 BBS 社群的个案研究 [J]. 青海民族研究，2008（2）：43 - 48.

③ 郑雯，黄荣贵. 微博异质性空间与公共事件传播中的"在线社群"：基于新浪微博用户群体的潜类分析（LCA）[J]. 新闻大学，2015（3）：101 - 109.

④ 汤景泰. 网络社群的政治参与与集体行动：以 FB "表情包大战"为例 [J]. 新闻大学，2016（3）：96 - 101.

部的传播场域及对话机制的探讨还相对薄弱。

（三）强关系与弱关系有机结合的微信社群

近年来，随着互联网信息技术的快速发展，新媒体社交平台得到突飞猛进的发展，这在一定程度上改变了人们的生活方式和交往方式。作为主要社交平台之一，微信凭借其传播有效性更强、信息达到率更高、便于分享的优势而风靡社交圈。

2012 年 8 月，微信公众号正式上线，并提出"再小的个体，也有自己的品牌"口号。发展至今，微信公众号为诸多个人和组织提供了打造品牌的重要平台。微信平台也由此成为实现社群交流互动的载体。进入社交媒体时代，特别是微信的勃兴，造就了人们以一种"群"的状态存在的生活方式。微信群的连接能力，使群成员关系网络大大超出了传统手机联络人构成的"熟人"网络。微信的出现改变了原有的人际互动关系，原先与真实人际关系有较大分割的虚拟人际关系逐渐同现实中的人际关系相重合，社会网络理论中的强关系与弱关系在微信中有机结合，这一变化为现代人际交往带来了许多机遇与挑战，在朋友圈寻找"共鸣区"和打通线上线下的人际交往渠道，是微信避免"僵尸粉"，将弱关系向强关系转变的助推力。[①] 社会学家马克·格兰诺维特（Mark Granovetter）通过对小规模互动的社会网络分析发现，由家人、亲友等构成的"强关系"在信息流动过程中起到的作用很有限，因为其信息的重复性较高，且可能被局限于一个较为狭小的圈子之内，而"弱关系"由于具有较长的社会距离，不受圈子所限，反而更有可能使信息分享并传播发散开来。[②] 张瑜通过考察水木社区发现，公社社会类型、科层社会类型和广场社会类型这三种类型的交往场域在 BBS 网络空间中同时存在，三者在规模、密度、互动频次、社群网络中心等方面具有场域的不同特点。[③] 社会参与对青年幸福感的影响是通过交往关系信任程度产生的，在当代中国社会，随着社会交往范围扩大，青年以个体化方式构建"生活交往圈"时，应将社会活动中形成的"边界"考虑进

---

① 陆晓阳. 论微信对人际关系的影响 [J]. 新闻知识，2017（1）：62 - 65.

② GRANOVETTER M. The strength of weak ties [J]. American journal of sociology, 1973, 78（6）：1360 - 1380.

③ 张瑜. BBS 网络空间的社会交往领域：以水木社区的实证分析为例 [J]. 青年研究，2007（8）：22 - 29.

来，以获得幸福感等社会情感支持，从而由个体化走向社会融合。① 微信虚拟社群虽然从技术逻辑的角度来看与以往的网络社群有较大不同，但在社会公共事件讨论中依然是一种广场式的松散讨论，也有学者将之形容为社群交流的"舞台效应"②，并非公共领域理论所描述的大多数人参与的"沙龙政治"与"客厅政治"。微信群以智能手机为载体，以网络为传播媒介，以微信客户端为平台，几秒钟即可实现信息获取，手机或者电脑等是物质成本，不仅可以传递文字、声音、图片、语音、视频，还可以进行线上实时视频通话和语音通话等，在时空上打破了"六度空间社交理论"，在对方认可的前提下，由熟人拉进群即可与所需结识之人沟通，形成可能性的"二度空间社交理论"。③ 在微信群人际互动网络研究中，"节点"与"平台"是把握关系网络的两个关键词，前者是网络空间中的行动主体，后者是前者的存在方式和互动空间。④ 经微信群讨论后，讨论参与者的态度发生了显著的改变，相比起面对面讨论的环境，微信群讨论对参与者的态度偏离影响效应更为显著，其中人们在微信群讨论公共政治类议题之后的态度改变和态度偏离程度更高。⑤

本文充分考察国内外有关流动人口的相关研究，从社区理论、社会认同理论、社会融入内涵、社群主义等多个维度探究网络社群对来穗务工青年的志愿活动参与产生的影响。在互联网时代，虚拟网络社区逐渐成形，社群的范畴也受新媒体的影响不断延展，推动了网络社群的出现。随着新媒体发展，微信成为人们青睐的社交平台，微信群聊也被用户所喜爱。因此，出现了以微信为载体的网络社群——微信社群。微信社群拓展了新的交往方式和信息交流空间，可以最大程度地满足受众碎片化时间掌握信息的需求。⑥ 由此可以看出，互联网技术与媒体的融合，将为微信社群的传播效果提供更多的分享性与增值性保障。

① 彭定萍，丁峰，祁慧博. 如何从个体化走向社会融合：社会参与对青年幸福感之研究 [J]. 中国青年研究，2020（1）：49 – 55.

② 禹卫华. 微信群的传播分析：节点、文本与社交网络：以三个校园微信群为例 [J]. 新闻记者，2016（10）：61 – 65.

③ 童清艳，唐寒立. "二度空间"的微信群用户参与行为研究 [J]. 西南民族大学学报，2017（10）：148.

④ 张志安，束开荣. 微信舆论研究：关系网络与生态特征 [J]. 新闻记者，2016（6）：29 – 37.

⑤ 唐嘉仪. 场景与对话：微信群讨论如何影响态度？——基于对比实验的微观解释框架 [J]. 新闻记者，2019（11）：35 – 47.

⑥ 王红春. 微信社群中教育传播的特征与价值 [J]. 青年记者，2019（5）：111 – 112.

三、研究方法：问卷调查、网络民族志与访谈法相结合

工欲善其事，必先利其器，科学研究离不开方法学的拓展与创新，科学、系统的研究方法关乎整个研究的质量。为了详细探究微信群在志愿者参与中的作用，本文采用问卷调查法、深度访谈法以及网络民族志研究法。通过问卷对志愿者使用志愿者微信互动群的情况进行整体的调查，考察微信群在志愿者群体或志愿活动中的使用情况，初步为本文主题提供基本现实依据。由于受到问卷内容篇幅、受访人群体特征、受访者的态度等多方面的影响，单一的问卷调查难以深入地获取受访者的行为、态度、认知等多方面的内容，因此，为了弥补问卷调查的不足，深度访谈十分重要，在适当的时间和充分的安排的基础上深层次地与受访者进行交谈，以此获得更多的样本信息。为了深入探究志愿者微信群管理员、普通成员的应用认知及个体意见，本文在问卷调查对象中抽取一定数量的受访者，展开深度访谈。此外，微信群建构了一种虚拟的空间，是一个历时性的信息流动领域，长期线上追踪式的网络民族志研究法显得必不可少。为了充分考察微信群的管理机制、功能作用、存在问题，笔者以观察者的身份进入已选定的容纳了 500 人的志愿者交流微信大群，以观察的方式展开长期追踪，切实探究微信群为志愿活动的开展和志愿者的招募带来的影响。

（一）问卷调查法

本文采用问卷调查法，使用共青团中央青年研究项目资助的"社区行动者的空间建构与叠合身份认同：来穗务工青年的志愿服务参与研究"调查项目中的部分调查数据。根据广州市人口统计局 2018 年最新数据，在册的来穗人员共有约 1 000 万人，来穗人员数量超过同期户籍人口，超过 95% 为 16 ～ 59 岁的劳动年龄人口。本文采用概率抽样中的随机抽样结合非概率抽样中的配额抽样、判断抽样等方法从总体样本中抽取 600 个目标样本。

（二）网络民族志

进入互联网时代，现实问题逐渐延伸至网络空间，传统的民族志方法逐渐丧失研究土壤。尤其是随着诸多网络社区的出现，民族志研究对象日益多元化，"网络民族志"应运而生。从具体的研究方法上看，一派是以英国社会学家海

音（Christine Hine）为代表的"混合派"，强调线上线下两个世界的日趋交融，另一派则以库兹奈特（Robert Kozinets）为代表，聚焦于对线上社区和线上文化的研究。网络民族志作为一种研究方法成为理解新时代信息传播互动的重要工具，"一种体验的和感受的民族志将会更为发达，而所有这些感受将成为一种共享的知识，启发研究者从更为宽阔和有持续反馈的语境中去重新审视自己的观感、探究和发现"①。从具体操作来看，网络民族志是指研究者沉浸在研究田野中，与研究对象互动、对话。笔者依据社会网络特性，加入志愿者微信交流群，对来穗青年志愿者参与情况、存在问题进行长期观察，获取第一手的数据和资料，一方面为问卷的设计提供素材，另一方面为文本分析积累材料。微信群和其中所留下的记录以及研究者参与观察中的种种感受都是非常有价值的网络空间的第一手资料。② 本文选择广州市广仁来穗人员服务中心（以下简称广仁社工组织）、暖加公益组织作为网络民族志考察对象。当然，网络的匿名性让网络被研究者的身份很难确认，这也就意味着网民行动的社会情境及其社会政治经济特征等关键信息的缺失。因此，为了完善存在的不足，本研究采用网络民族志与访谈相结合的方法，进而弥补情景单一的问题，从单一网站、社区、论坛等跳脱出来，勾连更为广阔的社会文化背景。

广仁社工组织成立于2015年，是广州市内首家专注于来穗人员开展社工服务的公益机构。运营项目包括"圆梦天河"天河区来穗人员专项服务项目、"千年商都　社区融合"天河南街来穗人员专项服务项目、"志愿天河　乐享融合"2018年天河区来穗人员志愿者服务项目和"乐融白云"白云区来穗人员专项服务项目等。本文之所以选择该组织，主要是因为广仁社工以服务来穗人员为主，为广大来穗人员融入广州生活提供人性化关怀和个性化服务，从了解广州、在广州就业创业到享受广州的基本公共服务，再到参与社会服务，最终在广州安居乐业，在让来穗人员成为一个真正广州人的全过程中开展针对性的社会服务项目。因此，该组织具有针对性。笔者以学生身份与该组织保持密切的联系，也曾参与到该组织的志愿活动之中，深入了解了组织的宗旨、运行规则，为后续的研究打下基础。

---

① 赵旭东. 微信民族志时代即将来临：人类学家对于文化转型的觉悟［J］. 探索与争鸣，2017（5）：4 - 14.

② 张媛，文霄. 微信中的民族意识呈现与认同构建：基于一个彝族微信群的考察［J］. 国际新闻界，2018（6）：122 - 137.

（三）深度访谈

深度访谈是一种无结构的、直接的、一对一的访问形式，用于采集被调查者对某事物的看法，或做出某项决定的原因等，属于定性研究方法，受诸多研究者青睐，在目前的社会学研究中也有着重要的地位。本文采取深度访谈法，通过深入、细致的访谈获得丰富生动的定性资料，并通过研究者主观的、洞察性的分析，从中归纳或者概括出有关志愿服务影响因素的结论。由于研究涉及微信群的管理员和一般成员两大主体，因此，在深度访谈中，笔者分别选取了微信群的管理员和一般成员数名。访谈问题设计如下：①您认为您所在的志愿者微信群的主要功能是什么？②您在微信群中处于哪种状态？"潜水"还是活跃？原因是什么？③您对微信群功能的完善有哪些意见和建议？具体的访谈人员名单见表2-1：

表2-1　访谈人员信息

序号	姓名（化名）	性别	角色
1	张波	男	志愿者微信群管理员
2	赵真	女	志愿者微信群管理员
3	王华	男	志愿者微信群管理员
4	李俊	男	志愿者微信群成员
5	曾燕	女	志愿者微信群成员
6	李凤	女	志愿者微信群成员
7	王欣	女	志愿者微信群成员
8	徐艳	女	志愿者微信群成员
9	李天	男	志愿者微信群成员
10	王丽	女	志愿者微信群成员

四、青年担当：来穗务工青年的志愿活动参与现状

在广州，青年成为志愿活动的主力军，形成了良好的志愿服务风尚。尤其

是随着新冠肺炎疫情的暴发，青年志愿者勇于走到疫情防治工作的最前线，进入社区，践行着自身的使命和担当。

（一）媒体镜像下青年志愿者备受关注

近年来，志愿者活动一直备受媒体关注，尤其对广州市来说，粤港澳青年志愿活动与大湾区融入等议题频频受到媒体的报道与传播。本研究试图从媒体报道中探索媒介镜像，为问题的深入分析提供案例支撑。为了详细探究媒体对广州青年志愿者的关注，一方面，本研究以"青年志愿者"为关键词，时间设置为 2020 年 1 月至 3 月 9 日，区域设置为广东广州，在百度指数数据平台进行检索发现，有关广州青年志愿者的数据在波动中走高，尤其是在 1 月中下旬至 3 月上旬期间出现多个指数峰值，并有波动上升的趋势（见图 2-1）。

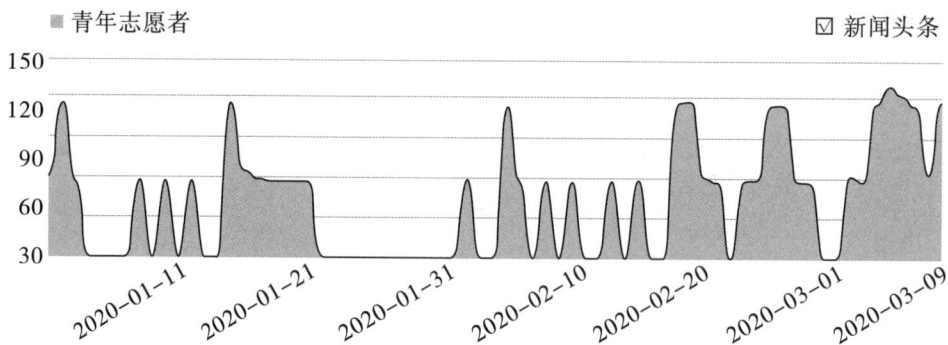

图 2-1　2020 年 1 月至 2020 年 3 月 9 日广州"青年志愿者"主题百度指数

另一方面，本研究以"来穗""青年志愿者""务工"为关键词在慧科数据平台进行检索发现，2019 年 3 月至 2020 年 3 月有近 300 篇相关报道，整体走势在波动中上升，并于 2020 年 2 月形成峰值，随后开始下降（见图 2-2）。结合两个数据来看，整体报道走势符合新冠肺炎的疫情防控形势。在最高文章数作家榜中（见图 2-3），《广州日报》一马当先，《广州青年报》、《信息时报》、羊城派、金羊网、《南方都市报》等广东本地媒体紧随其后，积极报道了广州青年志愿者在疫情防控一线的感人事迹和广州各区的良好应对举措。

趋势概况

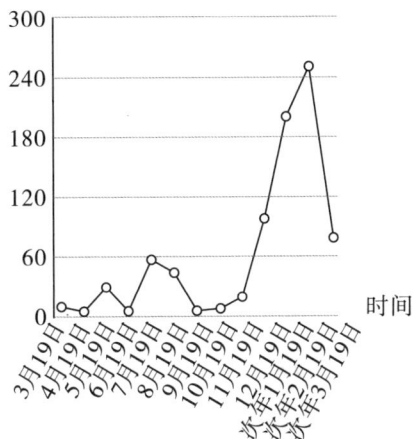

最高文章数作家

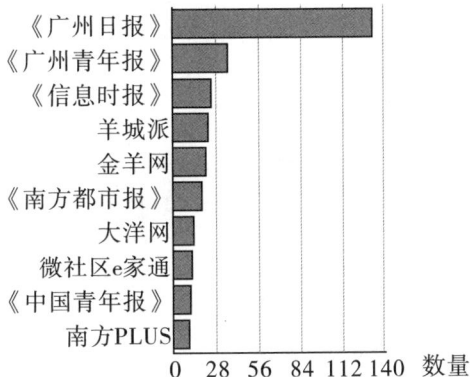

图 2 - 2　2019 年 3 月至 2020 年 3 月慧科平台涉及"来穗""务工""青年志愿者"的报道数据走势

图 2 - 3　2019 年 3 月至 2020 年 3 月慧科平台涉及"来穗""务工""青年志愿者"的最高文章数作家

近年来，志愿服务成为粤港澳参与公益实践、参与社会治理的"最大公约数"。粤港澳三地志愿公益组织通过交流合作，进一步深化港澳同胞对国情、社情、民情的认识，发挥了凝聚人心、培养家国情怀、增强民族意识的强大社会功能。由团广东省委发起的"粤港澳大湾区志愿服务联盟"，搭建起大湾区志愿公益团体国际合作网络和交流平台，有助于粤港澳青年更好地融入湾区。

（二）过半受访者通过微信群了解志愿者活动信息

在问卷调查中发现，有 18.0% 的受访者的社会活动志愿参与频率为一周一次，半个月参加一次社会志愿活动的受访者占 13.0%，另外，有 16.0% 的受访者一个月参加一次社会志愿活动，而半年参加一次社会志愿活动的受访者占比较高，占 32.0%（见图 2 - 4）。

在志愿活动工作中，获知活动信息是重要的一步，相关信息的集散与传播涉及整个志愿者招募、服务动员、工作效率提升等议题。因此，实现信息共享和高效传播，避免信息遮蔽、信息鸿沟问题，成为本文关注的重点。

单位：%

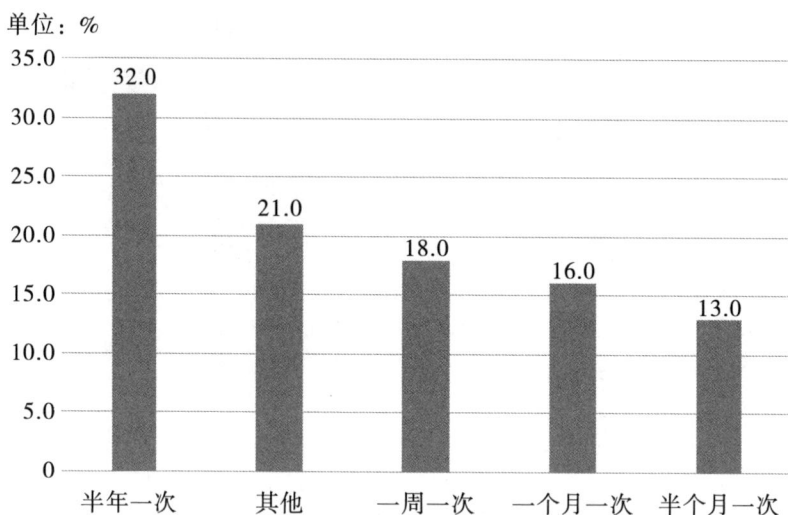

图2-4　来穗务工青年参与志愿活动的频率

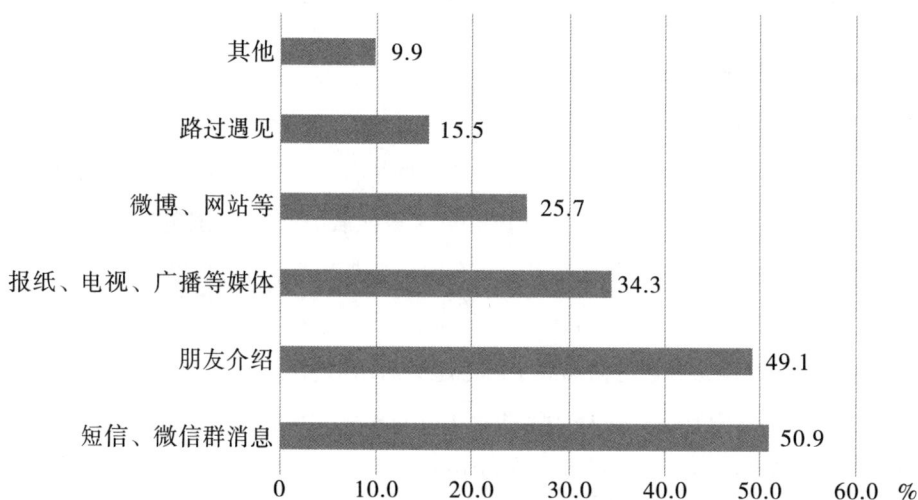

图2-5　受访者获取志愿服务信息的渠道

　　通过对受访者的志愿服务信息了解渠道进行调查发现，34.3%的受访者是通过报纸、电视、广播等媒体了解一些志愿活动的。信息在人际间的传播受到社会关系的影响，49.1%的受访者通过朋友介绍了解志愿者活动信息，进而加入志愿团队，开展志愿服务的。另外，还有15.5%的受访者表示，路过遇见一些志愿活动，通过询问得知一些信息，才逐渐了解到相关的志愿活动情况。在新媒体时代，"两微一端"成为活动组织机构的信息发布"标配"平台，因此，有相当一部分志愿者活动信息是在微博、网站发布的。在问卷调查中发现，通过微博、网站等了解一些志愿活动的受访者有25.7%。而高达50.9%的受访者是通过短信、微信群消息了解到相关活动信息的，其中微信群成为重要的信息集散地。除了上述渠道外，9.9%的受访者表示是通过其他途径了解一些志愿活动的（见图2-5）。由此可以看出，以微信为代表的新媒体社交平台成为志愿者所青睐的获知信息的渠道。"微信群主要是社工与志愿者的联系，包括志愿服务的招募、通知，这些主要是推动志愿者的社区参与，另外也是一个信息平台，让志愿者知道从哪里获取志愿服务的信息。"（访谈对象：赵真）从微信群管理者的角度来看，志愿者微信群主要是方便群众了解志愿者服务的信息，方便组织者发布招募信息及管理，志愿者也可以通过群邀请其他没有接触到但又想参与志愿服务的居民加入。

（三）疫情防控背景下的志愿者微信群价值凸显

2020年伊始，面对突然暴发的新冠肺炎疫情，全国范围内掀起疫情防控高潮。在疫情防控中，志愿者扮演着极其重要的角色。微信群较强的线上集体传播功能在疫情防控宣传、健康打卡、物资捐赠等方面发挥着重要作用。在广州，多个区开始利用微信群，动员志愿者参与到疫情防控工作中去：一方面，在微信群里发布疫情防控的信息和资讯，提高人们的防范意识，避免病毒进一步扩散；另一方面，播报疫情防控前线的物资情况，为一线救援筹集物资。

具体来看，在疫情防控期间，花都区发动出租屋管理员进行病毒防控宣传，充分利用电子显示屏、微信公众号、微信群发布防疫宣传海报或视频，发动来穗志愿者和社区力量进行防疫宣传。2020年3月12日，《广州日报》报道："近三千个微信群，拉起社区防控网。"其中，社区防控创建四级微信群辐射全区居民。荔湾区通过线上创建"区—街道—社区—楼栋"的ABCD四级微信群，线下充分发挥基层党组织的战斗堡垒和党员的模范先锋作用，广泛动员社会力量，投入到实际的防控工作中。广州市荔湾区将"来穗人员疫情防控同乡微信群"转变成"来穗人员服务群"，把最新的来穗人员相关资讯通过微信群告知，打通交流障碍，提升服务质量。

五、共同在场：志愿者微信群的存在方式

在新媒体时代，社交平台打破了虚拟与现实之间的壁垒，模糊了线上与线

下的界限，改变了传统的媒体图景。媒介中心化向去中心化与再中心化转变，塑造了社交媒体的新式传播格局。以往单一的传受关系也随之发生变迁，双向互动传播成为社交平台的重要特征，受众开始从被动接受走向主动传播，形成了网络传播新特点。尤其是微信的出现，催生了紧密连接的网络关系，媒体平台成为网络中的节点，传播空间格局被分割，出现较多的碎片化空间，而微信群则形成了虚拟公共空间，为微信用户提供了共处的空间。公共领域的实在性则要取决于共同世界借以呈现自身的无数视点和方面的同时在场。① 目前，微信是大众所青睐的社交媒体，大众日常的使用习惯形成了时时"在线"状态，互不见面的个体因微信群的连接而存在于相同的虚拟空间。他们同时接受群内信息，具有统一的发言功能，形成了共同在场（co-presence）。共同在场凸显出了微信群所带来的重要功能与特性，许多志愿者服务组织也正是看到了微信群的不同之处，纷纷建立沟通交流群，在线上聚集越来越多的志愿者，以群相聚，从而实现信息共享、情感展演等。

（一）实现志愿群体的部落化再造

"两微一端"等为代表的新媒体传播技术的出现，催生了用户的强大需求，建构了虚拟空间，使得人类社会经历了从"部落化"到"非部落化"又重新"部落化"的过程。尤其是微信群的建立，使得基于血缘、地缘、学缘、业缘与趣缘为主的关系网得以在虚拟平台上并行不悖地存在，人际传播与群体传播方式得以回归，虚拟社群成为社会交往的最主要的平台之一，社群传播成为超越大众传播的最主要传播形式。② 重新"部落化"后的群体形成了一个兴趣聚合的社交生态系统，彻底突破了时空界限，形成了同步共时的虚拟空间。正如麦克卢汉所说，电力媒介再次打造了一个时空同步的世界，人们的观念正在发生结构性变化，这种变化恰恰是通过人们各种感官的同步互动而实现的，人们重新回到了部落化时代的感官同步时代。③ 微信社群总有一种社会联系作为其纽带和核心，这种社会联系主要有血缘型、地缘型、学缘型、业缘型和趣缘型，

---

① 袁祖社. "公共性"的价值信念及其文化理想 [J]. 中国人民大学学报，2007（1）：78－84.

② 郑满宁. 公共事件在微信社群的传播场域与话语空间研究 [J]. 国际新闻界，2018（4）：76－96.

③ 师曾志，李堃，仁增卓玛. "重新部落化"：新媒介赋权下的数字乡村建设 [J]. 新闻与写作，2019（9）：5－11.

社群成员围绕这一核心纽带展开阐释性的延伸创造，并享有审美规则和社群价值认同。当然，志愿者服务群成员大多是不熟悉的人，不存在血缘关系。在来穗人员中，籍贯属于同一省份的外来人员大多住在同一社区。从这一层面来看，微信群内的来穗人员具有地缘型特征。实际上，微信群建构了一个虚拟社区，通过虚拟在场将分散在不同空间的人群重新聚合。吉登斯（Anthony Giddens）认为不同社区或社会成员之间的任何接触，无论范围多么广泛，都涉及了共同在场的情景。① 通过借助广泛连接的社会网络，能够实现弱关系的整合。如，广仁社工组织作为广州志愿服务组织，搭建了 500 人的志愿者微信群，用于日常的信息发布、交流互动，为全体志愿者提供了获取资讯和表达自我的平台，从而实现一种虚拟"在线"和共同在场，进而形成一种部落化的表征。离开家乡的来穗人员被一种志愿服务的精神所引导聚集在一起，并借助新媒体技术所带来的虚拟网络重新"部落化"，找到自身的存在感，积极融入社区，进而参与社会治理。

（二）搭建志愿者群体的虚拟公共空间

当今，互联网信息技术的快速发展推动人类社会进入"数字化生存"的时代。具体来说，信息技术的更新改造了人类社会的媒介环境，在一定程度上影响着社会的变迁。原有的现实公共领域逐渐演化为虚拟公共空间，推动我们进入网络公共空间。这种虚拟空间区别于物理空间，它没有固定的现实场所，却是便于参与者即时交流的信息流动空间。公民借助网络化、移动化的媒介载体参与到公共空间的管理之中。在哈贝马斯（Jürgen Habermas）"公共领域"概念的基础上，网络公共空间指的是网民们在网络上针对某一社会公共事件广泛进行讨论，形成公众舆论的公共话语空间。就目前来看，以微信为代表的新媒体平台就具备话语讨论的载体功能，而由微信引申出的微信群更是进一步延展了网络空间的公共性和广泛性。在现实中，公共空间包含的公益属性越来越显著，例如，社区治理与社区志愿服务紧紧结合在一起，推动着社会和谐稳定发展。因此，志愿者微信群为广大志愿者积极参与社区志愿服务提供了载体，在志愿服务的基础之上，居民对社区的公共事务与居民利益密切相关的议题进行广泛的讨论和商议，形成共识，建构共同体意识。

---

① 吉登斯. 社会的构成 [M]. 李康，译. 北京：生活·读书·新知三联书店，1998.

在新冠肺炎疫情暴发期间，农村、基层社区成为重点疫情防控区域。尤其对于北上广深等大城市来说，人员大量流动成为疫情防控的重点、难点。为此，一大批的志愿者进到街头巷尾，设卡防控。在这种情况下，广仁志愿者微信群围绕入省隔离、出省检查、小区管控、公共出行等问题形成了讨论。有志愿者称广州实行了严格的社区、村镇封闭措施，需要注意日常出行的防控要求。另有志愿者在群内分享自身经历："我今天刚坐过公交车，不用身份证，就是每个人一上车，司机要量体温。"但是，在封闭查证的过程中，难免会出现人群聚集的情形。对此，有志愿者表示疑惑，排队等候查证的人岂不是形成了拥挤的情况？由此引发小范围的讨论。疫情的暴发难免会引起居民的情绪恐慌，交流倾诉显得极为重要。在微信群中，有志愿者透露了最新的新冠肺炎的确诊病例，引起了热议，恐慌的情绪在群里蔓延。名为"×××"的志愿者表示"感觉都不敢出门了""当听说的事离自己很近的时候，真的会感觉到恐慌"。面对这种倾诉，部分志愿者给出了自己的积极回复，如"做好自我防护，懂得提升自身的免疫力，就不容易感染""老老实实窝在家里""也没必要太恐慌，自己吓自己"。对此，不少志愿者表示赞同，"不出门为好"。上述交流在一定程度上起到了信息共享、情感慰藉的作用。群成员在一个多人共存的虚拟公共空间里，围绕当下的疫情热点，积极讨论，倾诉自身的焦虑情绪，并获得部分志愿者的"话语治疗"。同时，在疫情期间，不出门就是对疫情防控的最大贡献，为此，坚决不出门成为当时的一种集体倡议。"微信群内的讨论对提供防范意识有帮助，但要警惕谣言。"（访谈对象：徐艳）微信群内的讨论更是围绕这一主题加以强化，并达成了共识，维护了集体的利益，推动了特殊时期的社区治理与疫情防控。由此看来，微信群成为社区公共空间，志愿者们借助微信群实现了群体虚拟在场，并从"私领域"走向"公领域"。

（三）形成互联网青年志愿者自组织的行动场域

从社会志愿服务与社区治理层面来看，充分发挥群体的自主性显得极为重要。尤其对于来穗务工青年来说，只有调动他们的自主性、积极性，才能发挥青年人的个性特征与引导潜质，从根本上推动他们融入本地。而行动力的凝聚离不开组织的形成，与政府主导型组织不同，社会化自组织则体现出了更强的能动性。社会自组织化是社会治理创新的立足点和重要目标，社会工作在提升社会自我组织水平上能发挥重要作用，主要通过组织志愿性、社会教育性及集体休闲性三类活动，促进公众积极参与社会治理，提升社会自我组织、管理与服务的能力。① 通过调查分析发现，部分来穗务工青年具有共同的价值追求、志愿服务意愿和趣味，并借助微信群，在虚拟空间中组织起来，具有互联网青年自组织的特征。"微信群能够将愿意参加志愿者活动的人员聚集起来，便于开展公益活动。"（访谈对象：王丽）"互联网自组织"是指基于社交媒体而形成的社会媒介公共组织，本质上强调参与者话语传播的开放、分享和互动，是一个自组织的网络传播体系。② 具有共同兴趣、爱好和话题的来穗务工青年志愿者们汇聚在共同的空间，分享个人参与志愿活动的心得体会，倾听他人的活动感悟，与原本不相识的人构成互动，促进原有的弱关系连接向强关系连接转变。它能够"构建相对独立于国家的具有一定自主性的'自组织空间'，从而在一定程度上形成能'自主'与'自为'的社会自我支持系统"③。"自主"与"自为"强调了自组织的内生力，包括了自我发展、自我管理等方面，而暖加公益组织就凸显了这一特性。暖加公益组织的发起人以微信群为依托形成了"自我管理，自我服务"的开放组织。由此可以看出，管理与服务是发挥好微信群功能的两个重要步骤。通过设立群规和管理员，维护微信群秩序，以营造良好的公共行动空间，微信群为线下志愿活动打下坚实的基础。微信群对于基层秩序的作用在于"改变社区黏合纽带"。广州存在着明显的"城中村"现象，诸多来穗务工青年常常会在"城中村"落脚，逐渐稳定下来。在"城中村"，村民借助社交媒体形成了"互联网自组织"，成为乡村社会重要的"中间组织"。④由此可以看出，无论是村庄，还是社区，都形成了基层微观公共领域。媒介化的"共存"打破了区域的界限，促进了居民自我管理和自我服务，完善了多元主体共同参与的社区治理格局。

---

① 方舒. 社会工作促进社会自组织化：现实路径与道义价值 [J]. 思想战线，2014 (3)：75 – 78.
② 周荣庭，孙大平. 社会媒介场域的概念与理论建构：互联网自组织传播的关系性诠释 [J]. 今传媒，2011 (6)：17 – 20.
③ 李友梅. 社区治理：公民社会的微观基础 [J]. 社会，2007 (2)：159 – 169.
④ 牛耀红. 社区再造：微信群与乡村秩序建构：基于公共传播分析框架 [J]. 新闻大学，2018 (5)：84 – 93，150.

六、空间规训：志愿者微信群的自我管理与秩序建构

实际上，由于受到多种因素的影响，网络公共空间存在着诸多弊端，而并非"电子乌托邦"。近年来，网络新媒体的高速发展，让普通民众的话语权得到极大的提升，由于其具有隐匿性特征，加之监督及审核制度的缺失，导致网民在行使话语权时经常出现失范现象。随着微信的不断普及运用，微信群逐渐成了失范行为滋生的沃土。[①] 俗话说，无规矩不成方圆，在微信群内，这一说法仍然适用。2017 年 9 月，国家互联网信息办公室印发《互联网群组信息服务管理规定》要求，互联网群组建立者、管理者应当履行群组管理责任，即"谁建群谁负责""谁管理谁负责"，规范群组网络行为和信息发布，群组成员在参与群组信息交流时，应当遵守相关法律法规，文明互动、理性表达。"群有群规"，为了规范群成员行为，群主、群管理员往往会设置明确的群规，以维护整个群里的正常秩序。"个人认为微信群的功能主要有获取信息，总体来说，我会把它当作一个工作群，群里能发布什么和不能发布什么都应该先作出规定，这样功能才能突显，办事效率也会相对提高。"（访谈对象：曾燕）

（一）微信群规：实施规训与惩戒

由于缺乏必要的规范和约束，微信工作群还存在着许多问题。为了规避问题，广仁社工组织明确表示：广仁志愿者微信群是广仁社工志愿服务活动主要发布渠道之一，也是志愿者间便捷联络的主要途径之一。在刚刚建群的时候，群管理员就表示："除本群内发布的志愿者活动信息外，不得在群内发布与群内宗旨相违背的信息，如有违反以上条例者，本群管理员将直接移除群聊。此群只用于志愿服务交流和资讯发布，请勿在此群发布其他非相关信息，感谢大家配合！"并署名"广仁社工"，以表达正式性和权威性。其实这就涉及社群主义与自由主义的区别。新自由主义与之恰恰相反，强调个体的权利和意见、诉求表达，认为自我可以独立于社群而存在。社群主义强调自我与社群组织的关系，认为自我从社群中来，是社群的产物。作为社群的一部分，自我在进行表达的时候肯定会受到社群集体价值观、规范等方面的约束，而不是我行我素。作为

---

① 冼春妮. 微信群的表达失范及约束规制思考 [J]. 青年记者，2018 (32)：19 - 20.

一个网络空间意义上的社群，微信群也就需要有具体的"群规"。在规则执行的过程中，群主及管理员负责监督和管理，对违规人员进行制止和规劝，多次不遵守规则的则移出该群，以此强化群规的作用。做好管理工作，微信工作群才能真正发挥作用，方便开展工作，提高管理效率。规范惩罚具有缩小差距的功能，它实质上应该是矫正性的。[①] 暖加公益组织在群规中特别标注了注意事项，违反群规者将会被"协调员"温馨警告，警告超过三次将会被请出本群。其中的"协调员"也就是微信群的管理者，他们是群规的制定者，也是群规的执行者。面对个别群成员的不合规行为，"协调员"以温馨的方式加以警示，而不是直接地惩罚，而且，每个群成员有三次被警告的机会，不是一违规就被移除出群。因此，在微信群规中，其矫正性的特点凸显。

（二）群体凝视：自我规训建构有序空间

事实上，单一由群管理员进行提醒和生硬推行群规，难以达到实时监测和制止的效果，因此，自我监督、自我约束才是建构有序微信群空间的重要手段。这种自我约束其实是长期生活在集体凝视下所形成的一种习惯，也就是自我规训。"规训"是福柯（Michel Foucault）提出的概念，它是一种权力实施的惩戒，监督着行动过程而非结果，是一种更加系统化的隐秘监视。"凝视"是一种统治和控制力量，凝视者在权力关系上高于被凝视者。在微信群内，每个成员都是一个凝视者，也是一个被凝视者，形成了共同围观。网络围观本质上是利用了"圆形监狱"的权力机制，通过携带权力的目光而造成被凝视者的自我规训。不仅"理性围观"无法将被凝视者从精神的监禁中搭救出来，"全民围观"还进一步地维护和巩固了现有的秩序。[②] 在"全景监狱"的反面，技术赋权也为普通人自下而上的监督和反抗提供了可能，信息不对称逐渐消弭。喻国明认为，与"全景监狱"相对，"共景监狱"是一种围观结构，是众人对个体展开的凝视和控制，因此他建议政府应当转变社会治理方式，充分发挥个体的自主和自觉，即使网民在这个空间里撒泼打野，这也是一个相对健全的社会所

---

① 福柯. 规训与惩罚：监狱的诞生 [M]. 刘北城，杨远婴，译. 北京：生活·读书·新知三联书店，1999：203.

② 李晓蔚. "权力的眼睛"：全景敞视主义视域下的网络围观 [J]. 国际新闻界，2015（9）：70-79.

应该容忍的，要发挥网络的"社会安全阀"功能。① 当然，自我约束并不是一开始就形成的，而是通过讨论、争执，在小的舆论圈层里出现明显的话语权差异后，"群规"才能得到大多数成员的认同。只有引起共鸣和认同，才能激起成员的主人翁意识，主动参与到管理中。例如广仁志愿者微信群中就有成员对群规问题进行了深入讨论（W 是群成员简称，以数字区分）：

广仁社工：此群只用于志愿服务交流和资讯发布，请勿在此群发布其他非相关信息，感谢大家配合！

W1：你好！@阳爱民　这里不需要你来打广告做链接，到时候人家自然知道！下不为例！！望自尊！自重！

W2：@哈衣　你好！你以为这是你家的后花园吗？想恣意妄为吗？请尊重群里的每个人！请不要在这里撒野，如果你受不了拘束，请主动退出！！群里不欢迎这样的人！！！

W3：我强烈建议：管理员同志你们要辛苦一下，从现在起将发转载、链接、广告、视频者强制踢出群外！！！

通过以上文本可以清晰地发现，志愿者微信群禁止发布与志愿者活动无关的内容，如广告、推销等信息。但是，这只是口头约定，并没有技术限制和道德规训，因此，往往会有人缺乏自觉，发布违反群规的广告以及不良信息。这个时候，管理员无法直接与发布者发生口角，而是等待群成员的反应，借此建构一种群共识。让成员参与到群管理中，成为群主加强管理的一种选择，具有"自管"的性质。这其实就是发挥了群成员的主动监督作用，这种监督源于集体凝视，当一个个体与集体共识背道而驰的时候，自然会受到一种集体的谴责与惩罚，从而降低了个体在群空间内出现失范行为的可能。在这一过程中，每个个体其实都是主体，是对自我的一种管教和约束，从而建构有序的交流环境和对话空间。

（三）平等交流：从规训走向对话

在互联网社会中，新媒体技术实现了赋权，公众进入了"人人都有麦克

---

① 喻国明. 媒体变革：从"全景监狱"到"共景监狱"[J]. 人民论坛，2009（15）：21.

风"的"公民记者"时代，草根群体也拥有了发声的途径。传统单一由媒体向受众传播的路径被重构，受众从被动接收走向了主动传播，其角色定位更加多元化。在这样的大背景下，去中心化成为较为显著的网络特性，媒体用户的表达兴趣也更加浓厚，现实中的平等在网络实现了延伸，更激发了用户对相互之间平等对话的渴望。在新媒体时代，平等对话成为主旋律。"微信群具有社会化（属性），是社群、个体间传播、沟通、反馈的工具。现在的群规设定是基于法律及志愿组织文化而设的，是文化定位，社群个人分类的一种方式。维持好应有的秩序才能良性有序地发展。"（访谈对象：王华）因此，规训只是一种手段，并不是终极目的。针对微信群中常规存在的规训化现象，需要坚持对话精神，建构一种对话式的常规，消除常规的规训性质，使常规从支配控制向民主平等转变。广仁志愿者在群中倡导"积极、健康、自由、快乐"的学习方式，崇尚"自然、和谐、真诚、关爱"的人文气息，弘扬"奉献、友爱、互助、进步"的志愿服务精神。该倡议涉及个人品德，从社会公德中寻找共同的信念，体现了一种"人人平等"的理念。群规并不是为了体现权力，而是为了营造平等、和谐的对话空间，促进群成员之间更好相处，从而推动线下志愿活动有序进行。

作为一个群管理者，张波表示："如果是一个属于社区里面的志愿者微信群体，从管理者的角度来看，可以立足现实的层面思考，例如管理者要开发志愿者资源、共享志愿者资源；而从理想的层面思考，则是由于每个人是存在差别的，里面的人群的年龄跨度也有自由度，因此也涉及社区营造。"而社区营造里面的"共生"不等同于共融，共融更多是大家统一文化，但在差别化较多的志愿者微信群中，应该是"共生"，即大家共同服务于一个社区。"共生"则需要互相尊重差别化，并且大家都共同生活于一个社区里，还需要顾及彼此的生产资源和需求，支持网络共享，平等分享志愿者资源。每个人包括管理者都是志愿者的身份，资源不仅是劳动力，还可能是管理者的知识储备，在此可以平等地分享出来，且没有差别化。良好的微信群秩序正是在这种交流互动中建立的。因此，单一的规训不是目的，助力各个群成员走向"明亮的对话"才是微信群规的主要用途，也是进一步发挥微信群集体动员、感召作用的基础。

七、集体召唤：志愿服务微信群的作用

在有序的网络公共空间中，集体的感召能力逐渐凸显，微信群正是巧妙地

发挥了共同在场、集体召唤的功能，其目的就是鼓励更多的人参与到志愿者活动中。"召唤"的概念是阿尔都塞（Louis Althusser）提出的，他认为，在被召唤的时候，被召唤者个体认识到自己的主体性，并对此做出反应；但这种主体性具有双重意义，一是他作为社会的主体合法地存在；二是这个主体受合法性制约。① 也就是说，这一过程包含了个体的主体性建构，由此延伸出了个体的话语权、情感归属、集体认同议题。本研究发现，微信群作为一个普遍存在的网络空间，延伸出了多个功能向度。尤其对于志愿者服务来说，浓厚的公益色彩要求志愿服务组织者借助一种情感的动员、集体的召唤、群体的认同吸引更多的参与者。因此，志愿者服务微信互动群具有独特的传播特色和研究价值。

（一）微信群创设信息发布载体，促进成员交流互动

"建立或管理志愿者微信群的初衷是便于义工之间交流及长期组织，传递组织理念。微信群是活动的载体。"（访谈对象：王华）一方面，对话互动是微信的主要功能，而微信群正是将这一功能发挥得淋漓尽致；另一方面，微信群成员通过拉人入群来聚合人群，形成跨越现实中的时间、空间等多种区隔的汇聚众人的现实集合。那么，如何维系这一群体成为重要的议题。微信群内部成员角色及地位具有差异性，会话交流过程呈现出明显的中心性态势；微信群会话交流网络符合六度分割理论，具有小世界效应的特征；微信群会话交流网络具有动态演化性且核心成员具有时间依赖性。② 本研究从广仁志愿者微信群里的聊天内容的诸多案例中，选取两个予以分析，以窥探微信社群的日常管理、群成员的交流互动与情感沟通等。

目前，在广仁志愿者微信群中有 496 人，约有 11 位社工负责整个微信群的管理、答疑和日常活动安排。本研究对该微信群在 2019 年 3 月 20 日至 2019 年 8 月 20 日期间发布的上万条聊天信息进行归类发现，群内聊天内容主要集中在 i 志愿注册审批操作、群规则、志愿活动报名、讨论志愿者的意义、志愿者招募、日常问安、常规问题咨询、投票、节日祝福、重病捐赠十个方面。微信群主要扮演着载体的作用，即在交流双方之间架设了沟通的桥梁。具体内容见表 2－2：

---

① 郭镇之. 从服务人民到召唤大众：透视春晚 30 年 [J]. 现代传播，2012 (10)：7－8.
② 李纲，李显鑫，巴志超，等. 微信群会话网络结构及成员角色划分研究 [J]. 现代情报，2018 (7)：3－11.

表 2 - 2　广仁志愿者微信群内信息分类

身份	内容	案例
群管理员	i志愿注册审批操作	注册流程指导
群规则	群规则	请勿在此群发布其他非相关信息
群管理员	志愿活动报名	3月学雷锋月最后一次志愿行动啦！名额仅限3人
群成员	讨论志愿者的意义	一来加分，可以积分入户；二来对社会做贡献，增值自己；三来认识多点朋友
群管理员	志愿者招募	【志愿者入门培训招募30名】初为志愿者的您是否内心有许多的困惑与迷茫？志愿者入门培训强势来袭！让您不再彷徨，找到志愿同行者，近距离了解志愿服务
群管理员	日常问安	不论发生什么，永远保持乐观的心态。所有经历的一切都是为了更好的明天。各位，早安
群成员	常规问题咨询	大家好，我有个问题请教一下大家，哪位老师有空解答一下。我居住证断了一个月能不能补上？请问怎么补？@所有人
群成员	投票	墙体美化画稿投票
群管理员	节日祝福	祝广仁志愿者妈妈们，母亲节快乐
群成员	重病捐赠	亲戚重病在群里发起捐款

（二）营造"有一种找到组织的感觉"，强化志愿者归属感

为了更加清晰地厘清微信群在志愿服务中的功能作用，本研究从获取信息、交流平台、成员关系、归属感等方面考察受访者的选择。通过分析发现，选择"获取相关活动信息""成员间交流互动""建立紧密的成员关系""增强团队归属感"选项的比较多。这集中反映了微信群在来穗务工青年的社区志愿服务中的角色定位及应用功能。

表2-3　微信群对志愿活动参与情况的影响

因素[a]	响应		个案
	N	百分比（%）	百分比（%）
获取相关活动信息——您认为新媒体平台（如微信群）对您的志愿活动参与带来了哪些影响？	394	29.1	72.4
成员间交流互动——您认为新媒体平台（如微信群）对您的志愿活动参与带来了哪些影响？	356	26.3	65.4
建立紧密的成员关系——您认为新媒体平台（如微信群）对您的志愿活动参与带来了哪些影响？	265	19.6	48.7
增强团队归属感——您认为新媒体平台（如微信群）对您的志愿活动参与带来了哪些影响？	268	19.8	49.3
影响不大——您认为新媒体平台（如微信群）对您的志愿活动参与带来了哪些影响？	47	3.5	8.6
其他——您认为新媒体平台（如微信群）对您的志愿活动参与带来了哪些影响？	22	1.6	4.0
总计	1 352	100.0	248.5
a. 值为1时制表的二分组			

从表2-3可知，在有关微信群对志愿活动参与产生的影响方面，超过一半的受访者选择了"获取相关活动信息"，再次验证了微信群的信息传播功能，这也符合微信群的主要特点。微信群也具有促进成员间相互交流的功能，起到志愿者与志愿者之间的交流与关系维系的作用。比如一个摄影的微信群，志愿者之间可以互相分享作品，互相交流，甚至可以约在一起去拍摄，促进彼此关系，这也是一种社交。此外，微信群还有助于建立紧密的成员关系，突出成员的归属感，即"有一种找到组织的感觉"，进一步强化成员间的情感，推动线下活动有序进行。日常的交流也在一定程度上强化了身份认同，特别是一些分群体或功能性的微信群，志愿者对自身的身份认同会更深。"志愿者的归属感能端正志愿者在做志愿服务时的个人态度及提振其工作精神：在志愿服务过程中让志愿者从思想上、心理上、感情上对志愿服务产生认同感、工作使命感，喜欢、愿意付出时间和精力来做志愿服务回馈社会，在做志愿服务过程中不断学

习、成长、完善自身。"（访谈对象：李凤）

（三）"在线式"点赞，形塑志愿者认同感

微信呈现了群体的共同在场，创造了人类社会一种崭新的共在感，在当前的中国社会状况中，构成了人们的"在世存有"。"群""朋友圈""点赞"等设置，突出了社会关系的共在感，呈现了一种空间关系的并置，与传统大众媒介以及微博等典型的自媒体不同。① 惩罚、规制往往与奖励并行，通过建立奖励机制，鼓励更多的人参与志愿服务，提高其参与的积极性。例如，广仁志愿者微信群中，为了进一步激励志愿者积极参与志愿服务，广州市广仁来穗人员服务中心每季度会对志愿服务时数进行统计，次月15日前会公布季度时数排名前三名的志愿者，并嘉奖其为"季度之星"，以资鼓励。这样的奖励突破了线下的局限性，在近500人"线上"在场的情况下进行奖励，使得获奖者拥有更多的"赞赏的眼光"和"点赞"，这是现实场景中所无法轻易实现的。例如，2020年1—3月的三位获奖者之一表示：非常感谢广州市来穗人员服务管理局和广仁志愿者服务队，还有辛苦付出的几位社工们，让他有这样的机会参加各种有意义的活动，还认识了大家；他还表示，以后请多多指教，他要努力做得更好。由此可以看出，这种奖惩机制会强化志愿者的认同感和获得感。这也再次论证了社工组织的激励号召对青年人的志愿服务参与有着积极的影响。

（四）公共讨论增强存在感，提高志愿者发言意愿

微信群是志愿者开展公共讨论的重要场域，通过交流引发共鸣，进而增强群成员发言的积极性。以广仁志愿者微信群为例，一位微信名为"我本快乐"的志愿者在广仁志愿者微信群中询问："各位朋友，我想问一个问题，要是身边有人被家暴，但是她又被威吓，说要是她敢走就会要她的命！这样的事怎么办？"这一具有社会议题性质的求助问题立刻引起了群成员的关注。"去妇女联合会求助""去警察局报警""到法院起诉离婚"，群成员纷纷提建议、出主意，一时间，原本较为安静的微信群活跃了起来。更多的人被调适到了共同的价值网络中，产生共识并建立认同。整个社会由此形成了以个体为中心的由社会网络相互连接嵌套而成的"半熟人"社区，既有强关系连接，也有弱关系连接。

---

① 孙玮. 微信：中国人的"在世存有"[J]. 学术月刊，2015（12）：5-18.

社群的互动是多维度、去中心化的互动。传受身份已经消解，社群成员之间发生着纵横交织的点对点、点对面、面对面等立体互动。人们同频共振，分享所得、寻找帮助，在社群中找到新的存在感和归属感。

（五）线上捐赠"救命钱"，塑造"社会互助"精神

在微信群聊中，除了交流互动，获得志愿活动相关信息，寻求帮助成为常态。其中最为特殊的是微信群捐款，这就不仅涉及话语的安慰，还牵涉金钱援助的问题，微信群逐渐具备了筹集"救命钱"的性质，使其公益的特点愈加明显。在微信情境中，救助平台"轻松筹""水滴筹"等被越来越多的人应用，不少用户借助该平台在微信群众中筹款，最多的就是大病医疗负担，大额的重病治疗费用促使用户向微信群众求助。分析发现，广仁志愿者微信群中有多起微信筹款事件。这一信息的发布往往是一种金钱的筹集。具体案例如下：

W1：我很需要帮助。

W2：你需要什么帮忙，可以发到群上，看看有什么是我们大伙可以帮你的。

W1：我女儿已做了两次开颅手术，花光家里所有积蓄，能借的已经借了，现在在北京三博脑科医院面临第三次手术，希望各位好心人士帮帮忙，钱多少是心意，帮忙转发扩散是对我们莫大的支持，谢谢。

W3：大家都帮帮她吧！有钱就捐点，或多或少都是一份心意，并传递爱心，帮患者转发一下吧，祝患者早日康复！

W4：祝早日康复@广州××25。

W5：已捐，祝早日康复，加油。

通过对以上文本进行分析发现，"轻松筹"在微信群聊中是基于人际关系的信任而进行的社会公益实践，而且能够反向强化这种信任感。有研究者对其求助文本进行研究发现，网络求助文本仍然是在传统的"熟人"社会之间不断被传播、转发。这个"熟人"社会的背后，是千丝万缕的地缘关系（老乡）、血缘关系（亲人）、亲缘关系（亲戚）、学缘关系（同学、同门、校友）、职业

缘关系（同事、合作伙伴）。① 但是，志愿者微信群里的求助文本既不属于地缘、血缘间的互助，也不算是亲缘、学缘、职业缘的帮扶，而是基于一种共同价值观而产生的同情和信任。换言之，他们因参加志愿活动而聚集在一起，说明他们有志愿服务帮助他人的精神，这不仅天然地强化了他们之间的信任感，而且被求助的志愿者更容易本着帮助他人的原则，伸出援助之手。"我觉得想帮助就帮助吧，也不是很多钱，我自己家里人也患过重疾，确实引起了共鸣，有人帮忙确实也轻松了很多。这东西也不是强制的，给不给都无所谓。病人是多个希望而已，也是一种精神的鼓励。"（访谈对象：王欣）那么，这种互助形成了一种道德的展演，间接地展现了"互帮互助"的精神和群体的关怀，这也意味着每个人都能在这里获得帮助，也不吝于金钱援助和话语安慰，强化了群体认同感，对以后的志愿活动产生了积极的影响。看到群里大家踊跃捐款，一位群成员表示："看来我们这个志愿者群还是有很多爱心人士的，功德无量，欣慰！"

（六）促进线上线下互动，以志愿活动推动社区治理

目前，微信群最多可容纳 500 人，活动主体围绕微信群展开了线上线下互动，实现了"共同在场"，这种应用场景就存在于社区志愿活动中。一般来说，志愿活动往往依托现实空间，在实地开展志愿帮扶。但是由于受到活动规模大小等方面的限制，志愿服务组织无法将大量的志愿者聚集在一个庞大的现实空间之中。而志愿者之间处于一种"陌生人"状态，彼此并不熟悉，只存在一种弱关系连接，这就为志愿活动的组织和管理带来了难度和挑战，微信群的建立则改变了往常的窘境。"群里会有一些活动，我们都会参加，以前每周都有活动，准备功夫也是先在群里沟通嘛，例如人数、车的数量、物资等，微信群有利于推动线下活动。"（访谈对象：王欣）微信群中彼此即使不是好友，但都处于一个共同的虚拟空间，接收着相同的信息等，由此巩固了线下的人际关系。特别是当虚拟社区与现实社区重合时，在线社区有助于增加社会资本，能够促进线上线下动员，最终促成集体行动。青年志愿者在志愿服务、集体行动中创

---

① 李京丽. 网络求助文本的话语研究：对"轻松筹"和"微爱通道"的三个案例分析[J]. 新闻界，2016（11）：47－53.

造社会价值，其个体价值也得以实现。① 网络动员具有"身份不在场"的特性，让平时忙于工作、无法参与社区事务的中青年群体有机会参与社区的治理，拓宽了公众的参与渠道，使社区参与主体更为多元和全面。②

八、"潜而不退"："沉默群体"的失语症候

微信群建立的是一个虚拟的共存空间，具有共享、共融等特点。但最重要的是群内的沟通与交流，交流建构联系，只有通过话语互动建构更紧密的虚拟关系，才能将其关系从线上移植到线下，从而推进现实中的活动。在社区志愿活动中，往往是由志愿组织建立微信群，群成员多则 500 人，少则百余人，形成了庞大的虚拟空间。这些群成员大多是通过活动获知信息加入群聊的，即由现实空间进入虚拟平台，以便沟通和交流，推动线下的志愿者活动更有序、有效地开展，由此形成了一个线上线下相通的闭环空间。但是，空间的建构和人员的聚集只是第一步，如何让群"活"起来成为问题的关键。在各类微信群中，群聊"僵尸化"，成员普遍"潜水"等成为通病。"大部分群成员'潜水'的状态是肯定存在的现象，因为我们微信群的定位就是服务交流、通知等。所以在招募志愿者的时候会比较活跃，其余时间会相对安静。"（访谈对象：赵真）微信群会话交流过程存在数量庞大的"潜水者"群体，该群体具有角色多样化与行为动态性的特点，其"潜水"模式即为交流过程中"失语"状态的一种表征。

（一）群聊：在与他人的互动中建立自我概念

微信群具有分享信息、群收款、打卡、学习等多种功能，而维系上述功能则需要交流和沟通，也就是发起、参与群聊。微信群的线上交往、话语交流、公共行动，将多元主体融入一个"共同场域"。暖加公益组织微信群群规中明确表示："在尊重群规的前提下自得其乐，谈笑风生。"美国社会学家戈夫曼 20

---

① 赵旭辉. 青年志愿者行为的个体价值与社会价值同构 [J]. 人民论坛，2016（17）：178 – 181.

② 席亚洁. 社区网络动员：突破"中心—边缘"结构的尝试：以南京市栖霞区为例 [J]. 江南论坛，2019（6）：50 – 51.

世纪 50 年代提出"拟剧理论"。① 他认为，日常生活就是一个大舞台，参与人就是演员。在表演中，作为演员的个体都会尽力使自己的表演接近自身，从而呈现给观众理想的效果。在互联网时代，各种社交平台迅猛发展，百花齐放。因而，人们表演的舞台就呈现多元化特性，不再囿于传统范畴中地理位置的限制，不断打破时间和空间的界限。目前，微信作为新兴传播媒介，其社交功能越来越强大。微信朋友圈塑造了一个基于现实的拟态环境，跨越了传统以物质场所为基础的场景界限。较其他社交媒介而言，微信具有熟人网络、小众传播等特点，由此造成虚拟世界与现实生活紧密地交织在一起，使得微信朋友圈中的自我呈现能够直接影响现实生活中他人的看法，而青年恰恰敏锐地洞察到这一现象，格外重视自己在微信朋友圈、微信群中的形象管理。

在微信群内，成员既可以作为主体参与到信息交流过程中，发表自己的观点和见解，具有自发性和创造性，同时又可以作为客体观察自身行为及所处环境，具有反思性和社会意识性。个人在与他人的互动中建立自我概念，而正是这种自我概念为其行为提供重要动机，其中自我概念所包含的自我预期导致个人按照该预期已经实现为前提采取行动。在微信群中，成员发言数量反映其对群聊的参与度和贡献度，是成员通过群聊进行"自我呈现"的最直观要素。而成员发言天数则反映其对群内关系的维系程度，是成员对群交流依赖度的间接体现，成员发言量越小、发言天数越少，则表明其"游离"于群聊之外的程度越高，即离群率越大。② 因此，对"潜水者"角色、行为及动因的研究既能激励其在信息交流过程的积极参与，促进微信群信息交流过程的可持续发展，又能促进用户群体智慧与集体智能的发挥，有助于各种情境下的群体决策辅助与开放式创新。③

（二）游离："潜水"成为部分群成员的常态

在现实中，"微信僵尸群"成为群聊的一种，大多数的成员处于"潜水"状态，是虚拟空间中"沉默的大多数"。在"我喜欢在志愿服务的微信群里聊

① 戈夫曼. 日常生活中的自我呈现 [M]. 冯钢，译. 北京：北京大学出版社，2006.

② 李纲，李显鑫，巴志超，等. 微信群潜水者角色识别及行为动因分析 [J]. 图书情报工作，2018（16）：61 - 71.

③ 刘江，赵宇翔，朱庆华. 互联网环境下潜水者及其潜水动因研究综述 [J]. 图书情报工作，2012（18）：65 - 72.

天"这一态度问题调查中，有 18.1% 的被调查者表示非常同意，有 27.9% 的被调查者表示同意，有 36.3% 的被调查者表示一般，有 12% 的被调查者表示不太同意。从整体来看在微信群中积极参与互动的群体占比相对较少。但大部分"潜水者"并不退群，他们只是保持相对沉默的状态，持续接收群消息，不参与群内讨论，突出微信群的信息分享功能。因此，这类群成员处于一种边缘化的境地。"90后"徐艳从事行政人力工作，已经坚持六年参与志愿活动，她加入暖加公益组织近一年，是一个"资深潜水者"。她认为，微信群主要是用来获取志愿活动信息的，不愿意参与谈论其他内容。"感觉群里志愿者之间的交流还不够，也可能是我参加时间不长，'潜水'只是在群里看看有没合适的志愿活动。"（访谈对象：李天）微信朋友群以情感维系为基础，成员间具有较强的感情基础与信任度且无明显的等级差别，正如皮格马利翁效应所述，人的情感和观念会不自觉地受自己喜欢、信任的人的暗示和影响，当个人获得他人的信任及赞美时，其便感觉获得了社会支持，从而增强自我价值及行为动力等，且人们通过行为交互所得到的并非个人所想要的，而是其所期待的。因而，在自由平等的朋友群中，成员能够从彼此间获得更多的信任与肯定，使其对信息交流过程充满期待，较少受外界压力的影响，而该积极性期待则会进一步对成员产生正面影响，促使其更多参与到微信群信息交流过程中，据此可以看到，基于情感维系的朋友群中成员具有更强的参与群聊的行为动力。[①] 孙玮将这种"潜水"现象视作微信"静默在场"，其深刻意义在于，打破线上—线下、真实—虚拟、言说—视觉、缺席—现身的众多区隔，提供了融合两元的中介化"永恒在场"。[②] 只是这种"在场"受到连接关系、身份归属感等多种原因的影响处于一种隐性状态。

（三）"失语"："弱关系"连接、归属感缺失成为主因

身份归属感缺失、自我实现需求不能得到满足等成为"潜水"问题的主要成因。马斯洛（Abraham Maslow）的需求层次理论指出了人的五种需求，在微信群的线上线下联动的社交模式以及线下社交向线上转移的沟通方式下，其中由低至高的第三至第五层次为情感归属需求、尊重需求、自我实现需求，群成

① 李纲，李显鑫，巴志超，等. 微信群潜水者角色识别及行为动因分析［J］.2018（16）：61–71.

② 孙玮. 微信：中国人的"在世存有"［J］. 学术月刊，2015（12）：5–18.

员可以在一定程度上得到满足。在群体中追求情感归属感是由人的群居属性决定的，个体在群中交流或者获得相应的回应，会感觉得到肯定和尊重，实现了发言的价值；如果每次发言都没有任何响应，久而久之就会保持沉默和观望，成为一名"潜水者"。有些群里活跃的总是一部分人，最明显的比如校友群，相对活跃的一般都是具有较高社会地位、进群时间比较早的成员，他们自身的身份地位也使他们掌握了比较多的话语权，长期打造的社交网络也往往会促使他们的发言获得更多的回应，而新的群成员大多处于围观状态，默默"潜水"，提防自己因表达不当引发群成员的反感。由于网络社交差序化格局倾向，又加上我国圈子文化中裹挟的个人情感等，表现在线上交往中则会出现趋中心化，相互熟悉的人发起的话题更可能会被积极参与。和退群相比，"潜水"是群交往关系的弱化，退群是群成员线上关系的脱离；"潜水"是继续接收群消息但是相对沉默的边缘化状态，退群是一种"决裂"式的"背叛"；"潜水"保留了潜在的社会资本，退群是放弃群身份和相应的群体组织；"潜水"的风险是被群体忽略，退群的风险是被群体孤立。① 以广仁志愿者微信群为例，群内有500人，处于同一虚拟空间，但他们大部分在现实中都不相识，甚至没有见过面，只存在于一种"弱关系"式的连接。此外，由于微信具有匿名性等特征，群成员之间不知道对方的真实信息，在这种情况下，难以建构相互之间的信任、情感。因此，与由家人、亲友等构成的"强关系"相比，线上的"弱关系"导致部分志愿者不愿意在微信群中积极发言，从而成为"潜水者"。

九、应对策略：多管齐下，强化志愿者专业化与内生动力

（一）推动志愿服务迈向专业化，助力社会风险治理

我国处于互联网高速发展、生活节奏不断加快的社会转型期，面临着重要的发展战略机遇。风险与机遇并存，伴随着我国经济社会的快速发展，社会矛盾也日益凸显，由此而引发的危机事件借助新媒介迅速传播，形成舆论热点，给我国的社会治理造成重大风险。随着新媒体技术的飞速发展，"两微一端"飞入寻常百姓家，使得人人都是自媒体，人人都拥有"麦克风""扩音器"，这

---

① 姚文华. "潜而不退"：微信群成员潜水现象研究 [J]. 新媒体研究，2019（17）：4 - 6.

一传播环境的变化以及传播架构的消解与重构打破了传统的时空局限，加速了环境的变动，导致事件的不确定性、复杂性增强，危机环伺。通过综合分析近些年发生的热点舆情事件发现，移动互联网塑造的新型网络社群已逐渐成为新兴舆论载体，成为网民介入公共事务的首选方式。网民在公共事务中扮演重要的角色并起到推进作用，悄然改变着舆论场中的游戏规则。要及时解决存在问题，就需要政府部门的强力推动。但是，仅靠政府治理是远远不够的，还需借助社会、志愿者、公民等多元主体的合作与互动。国家治理体系和治理能力是一个国家制度和制度执行能力的集中体现。从国家管理到国家治理，一字之差反映了权力型、全能型政府逐步向有限型政府转变。进入新时期，利益主体多元化、利益主体碎片化的特征日益显著。面对复杂的社会关系、利益格局以及社会结构，政府需要完成从独白到对话的转型，提升沟通能力，达成共识，解决问题。因此，推动国家传播体系现代化迫在眉睫。其中，志愿服务有着广泛、平等、有效参与社会风险与公共危机治理的实践过程，在具有灵活、迅速、贴近群众的优势的同时，却还面临专业能力相对较弱、组织能力不足、信息共享受制、缺乏有效沟通等困境。① 因此，当前阶段，应当从主体协同的理念出发，构建城乡社区内部各大主体之间的有序协同机制，理顺志愿服务与基层政府、居（村）委会、专业社会组织、社区自组织、居民个人等主体间的地位关系、权责关系，进而促成城乡基层社区由无序管理走向有序自治。②

（二）积累丰富的案例库，以智库形态参与到社会治理之中

社区作为中国社会结构的基层单元，是社会治理的重要区域，也是社区志愿活动的重要场所。通过志愿服务，将问题解决在最基层，能够为预防社会公共事件的暴发设置一道稳固的防线。首先，志愿服务的对象就是生活在基层的边缘化人群，志愿者能够有针对性地解决基础大众群体在衣食住行等方面的问题，从而在一定程度上能够提前将危机的势头扼杀在摇篮里。其次，与短暂性的调查不同，志愿者能够通过持久性服务和交流，深入居民的生活中，建构一种长期的联系，也能够更加及时地了解到居民的生活动态。因此，志愿服务往

---

① 张勤，范如意. 风险治理中志愿服务参与的路径探析 [J]. 行政论坛，2017（5）：131 - 137.

② 徐向文，李迎生. 志愿服务助力城乡社区自治：主体协同的视角 [J]. 河北学刊，2016（1）：164 - 170.

往能够深入最基层，获取最真实、最鲜活的一手资料，形成诸多参与社会治理的精彩案例。这些案例资料具有决策参考意义。再次，随着互联网信息技术不断地普及下沉，社区民众正逐渐成为中国互联网的主体用户，舆论宣传形势的把控重点以及信息服务需求市场越来越向社区转移。回归到本研究主题的来源地广州，作为媒体较为发达的地区，广州拥有得天独厚的媒体条件。例如，近些年来，南方报业传媒集团顺应媒体融合发展趋势，大力推进以智库化、智能化为标志的智慧转型，逐步打造了包括南方经济智库、南方法治智库、南方城市智库、南方教育智库、南方党建智库、南方数字政府研究院、广东乡村振兴服务中心、南方周末研究院、南都大数据研究院、南方舆情数据研究院等在内的系列传媒智库。其中，南方法治智库整合媒体、学界和社会资源，共同参与平安广东、法治广东建设。南方舆情数据研究院是专注于"治理现代化"研究的复合型智库，实现了"省市—县区—镇街—企事业"的全面覆盖。因此，志愿组织应当注重日常案例的积累，与智库化媒体展开合作，建立志愿服务与社会治理案例库，融入国家治理体系和治理能力现代化之中。

（三）利用公益传播，激发公众参与度

随着公益传播迈入 3.0 时代，公益机构、互联网平台、用户均成为公益的主体参与其中，移动互联网不仅是传播工具，而且是其中重要的参与主体，公益活动也不是互联网企业额外的社会责任事业，而是主营业务中的有机组成部分。据《2018 字节跳动公益年度数据》显示，2018 年今日头条平台公益图文阅读量突破 246 亿，同比增长 50%。今日头条用户在社会环境变化和平台一系列的活动影响下，对公益的关注度日渐增长。《2018 字节跳动公益年度数据》指出，公益传播 3.0 时代，除了关注度的增长，大众也逐渐成为公益项目的重要组成个体。2018 年 6 月，罕见病发展中心与抖音、今日头条共同发起了 # 橙子微笑挑战 # 接力公益行动，邀请用户吸住橙子五秒，用橙子代替微笑，并通过抖音、微头条发布，形成短视频或图文接力，唤起公众对 FSHD（面肩肱型肌营养不良症）罕见病群体的关注，提高人们对于包括 FSHD 在内等罕见病的认知和关注。同时，让 FSHD 群体能够更好地走出阴霾，融入社会，乐观积极地面对生活。该挑战赛在抖音上的参与人数超过 17 万人，总点赞量突破 4 500 万，抖音上 # 橙子微笑挑战 # 的话题浏览量已达到 23 亿。公益传播的发展启发志愿服务要突出公益形式，与媒体平台主动接轨，积极借助社会公益热点议题，以

扩大自身的影响力。这在一定程度上能够提高平台的知名度，从而增强志愿者的认同感和获得感。

（四）打破"沉默的大多数"，激活微信群的功能

作为助益社区治理发展、更好满足"生活共同体"之中民众对美好生活向往的城市社区志愿服务，具有丰富治理资源增量、提供公共物品、黏合社会交往、增益合作性社区感、提高社区可治理性的积极功能。但是在"熟悉的陌生人社会"这一"社区景象"之中，系统化地导入社区志愿服务存在普遍低效甚至失灵的状况。在"微"时代，微信的发展打破了时空局限，拉近了人与人之间的距离，实现了远距离屏对屏的交流。新媒体的发展改变了传统人际沟通路径，其中，微信凭借快捷性、熟人网络等特点受到大众青睐，并成为人与人之间主要的沟通方式。同时，由于志愿者们在微信互动传播中文化程度、认知水平、关注点、接触微信的时间及使用的熟练程度不同等原因，人际间交流的"数字代沟"被拉大，极易造成代际间沟通的差异性：英国社会学教授霍尔（Stuart Hall）认为信息流通过程中需要符号作为载体形式，同时需要技术和物质工具作为支撑，并取决于信息发送者和接收者各自的社会关系。① 因此，面对微信群中的"潜水者"，作为志愿者微信群的管理者，应当充分了解志愿者们的话语认知，尊重志愿者们的个性和发言意愿。管理者要及时关注微信群内的讨论，并及时进行沟通，交流互动，以主动的方式、多样的活动将处于边缘的成员拉到群聊的中心位置，以此来强化志愿者的存在感和认同感。媒介技术的更新带来了交互的传播和更加多元的呈现方式，改变了现存的语态，使得更加有趣、更加多元的信息层出不穷。在线下，运营者应当通过策划线下活动，汇集用户，发挥他们在信息传播中起到的意见领袖作用，加速口碑传播，增加志愿者的关注度；在线上，运营者可通过媒体矩阵进行推广，实现线上线下的联动，提高平台的知名度。在传播的叙事方式上应坚持宏大主题与微小叙事相结合，以小见大，透过社会的小切面反映时代变化、社会发展的大主题。

---

① 霍尔. 编码，解码 ［M］//. 罗钢，刘象愚. 文化研究读本. 王广州，译. 北京：中国社会科学出版社，2000：110－112.

十、总结与思考

社会的进步、城市化的变迁催生了流动人口，面对发展与稳定的需要，政府、社会组织、个人等都成为整个社会重要的一环。广州是我国志愿服务起步最早、发展最快、规模最大的城市之一。截至 2019 年 12 月 4 日，广州市实名注册志愿者人数已达到 291 万人，其中 35 岁以下青年志愿者 237 万人，占 81.4%，志愿服务组织及团体数 12 471 个，累计开展志愿活动近 10 万场，累计志愿服务时长超过 5 500 万小时，累计发布 138 241 个志愿活动。① 以广州为例，庞大的来穗务工青年具有典型性和代表性，是本文的研究样本。本研究主要从志愿者的社会服务参与方面出发，探究网络技术与微信等新媒体平台对来穗务工青年志愿活动参与度的影响。此外，通过借助社群主义理论、社会认同理论，引出网络社群、微信社群这一概念，以寻找整个研究理论的着力点，探索微信社群对来穗务工青年参与志愿活动的影响。为科学、全面论证这一问题，本研究采用问卷调查法、深度访谈法和网络民族志的方法，以广仁社工组织作为研究案例，深入其微信群，以体验式观察窥探微信社群在志愿者招募、志愿活动信息发布、社会化动员、群体认同感建构方面的意义所在。研究发现，在参与意愿方面，是否具有充足闲暇时间和稳定经济收入决定了来穗务工青年的志愿活动参与意愿。在信息获知方面，微信社群建构了新的交往方式和信息交流空间，可以最大程度地满足志愿者在碎片化时间掌握志愿活动信息的需求，快捷便利的沟通方式有利于志愿者对活动招募信息的获取。高达 50.9% 的受访者是通过微信群消息了解到相关活动信息的，微信群成为重要的信息集散地。此外，社群成员之间拥有共同的价值追求、共享利益，并受到社群的关系、义务、习俗、规范和传统的约束，这就使群体成员意识到社群带给他们的情感和价值意义，为志愿活动的参与动员提供了可能性。广仁社工组织借助社群表彰季度优秀者，突破了线下的局限性，在多人线上"在场"的情况下进行奖励，使得获奖者拥有更多的"赞赏的眼光"和"点赞"，通过激励号召对青年的志愿服务参与产生积极的影响。公共议题的讨论也进一步提高了微信群成员的积极性和

---

① 新快网. 广州志愿者人数达 291 万，青年占比超八成 [EB/OL]. (2019 - 12 - 06) [2020 - 05 - 01]. http://epaper.xkb.com.cn/view/1152976.

活跃度。微信"轻松筹"在群聊中能够获得不少用户的资金援助，是基于人际关系的信任而进行的社会公益实践，而且能够反向强化这种信任感。当然，这种互助形成了一种道德的展演，强化了群体认同感。

其实，微信群功能的发挥离不开良好的虚拟空间秩序，也就是说，管理是微信群管理者的重要任务。由于群成员都拥有发言权，微信群容易催生内容混杂等问题，因此微信群的管理必不可少，也就是群体规训。微信群规成为具体的规训文本，当然，群规往往都是符合社会公德、职业道德和个人品德的内容。但毕竟管理者的精力有限，无法时时监测群内消息，因此，群内逐渐形成了自我监督、相互监督的习惯。人人都是监督者，一旦某人违反了群规，一些成员就会主动站出来，谴责违规的成员，这就形成了自我规训。当然，这里的规训并不是突出权力的尊贵，其主要目的还是为了营造良好的对话空间，因此，规训最终走向了平等的对话。但是，由于群里的成员大多是属于弱连接，他们彼此之间并不熟悉，甚至没有见过面，只是处于一个共同的虚拟空间并且受到成员个人性格、表达方式、文化背景等多方面的影响，大部分人在群内处于"潜水"状态，属于"沉默的大多数"。有研究显示，这种长期的"失语"会导致群成员越来越处于边缘化的状态，不利于形成集体共识。同时，由于微信群属于熟人社交的泛化应用，本质上存在一种弱关系，在关系的扩张和志愿者的线上招募方面存在一定的局限性。在调查中部分被调查者反映，他们不知道从哪里获取志愿者招募等相关信息，微信群无法触及他们的社交圈。针对以上问题，本文认为，要加强党建引领，发挥党员的积极性和带头模范作用；强化共青团的功能作用，覆盖新兴领域青年和流动青年；推动志愿服务迈向专业化，助力社会风险治理；发挥社群作用，正确引导舆论；积累丰富的案例库，以智库形态参与到社会治理之中；利用公益传播，激发公众参与度；利用主流新媒体平台，提高志愿服务宣传力度；打破"沉默的大多数"，激活微信群的功能，从而推动来穗务工青年主动融入广州本地，积极参与志愿服务。

参考文献

［1］方兴东，石现升，张笑容，等. 微信传播机制与治理问题研究［J］. 现代传播，2013（6）：122 – 127.

［2］潘曙雅，张煜祺. 虚拟在场：网络粉丝社群的互动仪式链［J］. 国际新闻界，2014（9）：35 – 46.

［3］高莉莎. 移动主体熟人社会：基于少数民族农民工手机微信使用的研究［J］.
新闻大学，2018（2）：36－45.

［4］李灿松，戴俊骋，周智生. 不在场的地方社会关系再生产：云南省大理州鹤庆
村寨中的民间互助组织帮辈调查［J］. 中南民族大学学报，2017（37）：44－48.

［5］王斌. 基于新媒体的基层治理创新路径：以城市社区为考察对象［J］. 暨南学
报（哲学社会科学版），2016（6）：99－106，132.

［6］喻国明，马慧. 互联网时代的新权力范式："关系赋权"："连接一切"场景下
的社会关系的重组与权力格局的变迁［J］. 国际新闻界，2016（10）：6－27.

［7］孙藜. 电子书写式言谈与熟人圈的公共性重构：从"微信"出发的一种互联网
文化分析［J］. 国际新闻界，2016（5）：6－20.

［8］禹卫华. 微信群的传播分析：节点、文本与社交网络：以三个校园微信群为例
［J］. 新闻记者，2016（10）：61－65.

［9］卞娜. 大学生微信群的人际传播研究：以北京某高校为例［J］. 中国社会科学
院研究生学报，2015（3）：138－144.

［10］孙信茹. 微信的"书写"与"勾连"：对一个普米族村民微信群的考察［J］.
新闻与传播研究，2016，（10）：6－24.

［11］宋道雷. 阶级地域化：基层社会的重构及其对国家治理的挑战［J］. 南京社
会科学，2017（2）：74－82.

［12］付诚，王一. 公民参与社区治理的现实困境及对策［J］. 社会科学战线，
2014（11）：207－214.

［13］王斌，古俊生. 参与、赋权与连结性行动：社区媒介的中国语境和理论意涵
［J］. 国际新闻界，2014（3）：92－108.

［14］李潇，王道勇. 城市社区治理中的网络参与问题分析：基于上海市 X 社区的
个案研究［J］. 科学社会主义，2013（4）：120－122.

［15］谢静，曾丽娇. 网络论坛：社区治理的媒介："官民合作"网络运作模式的初
步探索［J］. 新闻大学，2009（4）：91－96.

［16］向德平，申可君. 社区自治与基层社会治理模式的重构［J］. 甘肃社会科学，
2013（2）：127－130.

［17］张勤，赵德胜. 论社会建设进程中志愿服务新的定位［J］. 中国行政管理，
2013（3）：44－47.

［18］彭华民. 论志愿服务的社会工作督导模式［J］. 中国青年研究，2010（4）：
31－35.

［19］陈桂蓉. 论国家治理现代化中的道德话语［J］. 福建师范大学学报，2018

（5）：13－17.

［20］刘锐. 微信谣言元文本的召唤结构、受众期待视野与辟谣策略 ［J］. 情报杂志，2016（12）：34－40.

［21］曾庆香，玄桂芬. 社交媒体召唤结构：新闻交往化与亲密性 ［J］. 现代传播，2019（1）：42－48.

［22］刘涛. 情感抗争：表演式抗争的情感框架与道德语法 ［J］. 武汉大学学报（人文科学版），2016（5）：102－113.

［23］王云强. 情感主义伦理学的心理学印证：道德情绪的表征及其对道德行为的影响机理 ［J］. 南京师大学报（社会科学版），2016（9）：128－135.

［24］任俊，高肖肖. 道德情绪：道德行为的中介调节 ［J］. 心理科学进展，2011（8）：1224－1232.

［25］文少司，丁道群. 情绪如何影响道德判断：完全差异化的观点 ［J］. 心理研究，2015（3）：19－29.

［26］张咏华. 传播基础结构、社区归属感与和谐社会构建：论美国南加州大学大型研究项目《传媒转型》及其对我们的启示 ［J］. 新闻与传播研究 ［J］. 2005（2）.

［27］鲍曼. 流动的现代性 ［M］. 欧阳景根，译. 上海：上海三联书店，2002.

［28］卡斯特. 网络社会的崛起 ［M］. 夏铸九，王志弘等，译. 北京：社会科学文献出版社，2001.

［29］雷尼，威尔曼. 超越孤独：移动互联时代的生存之道 ［M］. 杨伯溆，高崇，等译. 北京：中国传媒大学出版社，2015.

［30］曼海姆. 重建时代的人与社会：现代社会结构研究 ［M］. 张旅平，译. 北京：译林出版社，2011.

［31］桑斯坦. 网络共和国：网络社会中的民主问题 ［M］. 黄维明，译. 上海：上海人民出版社，2003.

［32］莱文森. 新新媒介 ［M］. 何道宽，译. 上海：复旦大学出版社，2013.

［33］莫利. 传媒、现代性和科技："新"的地理学 ［M］. 郭大为，等译. 北京：中国传媒大学出版社，2010.

［34］梅罗维茨. 消失的地域：电子媒介对于社会行为的影响 ［M］. 肖志军，译. 北京：清华大学出版社，2002：4.

［35］丁未. 流动的家园："攸县的哥村"社区传播与身份共同体研究 ［M］. 北京：社会科学文献出版社，2014.

［36］达尔. 多元主义民主的困境：自治与控制 ［M］. 周军华，译. 长春：吉林人民出版社，2011.

资源赠予与互惠性交换：
组织认同对来穗务工青年志愿参与的影响研究

刘运红

一、研究缘起与概念界定

2016 年 5 月 20 日，中央宣传部、中央文明办、民政部、教育部、财政部、全国总工会、共青团中央和全国妇联八部委联合印发了《关于支持和发展志愿服务组织的意见》，明确提出到 2020 年，基本建成与经济社会发展相适应、布局合理、管理规范、服务完善、充满活力的志愿服务组织体系。在国家政策的支持下，一批又一批志愿组织通过提供志愿服务，满足了居民尤其是弱势群体的基本生活需求、文化需求，为社会的和谐稳定发展保驾护航。然而，在政府不断推进志愿活动的过程中，行政化、官僚化、形式化倾向频频出现，造成一些志愿服务脱离居民的实际需要，出现资源闲置与浪费现象。除此之外，志愿组织基础薄弱、志愿服务管理效率不高、志愿精神缺乏普及等问题也纷至沓来。在志愿组织中，志愿者的行为关系着组织活动开展的效率与成败，对志愿组织的长远发展产生重要影响。而志愿者对其所属志愿组织的认同，对于志愿组织的良好运行发挥着关键作用。不少研究表明，组织形象、组织氛围、同事关系、组织文化等都可能是影响组织认同的重要因素。如果缺乏高效有序的组织管理、关系融洽的志愿氛围，志愿者很难对其所属组织产生认同感，志愿组织必然面临持续性发展的难题。

来穗务工青年是指向大城市流动的外来务工青年群体。作为青年志愿者，他们是志愿服务活动中的重要动员力量，是志愿组织中的主力军。他们对志愿组织的认同程度，与志愿组织目标的实现、志愿组织的持续发展问题息息相关。针对来穗务工青年志愿者的特性，探析来穗务工青年志愿者组织认同的形成过程及其对志愿行为的影响，将有助于对来穗务工青年志愿者的志愿行为加以引导，也有助于发挥志愿组织在社会公共服务方面的重要作用。

那么，来穗务工青年志愿者对组织的认同感是如何形成的呢？这种认同感通过何种心理或行为表现出来？组织认同究竟在志愿组织中扮演着什么样的角色？发挥着何种特殊作用？这些问题促成和启发了本次调研与研究。本文将从传播学、管理学、社会学等跨学科视角切入，结合社会认同理论、社会交换理论和社会资本理论，从组织与个体社会交换的角度，对组织认同与来穗务工青年志愿参与关系进行深入考究。

以下是对本文主要概念的释义与界定：

（一）来穗务工青年志愿者

志愿者在不同的区域有着不同的称号。联合国给出的界定最具有代表性，即志愿者是不以利益、金钱、扬名为目的，而是为近邻乃至世界进行贡献的活动者。虽然金钱、名声等利益不是志愿者的追求，但这并不意味着志愿活动是无目的、无意识的，相反，志愿者活动是自愿且有明确目的的行为，其目的是为人类做贡献。

来穗务工青年即来广州务工的外地青年，"来穗人员"是一般意义上的流动人口在广州的称谓。所谓流动人口，根据国家统计局的定义，是人户分离人口中扣除市辖区内人户分离的人口，也就是外来的非本地户籍的常住人口。因此，来穗人员多为非广州户籍的外来人口。务工人员，指以工业、工程或体力劳动等方面的工作为业的人。世界卫生组织对青年年龄的界定为 16～44 岁，基于此，本文将来穗务工青年的年龄范围界定为"75 后"，即出生于 1975 年以后，来广州从事工业、商业、服务业的非广州户籍的青年群体。

（二）志愿组织

组织是指人们为实现一定的目标，互相协作结合而成的集体或团体，如党团组织、工会组织、企业、军事组织等。换句话说，组织是个体为了完成共同的目标而组成的群体。而志愿组织是为了更好地不计报酬地为人类做贡献而组成的群体。[①] 约翰·霍普金斯大学第三部门比较研究中心认为，"凡符合组织性、民间性、非营利性、自治性和志愿性五个特性的组织都可称之为志愿者组

---

① 熊明良，孙健敏，顾良智. 工作满意感、组织认同与离职倾向关系实证研究 [J]. 商业经济与管理，2008（6）：34–40，64.

织"。丁元竹、李培林等国内学者也认同这个观点，这五个特性来自志愿者主动、自愿、能动的特性，可以把志愿组织与具有公共强制性权力的政府和以营利为目的的企业区别开来。①

关于志愿组织的分类，学界并未明确一个统一的界定标准。在大部分研究中，如《志愿服务组织发展机制研究总报告》以及金晶的《中国志愿者组织的发展现状和功能的研究》、刘岩琦的《志愿者组织去行政化研究》等多篇学术论文，从中国的国情出发，依据发起者的不同，将我国现有的主要志愿组织分成三类：一是由政府部门发起并推广的志愿组织（下文简称"政府类志愿组织"），如义工联、义工协会或社区志愿组织；二是由准政府部门发起并推广的志愿组织，如青年志愿者协会以及由媒体发起的志愿组织；三是从民间自发产生并发展的志愿组织，如各类登记在册的草根类志愿组织。广州的志愿组织发展具有其独特性，它呈现的是"社工＋志愿者"的联动发展机制。

（三）组织认同

组织认同是 20 世纪 50 年代以来在社会认同概念的基础上发展起来的，它属于社会认同中的一种特殊形态。弗洛伊德（Sigmund Freud）最早将"认同"定义为个体与他人之间的情感纽带。后来，培切恩（Martin Patchen）将其应用到组织研究中，提出了组织认同这一概念。② 一般来说，组织认同指组织成员以组织为中心，寻求与其所在组织一致性的心理与行为表现。③ 本文的组织认同建立在志愿团体语境中，是志愿者个体寻求自我增强与自我归类的认同过程；是志愿者个体运用自己所拥有的资源与组织进行交换，从而使自己的需要得到满足的过程；也是志愿者个体通过组织认同获取更为广泛的社会资源，以使自我得到增强和得以扩张的过程。总之，拥有组织认同感的志愿者成员，将在心理与行为各方面都与志愿组织保持一致性，这种组织认同感将赋予志愿者成员理性的责任感和非理性的归属感、依赖感，并促使志愿者成员做出持续、积极、尽心尽力参与志愿活动的行为。

---

① 贺佐成. 耦合：社会资本视阈下志愿者组织治理研究综述［J］. 未来与发展，2017，41（9）：80－85，47.
② 沈伊默. 从社会交换的角度看组织认同的来源及效益［J］. 心理学报，2007，39（5）：918－925.
③ 王彦斌. 社会心理测量中降低主观性偏差的方法探索：一项关于组织认同的测量思路与量表设计及其结果［J］. 社会，2007（6）：189－204，210.

二、文献综述与理论回顾

（一）研究综述

1. 关于组织认同的研究

西蒙（Herbert A. Simon）最早对行政组织的认同进行了研究，他在《管理行为》一书中探讨了"忠诚与组织认同"的问题，针对组织认同做了专门的研究。王彦斌从公务员组织认同的影响角度出发，分析了转型时期我国政府低效率现象，认为公务员组织认同不良是政府低效率现象的影响因素之一。他还认为研究行政组织的成员认同问题有助于我国政府组织内部自律管理机制建设。[①]

关于组织认同主体的研究，涉及志愿组织成员的较少。罗拾平以问卷调查的形式，研究非营利组织专职人员的现状，关注非营利组织成员专业身份的自我认同，提及成员身份的认同问题。[②] 陈天祥和周珺以广州启智队志愿者为例，研究了志愿者"工作投入的组织影响因素"，提出组织认同与志愿者工作投入存在相关关系。[③] 部分研究组织认同的主体针对某些特定的对象，如教师队伍、学生群体。总之，以志愿组织中的青年志愿者为研究主体，探讨组织认同的相关文献资料较少。

西方学者在组织认同影响因素的研究成果较为丰富，对相关问题给予了较多关注。阿什佛（Blake E. Ashforth）和米尔（Fred Mael）在1989年提出了四类组织因素：组织声誉、组织独特性、外组织的显著性以及与组织形成相关的传统因素，如邻近性、共享目标或威胁、共同的历史等。[④] 切尼（George Cheney）认为工作态度、工作绩效、目标成就、决策冲突、员工互动、人事变动、组织效率等组织现象以及组织行为对组织认同有影响。[⑤] 王彦斌于2004年

---

① 王彦斌. 转型期我国政府低效率现象的组织内部原因：基于公务员组织认同影响作用角度的调查分析 [J]. 中国行政管理，2010（7）：116 – 119.

② 罗拾平. 非营利组织专职人员专业化问题研究 [J]. 中国人力资源开发，2009（1）：79 – 82.

③ 陈天祥，周珺. 志愿者工作投入的组织影响因素研究：基于广州启智队的问卷调查 [J]. 武汉大学学报（哲学社会科学版），2012，65（2）：33 – 40.

④ 韩雪松. 影响员工组织认同的组织识别特征因素及作用研究 [D]. 成都：四川大学，2007.

⑤ 郭静静. 企业员工组织认同结构维度及其相关研究 [D]. 广州：暨南大学，2007.

通过对我国企业职工组织认同进行实证研究，进而发现影响组织认同的三个组织内部因素是：①组织资源结构，包括组织结构、报酬满足感、组织声望；②组织内部关系，包括领导人魅力、成员关系；③组织文化与发展，包括团队取向、效益取向等。王彦斌等还从心理层面分析组织认同的影响因素，把组织认同心理分为生存性、归属性与成功性三个维度：一是由物质性需要引起的利益性组织认同；二是因情感和交往需要而产生的归属性组织认同；三是源于个体自我增强需要在社会中追求发展的成功性组织认同。① 宝贡敏、徐碧祥认为组织认同在企业、团体等组织中往往会影响员工个人的组织承诺、组织公民行为、内部合作、工作满意度、组织内部消极因素等。② 葛建华、苏雪梅把组织认同的影响因素归为个人层次、组织层次和环境层次因素。个人层次因素包括个人需求被满足的数量，个人需求被满足的数量越多，个人对组织的认同可能越强；组织层次因素包括组织声望、组织内成员沟通与交往等；环境层次因素则是相对于外部竞争及外部组织而言。③ 有学者探索了青年志愿者组织管理人员的同事间关系对其离职倾向的影响，并检验了组织认同和传统性对离职倾向的中介与调节机制。研究结果表明：同事间关系对社会组织管理层离职倾向具有显著的负向影响；组织认同在同事间关系与离职倾向之间起着中介作用；同事间关系与管理层组织认同之间的关系会受到管理层人员传统性的调节。

综上，中外学者对组织认同影响因素的研究，可以将其归为两类：内部因素的研究与外部因素的研究。内部因素包括组织中的个人情感、个人认知状况、个人心理需求等个人层面的因素；外部因素主要指组织层面的因素，具体包括组织形态、组织特征、组织的资源结构、组织的人际互动关系等。④ 上述研究为组织认同理论和实践提供了丰富和有价值的素材，但仍存在一些地方有待补充和完善。一是在研究方法上以质性分析为主，大部分是通过个案观察、案例比较等方法得出初步研究结果，但其研究结论是否具备普适性，需要通过大样本的定量研究来证实；二是从研究对象上看，大部分是针对企业类的营利性组

---

① 王彦斌. 管理中的组织认同：理论建构及对转型期中国国有企业的实证分析［M］. 北京：人民出版社，2004.

② 宝贡敏，徐碧祥. 组织认同理论研究述评［J］. 外国经济与管理，2016（1）：39 - 45.

③ 葛建华，苏雪梅. 员工社会化、组织认同与组织公民行为：基于中国科技制造企业的实证研究［J］. 南开管理评论，2010（1）：42 - 49.

④ 张戟晖，张玉婷，李勇. 青年志愿者组织管理层离职倾向及其影响因素［J］. 中国青年研究，2015（12）：38 - 43.

织，以企业员工离职率等极易获取和观察的指标衡量员工的认同感，但并未涉及一些非营利组织，对非营利组织的适用性尚未考究；三是目前的研究大部分以"所有组织是同质化的、并不存在组织间的差异"为前提和假设，忽略了不同类别组织中成员认同感的差异。由于不同组织的组织目标、宗旨、成员动机可能有所不同，异质化组织中的成员认同感也会存在一定的差异。本研究在借鉴已有成果基础上，以来穗务工青年志愿者为主要研究主体，从社会交换、社会资本的理论视角，探讨在志愿组织这种非营利性类别的组织中，组织成员认同感与志愿者行为之间的关系。

2. 关于青年志愿者的研究

目前，关于青年志愿者的研究主要有两类：一类是关于青年志愿者参与动机与激励机制的研究，另一类是关于青年志愿者活动障碍、组织建设问题的研究。其中，还有少部分研究涉及青年志愿者工作的社会认知。青年志愿者参与志愿活动的动机研究一般结合志愿者心理、价值选择衡量、马斯洛五个需求层次理论等进行分析。吴鲁平对青年志愿者的参与动机进行分类，将其分为"责任感传统动机""发展型现代动机"和"快乐型后现代动机"。[①] 林敬平针对青年志愿者参与动机的不同，把激励机制设计分为"责任荣誉型""自我发展型"和"自我愉悦型"。[②] 青年志愿者活动障碍、组织建设问题主要归因于：身份认同与活动认同、组织的管理匮乏（包括资金、人才、组织运营管理）、组织服务质量的差异与组织机构健全状况等。

关于影响青年志愿者社会参与持续性的研究，大部分学者从社会心理层面，探讨青年社工在社会参与中的流失问题。影响青年志愿者长期投身社会公益事业的因素包括个人特点和家庭成长环境、自我实现价值观的构筑、对他人期待的反身性构建、志愿机构声誉和组织形式、积极互动的社会化影响、网络互融中的智慧连接等。

综上，青年志愿者志愿参与持续性的影响因素较为复杂，不同学者在测量青年志愿者的认知、态度、行为等方面进行了不同的实证研究。关于公益组织中青年志愿者组织认同的研究不多，主体是青年志愿者的研究大都集中在个体

---

① 吴鲁平. 志愿者参与动机的结构转型和多元共生现象研究：对24名青年志愿者的深度访谈分析 [J]. 中国青年研究，2008（2）：5－10.

② 林敬平. 志愿者服务动机调查与激励机制设计 [J]. 广东青年干部学院学报，2008（2）：14－17.

动机与组织机构两大方面。本文结合社会认同、社会交换、社会资本等理论，以及组织认同的相关研究，聚焦组织支持、组织声誉、组织文化等组织内部的相关影响因素，对来穗务工青年组织认同的形成过程进行深入分析，将会丰富关于青年志愿者的研究。

（二）相关理论基础

1. 社会认同理论

社会认同理论（Social Identity Theory）是由泰弗尔和特纳（John C. Turner）于 1979 年提出的一种社会心理学观点。根据这一理论，社会认同是一个人把他自己定义为某种社会类型的成员，并把这种类型的典型特征归于他自己的自我心理表现与过程。① 社会认同理论作为个人自我概念的一部分，源于个人依附于一种群体成员资格的共同价值和情感重要性的认知与社会认同感知。一方面，个体在社会生活中对某一社会类型的社会成员形成一定的认识；另一方面，在认同感产生后，个体往往将其自身定义为某种社会类型的成员，并将此种类型的代表性特征归于他自己。因此，认同感的产生，不仅能够让每一个个体在区分他与其他个体之间差异的基础上，对自己形成某种感知，还能让其共享群体中其他成员之间的共同点。这个概念可以说是一个群体成员的自我概念，它可以成为人们建立群体成员感知、态度和行为的基础。换句话说，一个人如果对自我在群体方面考虑得越多，对群体的认同感越强，他的态度和行为受群体成员资格的控制程度就越高。因此，社会认同感对态度和行为的影响与对自我概念的影响在某种程度上是相同的。

根据这一理论，人处于社会之中，必定需要在构成社会的群体中选出一个或多个群体，将自己的成员资格显现出来，只有这样才能够在社会生活中获取社会支持感，体会到一种安全性。当一个人定位自己的成员资格时，第一步要思考的问题就是将自己归类到何种群体。泰弗尔和特纳曾经运用社会认同这一词语分析个体如何运用这一分类方法，其阐述主要基于三个基本假设：第一，为了增强自己在社会中的自尊，个体往往为了树立一种积极的自我概念而努力奋斗；第二，社会群体或分类、他们的成员资格，都离不开积极或者消极的价

---

① 王彦斌. 转型期国有企业员工的组织认同：一项关于当前国有企业员工组织认同特点及其原因的调查分析 [J]. 天府新论，2005（2）：77 - 84.

值含义；第三，个体对其所属群体的评估，是根据其依据的价值属性和特征进行的社会比较中的各种参照群体。根据这些假设，可以形成三个主要的理论原则：①个体往往会尽力寻求并试图维持具有积极意义的社会认同。②积极的社会认同一般在内群体和一些相关外群体的有利对比之后形成。③当社会认同呈现出不满意，个体有可能会试图远离他们所在的群体，同时加入其他更具有积极价值的组织，也有可能会采取一定措施推动其所属群体表现得更为积极。

在社会认同理论中，有三个值得关注的核心概念，分别是分类、认同或认同感、比较，该理论也被称为 CIC（Categorization Identification Comparison）理论。第一个概念是分类，该理论中提及的分类方法与科学分类方法几乎完全等同，是指人们为了理解由人构成的社会，从而运用某种特定的标准，将社会中的人们划分为不同种类。自我分类的方式运用于某个范围，不得不讨论到它的突出性。值得注意的一个方面是，突出性与一种群体成员资格的一般情况密切相关。除此之外，还要考虑到的是，人们实际上将自己界定为独特个体或者群体成员，这些在自我知觉的选择性方面会发生改变。当他们将自己界定为一个群体成员时，往往会发现自己与群体成员之间存在相互替换的可能性，同时和其他群体成员之间也存在显著差异。

第二个概念是认同或认同感。它指人们往往将自己视为所属群体的成员的认同感觉，这涉及两方面的含义：一是群体成员资格的认定，二是对与之类似的内群体成员的感觉。从群体成员的资格来看，在现实社会中，每个个体的群体成员资格具有复杂性和多样性，明确其中一种以及如何明确某种群体成员资格一般取决于一种相对具体的群体认同感。另外，认同概念还强调，在特定的场景中，人们会与其在某个方面存在类似性的其他人产生认同感。如果人们说彼此是同类，这意味着从某种角度而言，他们将自己群体中的成员视为在某些方面是存在共同点的，是类似的。

在社会认同理论中，第三个重要的概念是社会比较。社会比较是指人们为了评估自己，而将自己与类似的其他人进行比较的过程。从这个基本概念的含义来看，积极的自我概念构成了常态心理功能的一个部分。人们可以在群体中把自己与其他人进行比较，从而获得自尊的观念，也可以将自己当作一个有声望群体的一员，看到自己的光辉。

2. 社会交换理论

社会交换理论（Social Exchange Theory）认为人们之间的社会关系是一种以

代价与报酬分析为基础而建立的关系。从社会学的角度来看，探索社会交换理论的由来，可以追溯到社会学传统中的大师级人物涂尔干（Émile Durkheim）。在涂尔干关于有机团结的理论中，他认为劳动分工的发展和专业化程度的提高意味着在社会中发生的交换交易数量增多，否则我们就几乎不能期望以相互依赖为基础的有机团结会有所增加。① 由此可知，涂尔干提及的有机团结事实上是一种建立在社会交换之上的社会过程。社会交换理论是一种较有影响的现代学说，出现在 20 世纪中期以后。1958 年，霍曼斯（George C. Homans）在《美国社会学评论》中首次提出了交换理论。1961 年，在他的重要著作《社会行为：它的基本形式》一书中，霍曼斯正式提出了社会交换理论。他认为在社会交换关系中，每个人都期望自己获得的报酬与其成本或投入成正比。此后，布劳（Peter M. Blau）和埃默森（Richard M. Emerson）等完善了社会交换理论，分别提出了侧重于探索从人际互动的交换过程到支配社区与社会复杂结构交换过程的社会结构交换理论和社会交换网络体系理论。社会交换理论有以下几个基本假设：

（1）每个人都有可用于和别人进行交换的资源。对于每个人，任何事物都有其自身价值，其拥有者都可以把它作为资源和别人进行交换，以此获得自己所需之物。交换论者通常将社会事物分成两大类，一类是有形之物，一类是无形之物。有形之物一般包括经济交换中的一切商品和服务，以及各种物物交换的实物。无形之物一般指一些与人们社会关系相关的事物，比如权利、同情、怜悯，甚至认同等。

（2）相互交换是社会中人们的必然选择。在社会中，人们不可能拥有世界上的一切资源，处于不同阶层、不同群体的人拥有的资源不一样，不同的个人也存在差别。为了获得其他人的资源，人们只有通过物物交换的方式用自己的资源去和别人进行交换。因此，在和别人进行交换活动之后，人们相互之间就能够分享别人的物品，满足自己的需要。

（3）人们的交换行为是在权衡行为的利弊得失并选择最有价值的事物之上实现的。人们交换活动的背后是受理性驱动的，人们在比较交换的物品之前必须对得失进行对比，考虑、权衡这种交换活动的价值。如果所付出的价值超过

---

① 沈伊默. 从社会交换的角度看组织认同的来源及效益［J］. 心理学报，2007（5）：918 – 925.

获得的，人们一般拒绝交换；如果所付出的价值低于所获得的，人们往往倾向于进行交换。同时，由于每个人的评估存在主观性和价值偏好，他们对每一件具体的事物进行评估时，所认定的价值往往不同。一般而言，一个人拥有的某种物品越多，他对这种物品衡量的价值会越低；如果一个人拥有少量的某种物品，那么这种物品的价值会更高。根据社会交换理论，一旦交换关系变得固定、稳定，社会关系便会形成，从而进一步发展成社会结构。

此外，在组织领导与成员的关系上，根据领导成员交换理论（Leader-Member Exchange，LMX），在组织中，领导会根据自身的领导风格，与不同的下属建立起不同的关系。其中一部分个体划分为"内团体"（in-group），这些人享受的权利和待遇更多，获得的帮助与支持也比较多；而另一部分个体被划分成"外团体"（out-group），他们占用领导更少的时间，享受到的优惠和福利也相对更少。同时，个体也将采取某种举措对上级领导的支持做出回馈。作为组织代理人的上级，如果他对下属非常冷漠，并且对下属的权益毫不关心，那么这必然会在某种程度上对下属的自我定义过程产生影响，甚至导致下属难以产生对组织的归属与认同感。

3. 社会资本理论

"社会资本"是社会资本理论（Social Capital Theory）的核心概念，20 世纪 90 年代后期，该理论在社会学、政治学、文化学等许多学科领域受到关注，在学界的广泛使用下逐渐形成解释社会生活的概念和理论。雅各布斯（Jane Jacobs）最早从社会学角度阐释了这一概念。在其经典著作《美国大城市的死与生》（1961 年出版）中，雅各布斯使用了社会资本的概念，并提出在较老的市区中存在的紧密社会网络建构了一种对公共安全有益的社会资本。[①] 1980 年，法国社会学家布迪厄（Pierre Bourdieu）正式提出社会资本的概念，将它定义为：真实和虚拟资源的总和。对于个人和团体来说，由于要拥有的持久网络是或多或少被制度化了的相互默认和认可关系，因而它是自然积累而成的。科尔曼（James Coleman）、伯特（Ronald Burt）、普特南（Robert Putnam）、波茨（Alejandro Portes）等学者也从各自的研究领域出发，对社会资本概念进行了不同的界定。尽管定义的角度不同，但大部分学者都认可社会资本作为一种资本

---

① 秦志华，傅升，蒋诚潇. 基于领导—成员交换视角的组织公平与组织认同关系研究[J]. 商业经济与管理，2010（2）：37－43.

具有"价值增殖的特性"，认同社会资本中的结构涉及社会关系、网络、规则、信任等要素，行动者的行为是有目的和具有能动性的，行为是行动者发现的行为，既有主观性也有客观性。结构、行为和行动者三者相对独立又相互渗透与建构。因此，从组织的角度而言，社会资本可以看作是一种组织特征，处于组织中特定关系网络中的个人能够通过信任、规范和关系等因素获取稀有资源，实现个体与个体、个体与组织之间的共同利益和目标，进而促进持久网络的形成。

按照社会资本理论，公民社会参与的过程本身就是社会资本形成或者建构的过程。当志愿者进入志愿组织之后，其参与组织中的志愿行为越多，组织社会资本就越有可能发展，志愿组织中社会资本积累越多，越有利于促进志愿者及其志愿行为的发展。

三、研究方法与研究设计

（一）问卷调查法

本文采用问卷调查法，使用共青团中央青年研究项目资助的"社区行动者的空间建构与叠合身份认同：来穗务工青年的志愿服务参与研究"调查项目中的部分调查数据，运用 SPSS 软件对相关调研数据进行统计与分析，作为本文相关结论的数据支撑。具体的抽样方案和实施见本书前言部分。

（二）网络民族志法

民族志是 20 世纪初期由文化人类学家创立的一种研究方法。研究者主要通过田野调查，深入到某些特殊群体的文化中去，从其内部着手提供相关意义和行为的整体描述与分析。民族志研究最初是由文化人类学家用来研究一些非本民族的文化，但由于这种方法重视研究对象的社会行为及其与整个社会文化之间的关系，具有跨学科研究的性质，所以被广泛运用到社会学、心理学、政治学、传播学等其他学科。网络民族志是采用民族志方法研究计算机辅助通信（Computer-Mediated Communication，CMC）产生的虚拟社区和文化的一种在线研究方法。最初起源于研究者在互联网上使用民族志方法对消费者做的市场调查。网络民族志是一种质化的、解释性的研究方法，它以在线现场研究为主，在方法上基本沿用和改编自民族志的特定研究过程和标准。研究步骤通常为获准进入某个网络社区和文化，搜集资料然后分析资料。在网络文化和社区的在线民族志研究中，研究者可以采用"潜水"的方式对某个网络社区和文化进行非参与式观察，也可以加入某个在线社区成为其会员从而进行参与式观察，与该在线社区成员进行长期接触和深度沉浸，由此对网络文化和社区生活进行深度描述。而后者更能够体现网络民族志研究的特点。

笔者通过加入志愿者微信群的方式，长期观察微信群中志愿者的聊天话题、沟通模式，甚至与研究对象进行对话交流，以此了解志愿者参与志愿服务活动的现状、志愿者个体组织认同的影响因素，挖掘组织在志愿活动中扮演的角色和存在的问题。在这个过程中，能够获取研究所需的第一手资料和数据，为分析提供相应的论证依据。具体而言，本文选取暖加公益组织作为网络民族志的考察对象，暖加公益组织初建于 2016 年 12 月，于 2019 年 6 月 22 日在广州市民政局注册成立，组织分为四大板块，暖城（关爱街友活动）、芯苗（帮扶儿童）、常青藤（关爱长者）、萌爪（科学爱护动物）。本文之所以选取该组织作为考察对象，主要是因为该组织现有义工 2 766 人，不仅汇聚了一大批广州本地人口参与志愿活动，还让来穗务工青年融入其中，为广州居民的生活提供帮助，在广州本地居民与来穗务工青年之间建立了融洽的合作关系和相处模式。同时，该组织的志愿活动形式多种多样，志愿者参与的频率和帮扶人数较多，2019 年该组织年度参与公益人次 9 160 次，帮扶人数 19 010 人。此外，调研团队也通过参与志愿活动的方式与该组织保持紧密联系，对志愿组织的宗旨、理念、管理模式等进行了深入了解。

四、空间区隔与异质身份：来穗务工青年志愿服务参与的现状

（一）来穗务工青年志愿者的参与情况

在参与志愿活动的来穗务工青年总体样本中，16 ～ 45 岁的年轻人占绝大多数，行业多以商业、服务业为主，符合问卷预期。在受教育程度方面，相当一部分为大专和本科文化程度，文化程度较高，对问卷的理解能力相对较强，便于问卷调研的开展。

图 3 - 1 表明，每半年参加一次志愿活动的人数占比最多，也有较多人选择"其他"，说明由于工作状况、时间、兴趣等因素，大部分来穗务工青年参加志

愿活动的时间不固定，灵活性、自由程度较强。在问卷填写过程中，有不少调研对象表示他们一旦有较多的空余时间便会参加志愿活动，也有的说自己由于工作繁忙只会偶尔参加。其余志愿活动参加频率为一周一次、半个月一次和一个月一次不等，综合起来看，"半年一次"和"其他"的频率各占一半，说明也有不少来穗务工青年会利用业余时间经常参加志愿活动，这可能与志愿组织的活动安排有关，不少调研对象也曾经表示，其加入的志愿组织每个月或每周会定期举办一次志愿活动，因此其志愿活动参加频率会相对比较固定。

你平均多久参加一次社会志愿活动

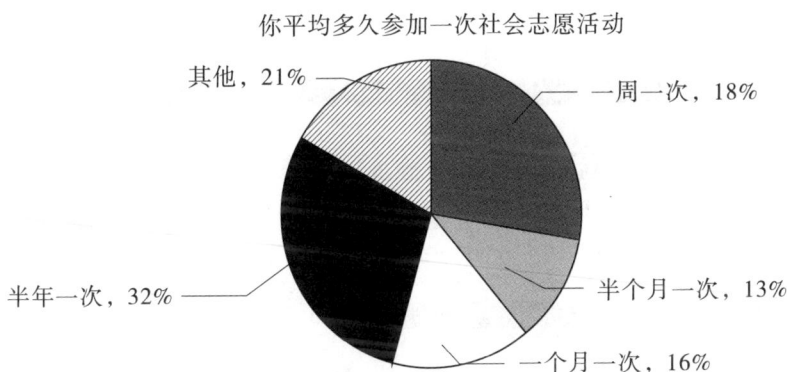

图 3 - 1　志愿活动参加频率

如表 3 - 1 所示，在已选人次中，以志愿者社团为志愿参与途径的占比超过一半。志愿者社团主要为志愿者提供有组织、有规划、有保障的志愿活动形式，受到志愿者的普遍欢迎。而进一步正规、常规、职业化的志愿者社团，便是社工组织，占比接近一半，从社团走向社工组织，也代表着加入专业化的志愿组织，是志愿者参与志愿服务趋近稳定与常规化的方向。

表 3 - 1　志愿参与途径

志愿参与途径	频率	有效百分比（％）
社区居委会	183	33.5
志愿者社团	295	53.9
自主联系	106	19.4
社工组织（非营利、服务他人的组织，如广仁、风向标）	237	43.3
青年自组织（青年自发组织的，如乒乓球俱乐部）	107	19.6

从图3-2可知，来穗务工青年参加的志愿活动形式丰富多样，但主要为安全知识、技能普及（如防诈骗讲座、垃圾分类培训、教老人用手机等），卫生、环保活动（如发传单宣传垃圾分类、街道卫生巡查），这些志愿活动形式可能由于比较贴近大众的现实生活需求，有利于解决普通人日常生活中遇到的更为急切的实际问题，更具有挑战性，因而受到大部分志愿者的欢迎。少部分的志愿者参加了诸如来穗政策宣传、居民心理辅导、志愿教学等活动。本次调研也在不同的志愿活动中发放问卷，了解志愿者在不同类型志愿活动中的体验与感受。

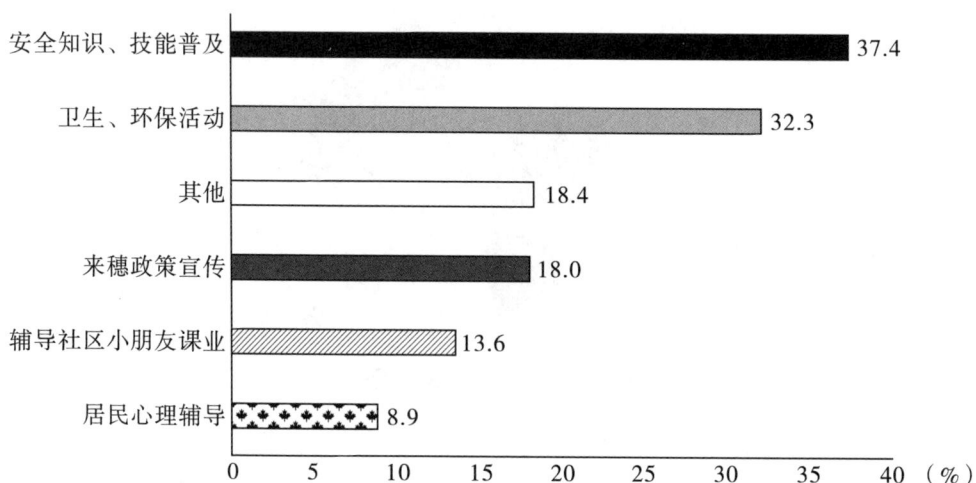

图3-2　志愿活动参加形式

从表3-2可知，大部分调研对象认为"宣传力度薄弱"是志愿服务中存在的主要问题，可见这一问题的重要性。从志愿组织的角度而言，宣传力度薄弱可能导致志愿组织的声誉欠缺，组织形象无法通过媒体传递给公众，难以吸引更多志愿者加入组织。对于志愿组织中的志愿者来说，组织形象的宣传在一定程度上有利于增强其对组织的认同感，提升工作积极性。因而从这个角度解释，宣传力度薄弱的问题与本文的研究议题也是密切相关的。

表3-2　社会志愿服务存在的问题

社会志愿服务存在的问题	频率	有效百分比（%）
参与人群较少	218	39.9
参与渠道较少	258	47.2

（续上表）

社会志愿服务存在的问题	频率	有效百分比（%）
宣传力度薄弱	270	49.4
缺乏各方支持	210	38.4
理解和支持的人较少	170	31.1
志愿者服务质量不高	97	17.7
志愿服务社会氛围不够	155	28.3
其他	29	5.3

（二）来穗青年志愿服务空间的环境特征

工业文明为外来人员进城务工提供了前所未有的可能性，然而他们虽然有能力在城市生活，却并未真正融入城市社会。进入一个陌生的大城市，来穗务工青年容易面临文化接纳、行为适应和身份认同等诸多困境。由于来穗务工青年是外来人员，他们容易感觉到与本地居民之间的心理距离，彼此之间缺乏一定的信任与理解，再加上可能受到城市居民的偏见，更加深了务工群体对所住城市和本地居民的疏离感、冷漠感甚至敌意，这会造成来穗务工青年和本地居民之间的排斥与隔阂。社会排斥，即社会成员有参与社会活动的意愿，但是受到了不可控制因素的阻止，使得社会成员不能正常参与社会生活，公民权利不能实现的一种状态。不少学者运用社会排斥理论对外来务工人员与本地居民的关系进行研究。每一个人都是个体的人，更是社会人，都有归属的需要，但如果这种需要受到了威胁，其后果是严重的。社会排斥将给被排斥者带来巨大的社会焦虑和心理压力。同时，在缺乏社会交往、文化互动、情感交流的平台和机会的情况下，来穗务工青年的社交和情感需求难以得到满足。来穗务工青年对所居住的城市和社区不了解、不熟悉，难以接受城市社会生活的基本模式和运行规则，在适应城市生活上有一点难度，难以较快地融入当地社会。

而志愿活动恰好为来穗务工青年提供了一个社交平台，在一定程度上改变了大量来穗务工青年城市"边缘人"状态，打破了来穗务工青年"身在穗，心在乡"的漂浮情景。例如，开展清明扫墓、踏青、关爱留守农民工、重阳敬老月等志愿活动，不仅有利于增强来穗务工青年的身份认同和自我归属感，还能营造出良好的社区文化和氛围。

（三）来穗务工青年的个人诉求及其工作行为特征

1. 来穗务工青年的个人诉求

来穗务工青年大部分成长在改革开放以来的社会转型期，他们在生活经历和接受教育方面，既受到中国传统观念和现实社会文化的熏陶，也在开放的社会环境中受到国外现代文化和理念的影响。在现实社会中，他们既积极追求自我利益，也主动关心社会公益。他们受多元文化的感染而呈现出多元化的价值观特征。在市场经济时代，他们非常注重物质利益和实惠，但又关注民生冷暖，充满强烈的社会责任意识。他们大多接受过较高层次的教育，知识水平较高，对工作和生活具有自己独到的见解。对于工作而言，他们认为工作是生活幸福的重要来源，但工作不是生活的全部。因此，在工作之余，他们更喜欢积极追求和享受休闲、社交、健身、再教育、志愿活动等带来的生活乐趣和幸福感。

同时，他们对组织文化氛围和工作环境具有较高要求，更倾向于选择优雅宽松的工作环境、弹性自主的工作方式、健康向上的组织文化氛围及和谐融洽的人际关系环境，而不仅仅注重工具性关系。工具性关系是基于即时性回报和收益，通过等价交换的方式进行社会交换的行为。青年志愿者极其关注自身感受，当周围的领导和组织成员都在关注彼此之间建立关系会在短期内收获多少及时性回报和收益时，会让青年志愿者认为组织中的同事都是相互利用、感情淡薄的，会逐渐消磨其对组织的期望和依赖，导致其工作状态不佳，缺乏对组织价值观的认同。因此，对于来穗务工青年志愿者，培育和塑造其与组织文化相一致的价值观，提高他们的组织认同，将对他们的工作态度、行为方式产生一定影响，进而关系到整个志愿组织的发展。

2. 来穗务工青年的工作行为特征

作为在改革开放环境中长大的一代，来穗务工青年志愿者在教育经历、生活情趣、价值理念等诸多方面与老一代存在显著不同。因此，在对其工作价值观、组织认同进行研究之前，有必要先清楚地认识他们的工作行为特征。

（1）坚持自我理念，注重人际关系和谐。根据学界研究，作为"75后"的来穗务工青年在工作时更强调坚持自己的理念与追求，在人际关系上能够灵活采取措施，积极与周边的人建立融洽、和谐的关系。由于很多"75后"青年教育经历良好，接受过高等教育或者高中教育，他们基于自身的知识和认识，对待工作和生活拥有自己独特的见解。在工作过程中，他们比较注重工作价值观与企业价值观、企业文化的协调程度，他们为了追求自己的人生理想，在志愿活动中可能不在乎具体的工作内容，而是非常注重志愿组织的价值观、目标是否与自己保持一致。在与朋友、同事相处方面，他们深刻认识到朋友、同事关系融洽的重要性，比较重视与朋友、同事的友情，愿意采取各种有效措施，恰当处理好生活和工作中的友情。这与他们的生活经历及生存状态相关，正是因为接受了相对完整的教育，他们形成良好的道德品质，注重与知心朋友的坦诚沟通与交流。

（2）追求自我价值，组织忠诚度较低。"75后"来穗务工青年由于生长在相对自由、宽松的社会环境中，接受了相对完整的教育，他们形成了较强的自我意识和人生理想。他们在选择志愿组织时，会分别从时间成本、兴趣等多种角度与不同志愿组织的情况进行比较，在以自我为中心和追求自我价值实现的价值判断中选择适合自己的志愿活动。由于青年志愿者刚进入志愿组织，缺乏一定的工作经验、技能水平较低，他们往往选择那些对志愿服务要求较低的志愿组织，在志愿组织的初次选择中缺乏经验，因而误入了一些资质不合格的志愿组织。随着他们在志愿组织中的工作经验不断丰富以及工作能力的提升，很多志愿者为了实现自我价值而选择比较有意义的志愿活动。因此，一旦志愿组织出现形式主义、浪费社会资源等与其价值观不符的问题，他们会选择退出该志愿组织，并在日后拒绝参加此种类型的志愿活动。也正是过于强调自我价值，对志愿组织的标准和要求较高，造成他们对志愿组织的忠诚度较低，他们积极追求自我价值的实现，导致志愿参与活动的持续性较低。

五、资源赠予：组织空间中的利益声望感知与价值吸引

由于组织认同反映了志愿者主体对志愿组织客体的情感、态度评价，它主要是从志愿者的角度出发的，因此，理解组织认同，首先需要关注志愿者个体的需求和利益。尽管志愿组织具有公益性的特点，志愿者对组织的认同可能并不建立在经济报酬和各种物质利益基础上，但志愿者加入志愿组织成为成员并参与志愿服务活动往往带有一定的动机与功利目的。换句话说，志愿者并非必须加入某个特定的志愿组织，他们成为某个志愿组织的成员也不是自然的产物，而是基于自我判断做出的选择，这种选择具有一定的目的性。志愿者将从自身利益需求的角度出发，评价自己在志愿组织中的活动成果，这种评价会影响志

愿者自身与组织之间的关系，进而决定其参与志愿服务的态度和行为。在实际调研中，我们发现虽然志愿组织很少主动向志愿者明确表示有何奖励，但大部分志愿者表示其在志愿组织中的活动参与中能够有所收获，这些收获或许正关乎着某种物质或精神上的利益，从而成为激励志愿者持续参与志愿活动的动力。从这个意义上说，研究志愿者的组织认同绝不能忽视了志愿者的个人利益需要。

相比于个体，组织所拥有的资源显然更加丰富和强大，因此，志愿组织能够在资源上建立自己的优势，并通过相应的物质利益、组织声誉、组织文化等吸引志愿者个体，赢得志愿者的组织认同，并与志愿者个体进行某种资源交换。在学界，葛建华等不少学者也认为组织资源与组织认同体现为强相关性。[①] 现有研究表明，影响志愿者对志愿组织产生认同感的因素包括组织支持、组织声誉、组织文化等，这些因素在各个层面满足了志愿者的需求。下文将基于调研数据，考察来穗务工青年志愿者对这些维度的相关反应，评析这些因素是否会影响来穗务工青年志愿者的组织认同。

（一）组织支持：情感与关系需求的满足

1. 志愿者的社会情绪需求与组织支持感知

组织支持是由爱森伯格（Robert Eisenberger）等人基于社会交换理论提出的概念，用来解释个体和组织之间的关系。它指组织对个体工作贡献的关心程度，是个体对其生存状态的一种感知，以及对其在组织中所处地位的主观评价。通常来讲，志愿组织满足个体需要的方式主要包括三种：一是为志愿者提供福利等方面的物质性资源；二是为志愿者提供志愿组织中的社会关系网络结构等社会性资源；三是提供对志愿者个体有益的组织声誉、组织地位、归属感等无形资源（又称为"情感性资源"）。达顿（Jane E. Dutton）、杜克里奇（Janet M. Dukerish）和哈奎尔（Celia Harquail）从社会认定理论的角度，提出组织认定会透过自我定义的三个过程——自我延续、自我强化和自我分辨，进而影响组织认同。自我延续是组织认定与组织成员的自我概念或期望相吻合；自我强化是满足自尊需要，有利于自我评价；自我分辨是感知到所在组织与其他团体

---

① 葛建华，苏雪梅. 员工社会化、组织认同与组织公民行为：基于中国科技制造企业的实证研究［J］. 南开管理评论，2010（1）：42－49.

不同的独特性。① 由此，个体由组织认定最终形成对组织认同的过程，可以说是个体社会情绪需求（如自尊、归属感等）逐步得到满足的过程。普拉特（Michael G. Pratt）认为，个体之所以产生对社会团体的认同，是因为该团体满足了个体的社会情绪需要（socio-emotional need），如地位、安全、自尊、归属与爱的需要。② 换句话说，满足个体的情感需求，能够增强个体对组织产生认同感的可能性。

就志愿活动而言，由于其具有显著的公益性特点，志愿者的情感需求通常要多于物质方面的需求。根据调研实践发现，志愿者个体不仅能够了解许多感兴趣的信息，在志愿服务中满足物质和情感方面的需要，还能获得较多的社会资源。而以满足物质需求为志愿参与动机的人数微乎其微。由于广州市积分入户政策将志愿活动纳入积分的行列，在调研过程中询问了部分调研对象，只有极其少数的来穗务工青年表示，他们将"积分入户"这一物质利益纳入参与志愿活动的动机中。从表 3-3 可看出，"参加志愿活动能给我带来明确的奖励与回报"的选项，调查对象总体上对该观点持消极态度。在调研中发现，这可能是由于不少访问对象将"明确的奖励与回报"当作是物质层面的回报，因此对这一观点的同意程度较低。从志愿组织的角度而言，他们强调自己参与志愿活动得到的主要是精神上的愉悦与满足，比如获得在组织中的归属感、得到志愿组织领导和成员的尊重与欣赏。对于这类志愿服务参与者，他们往往不太关心其所在的志愿组织是否提供了某种物质资源，只要志愿组织能够满足他们在精神上的某种需求，其对志愿组织的认同感就会比较高。因此，获取物质性资源不能完全说明研究样本加入志愿组织的动机和对组织的认同感，情感性资源的满足对于志愿者来说更加不容忽视。

表 3-3 参加志愿活动能给我带来明确的奖励与回报

	频率	有效百分比（%）
非常不同意	59	10.9
不同意	88	16.3

---

① 沈伊默. 从社会交换的角度看组织认同的来源及效益 [J]. 心理学报，2007（5）：918-925.

② 李硕. 北京市非营利组织志愿者动机研究 [D]. 北京：中国青年政治学院，2010.

（续上表）

	频率	有效百分比（%）
一般	168	31.1
同意	135	25.0
非常同意	91	16.8
总计	541	100.0

在情感层面，不同的志愿者对于志愿组织情感支持的认知可能存在差异。在同一个志愿组织，有些志愿者认为自己获得的情感资源很多，有些人则认为很少。为何会产生这种差异？爱森伯格认为，组织支持感是指员工对组织如何看待他们的贡献并关心他们利益的一种总体知觉和信念，即个体对组织对其工作绩效回应的一种回应。个体的行动、组织对个体行为的认知和个体对组织认知的感知三个因素都会对组织支持感产生影响。在志愿组织中，如果排除志愿者个人感受的主观性因素，组织支持感在很大程度上可能取决于志愿者在志愿组织内部的参与度和受重视程度，他们会根据志愿组织中领导和成员的行为态度，对志愿组织中的情感支持程度进行感知与评价。从志愿组织的角度而言，志愿组织会从多方面满足志愿者个体的社会情绪需求，包括满足自尊、归属、期望、情感支持需要等。志愿组织中领导和成员对志愿者是否信赖、对其工作是否认可、是否愿意与其建立情感联系等，都会影响到志愿者对志愿组织情感支持的理解和评价。当志愿者个体的组织支持感较高时，个体和组织之间处于一种认知平衡的状态，志愿者与志愿组织之间的关系也会相对融洽。这意味着，志愿组织应当重视志愿者的社会情绪需求，尽可能尊重志愿者个体在志愿服务活动中做出的贡献，并且及时在志愿者遇到困难的时候提供帮助，保障其志愿服务工作的顺利进行。这些做法将在一定程度上增强志愿者对组织情感支持的感知，提升志愿者的组织认同感。

2. 志愿者的社会关系需求与社会资本积累

相关研究表明，尽管奥尔德弗（Clayton Alderfer）的 ERG 需求理论将个人需求状况分为三个方面——生存与安全（existence）、交往与地位（relatedness）、个人发展（growth），但研究者发现，个人的生存需求、发展需求对组织认同的影响并不显著。反而，关系需求满足程度越高，对组织认同的程度越高。成员与组织关系越密切，对组织评价越高，成员对组织的认同度越高。① 这说明对组织认同的研究，有必要关注志愿组织中领导与成员、成员与成员之间的互动关系。在组织中，人是核心要素，处于组织中的人必定将与组织中的其他成员产生一定的关系。关系的好坏程度，组织成员对这些关系的适应程度，都会在一定程度上影响他们对所在组织的感知与评价。正如有学者发现组织内部关系影响成员对组织的认同（组织内部关系包括领导人魅力以及成员关系）。对组织内人际关系的认同，主要涉及组织内的群体认同。在志愿组织中，组织工作群体可能是个体认同的焦点，认同感强烈的组织成员会更高地评估他们的工作群体和组织成员的资格，从而更不愿意离开他们的工作群体和组织；认同感会促使个体持有他所归属的群体或组织的观点，进而在工作群体和组织行为中形成加倍努力的意愿；认同感与组织成员的工作动机和工作涉入具有重要联系，导致个体通过自我定型把他们定义群体的特性归于他们自己，从而让工作变成自我感觉的一部分；认同感还能增加组织成员对其工作的满足感，由于人们容易积极地评估与自我相联系的态度对象，强烈的工作满足感会促进组织认同。实际上，通过增强组织成员的群体认同来增强组织认同，可能比组织层面的实施更加容易。例如团队建设就是促进人际交流的一种方式，与组织目标具有一致性的群体认同会促进组织认同。公益组织中的成员与其他成员的关系越融洽，彼此间的交流与沟通越多，则越倾向于认同组织，现有的文献中也支持该观点。因为通过融洽的内部交往和交流，成员能够对公益组织产生较强的归属感，这种归属感能够增强成员对于其所在公益组织的认同。如表 3 - 4 所示，"服务他人时，我感觉团队氛围很好，大家相处融洽"，调查对象对该项的认同态度超过 80%，说明大部分调研对象认为志愿组织中的成员之间关系融洽，可能有很多志愿者在志愿服务中广交朋友，与志愿者同事之间建立了良好的合作关系。

表 3 - 4 服务他人时，我感觉团队氛围很好，大家相处融洽

	频率	有效百分比（%）
非常不同意	11	2.0
不同意	12	2.2

---

① 冯敏红. 青年志愿者组织认同影响因素研究：以广州公益组织为例［J］. 青年探索，2015（2）：45 - 51.

（续上表）

	频率	有效百分比（%）
一般	56	10.2
同意	214	39.1
非常同意	254	46.4
总计	547	100.0

　　实际上，成员之间良好的互动关系也离不开组织的支持。如果将志愿组织看作是由各志愿主体及其相互关联而组成的网络，那么这张网络必然蕴含着丰富的社会资源。作为嵌入在此网络中的节点，每个志愿者既是网络的组成部分，又是具有主观能动性的、相对独立的个体。著名学者卡龙（Michel Callon）提出行动者网络理论，他认为一个行动者网络中的行动者是网络中的异质参与要素，网络是能够重新定义和转化各个要素的……并构成一个异质型网络。[1] 根据这一理论，行动者互动不仅形成了网络，也在某种程度上塑造了网络，推动了社会的发展。这意味着在这张关系网络中，志愿者可以获取相应的资源，也可以为网络创造和增添资源。最终，不同志愿者的人际交往网络形成了志愿组织网络结构，它是志愿者成员之间、志愿者和服务对象间互动产生的，作为志愿组织各主体间连接的纽带而存在，也将志愿行为的社会需求向组织中的志愿者呈现。对于志愿组织来说，网络主要指社区志愿组织行动的内外环境，即志愿组织所处的社区空间以及志愿组织内部结构与成员关系的形态。这种网络的概念较为宽泛，包括志愿者线上线下形成的全部关系构筑的网络。在互联网时代，志愿者的人际网络扩展至线上的虚拟空间，可以通过微信、QQ等进行互动交流。如表3-5所示，不少来穗务工青年对志愿服务微信群里的聊天感到满意。这可能源于微信这一线上交流的方式可以实现不在场的交流，突破时空限制，不仅可以及时交流志愿活动中的迫切信息，还能在志愿活动结束后探讨其他社会话题，使线下的组织互动延伸到线上，实现了情感的有效连接。

① 孙健敏，姜铠丰. 中国背景下组织认同的结构：一项探索性研究 [J]. 社会学研究，2009，24（1）：184-216，246.

表3-5 我喜欢在志愿服务的微信群里聊天

	频率	有效百分比（%）
非常不同意	24	4.4
不同意	66	12.2
一般	199	36.8
同意	153	28.3
非常同意	99	18.3
总计	541	100.0

根据美国社会学家科尔曼提出的"社会结构资源"社会资本理论，每个人一出生就拥有三种资本，其中包括人力资本、物质资本和社会资本。社会资本具有生产性，它为处于社会结构内部的个人行动提供了条件，为行动者实现特定目标提供了便利。在社会系统中，行动者基于自己的利益，互相进行各种社会交换，有的甚至单方面转让对资源的控制权，形成了持续存在的社会关系，这些社会关系涵盖了权威关系、信任关系等，它不仅是社会结构的组织要素，还是一种极其重要的属于个人的社会资源。在具有公益性质的志愿组织中，非营利内部社会资本指有利于推动组织成员之间的信任和合作，促进组织内部的沟通与协调，从而增加组织成员、志愿者的凝聚力和归属感的人际关系网络，以及蕴含在这个网络中的潜在资源。① 志愿者个体能够从组织中的社会关系网络中，获得对自己行为有价值的信息或资源，这种社会关系就构成了志愿者个体的社会资本。组织内部网络的大小、网络间联系的紧密程度、志愿者行为外部的支持，以及志愿行为所产生的社会经济、文化环境都影响志愿者行为的形式和持续性。志愿组织的属性，如志愿组织的目标、所拥有的资源，组织内部的氛围，都会作用于志愿者身上，从而影响志愿者的行为判断与抉择，以及志愿行为的延续性和发展性。如果志愿者动机、价值取向与组织的目标、愿景高度融合，那么志愿者对组织将产生认同感，进而导致其志愿参与行为的可持续发展性更强。②

---

①② 贺佐成. 耦合：社会资本视阈下志愿者组织治理研究综述 [J]. 未来与发展，2017，41（9）：80-85，47.

（二）组织声誉：角色地位赋予与身份增殖

1. 志愿组织主体与志愿者个体形象的一致性

组织声誉表现为组织过去行为的标识、价值创造能力的反映以及合作前景对合作者的持续吸引力等，即利益相关者对组织品牌和形象等方面的综合认知，是组织的无形资产。对于企业而言，良好的声誉可以使企业在关系网络中掌握良好的网络定位，获得关键利益相关者的支持，有利于建立良好关系资本、聚集整个网络的人力和社会资本，便于其从关系网络中获取人才和顾客资源。这些资源对于创新能力的培育起到促进作用，且组织的集体声誉可以给成员提供更积极的外在声誉效应，为提高创新绩效提供良好的环境氛围。与企业相比，志愿组织作为公益性组织，具有非营利性的特征，声誉看似对其发展无关紧要，实际上，组织声誉常常被志愿组织看作是一种集稀有性、可持续性于一体的无形资产，是组织在公益事业发展过程中形成的利益相关者对其做出的全面性评价。

作为一个提供社会公共服务、促进公共利益的社会组织，除了社会公众对志愿组织抱有较大期望之外，组织内部成员也往往关注志愿组织的声誉，因为组织声誉是组织形象的反映。组织声誉对于组织成员个体来说，是一种他们在当前情况下判断自己退出或留在组织中的重要依据。尽管这方面的组织资源是无形的，甚至可能永远都不会带来可见的物质性收益，但对于具有各自类型或层次需要、具有自我成就需要的人来说，仍然发挥着重要作用。当志愿者加入某个志愿组织后，便与组织确立了一致性关系。由于志愿者个体属于其所在组织的一部分，个体与组织整体联系在一起，二者之间的关系决定了二者之间面临着"一荣俱荣，一损俱损"的局面。这意味着个体的行为可能代表整体，其个人形象关系着组织声誉的发展。反之，组织声誉的良好与否也会对个人的形象和声誉带来一定的影响，这是志愿者个人关注组织声誉的原因之一。志愿组织的外部声誉与组织的发展前途关系到志愿者个体的社会地位、发展前途等，进而影响到志愿者个体对组织的认同感。尽管志愿组织的声誉是由组织内部各方面因素所导致的，在很大程度上根植于组织内部各要素的组合，但组织声誉是特定组织与其他组织在同一个社会比较平台上进行互相比较的结果。从社会认同的角度来说，志愿者个体会倾向于选择一个具有较高组织声誉的组织实现自己的组织认同。这说明组织声誉会在一定程度上对志愿者的组织认同感产生影响。

2. 志愿者的身份资本与自我扩张需要

根据社会认同理论，由于人们都希望在公众面前保持一种积极的自我形象，因而个体倾向于认同具有更高地位的团体或组织。志愿者加入某个志愿组织，其中一个重要原因在于满足个体自我增强和自我扩张的需要，志愿者个人能够凭借组织这个平台实现自我增强和自我扩张的目标。积极的组织声誉能够赋予志愿者个人良好的形象、地位，让志愿者个人的身份、地位有所优化。西蒙早在 1958 年就提出成员对组织的认同度与组织自身的"声誉"正向相关。通常情况下，组织声誉越高，成员对自己的成员身份更具自豪感，对组织的信任度、依赖感和归属感越强。相反，如果非营利组织的声誉不佳，社会认可度低，组织内部成员也会对其价值理念产生怀疑，使内部认同度下降。这意味着地位、声誉越高的志愿组织，一方面会吸引更多志愿者的加入；另一方面，也会让志愿组织成员对组织形象的认知产生认同感，加强志愿组织内部成员的归属感和忠诚度，从而更好地维系志愿组织与个体成员之间关系的持续性。组织成员对待组织声誉的态度能够体现其对组织的忠诚度，如果志愿者在外部交往和活动中注重维护其所在志愿组织的声誉，说明其组织内部的认同感较强。

从前文已统计的表 3-2 可知，"宣传力度薄弱"成为志愿服务中存在的主要问题，从志愿组织的角度而言，宣传力度薄弱可能导致志愿组织的声誉欠缺，组织形象无法通过媒体传递给公众，难以吸引更多志愿者加入组织。对于志愿组织中的志愿者来说，组织形象缺乏宣传在一定程度上不利于组织声誉的维持和扩大，容易造成志愿者对其所在志愿组织的消极形象感知，从而缺乏一定的组织认同感。积极正面的组织声誉能够为志愿者提供积极的心理认知和行为导向，从而进一步提升志愿参与的积极性。

志愿者个体有一种内在的动机，这种动机使得他们往往对自己所在的志愿群体持有积极的态度，认为他们所在的志愿组织群体要优于其他类似群体。与此同时，志愿者个体也倾向于从消极的意义上看待其他类似的组织群体，将其他志愿组织群体的积极方面最小化，从而让自己所在的志愿群体可以被看成是优越的。为了将志愿者所在的群体定义成一个积极的群体，群体成员通常以一种隐晦的方式，从积极的角度来看待他们自己所在的群体。换句话说，志愿者个体常常根据自己的价值判断，选择一种自己认定的积极方式，去看待他们所在的群体，并将这积极的一面与其他群体相比较。志愿者个体总是选择各种维度使自己所在的群体的积极方面最大化。因此，组织声誉就显得尤为重要，如果志愿组织拥有良好的声誉，那么志愿者个体将使其中的某一个要素放大，以此作为自己的身份资本。

（三）组织文化：价值观黏合与组织共同体孵化

1. 价值观驱动下的认同

从企业管理的角度来看，企业文化的存在，意味着企业不仅是组织成员谋生的地方，还是员工实现人生理想、社会责任感和社会历史使命的组织。对于非营利性的志愿组织而言，企业文化的作用更为显著。它不仅在实现个人动机和社会理想相统一上发挥着重要作用，还有助于维系个体和集体行为的一致性。组织认同在一定程度上也表现为对组织文化的感知与认同。有研究者提出，组织文化可能对志愿者工作投入产生影响。组织的目标和使命与个人的目标和使命越一致，个人越能产生为组织工作的动力，越会将组织的任务内化为自己的内在诉求。组织成员与组织之间在服务理念、服务目标、行为导向等方面具有的一致性越高，非营利组织的内部认同度越高，组织的凝聚力越强。已有实证研究证明，在企事业单位中，组织认同与员工的工作投入或工作倦怠之间存在一定程度的相关性。① 还有学者从不同的文化类型分析组织文化对组织认同的影响。研究发现，与官僚型文化相比，创新型文化与支持型文化对员工的情感性认同、评价性认同都有非常显著的正向影响。这说明创新型文化与支持型文化都能提高员工对组织的情感认同、心理认同与承诺，获得员工好的评价。其中，支持型文化对员工组织认同的正面影响作用最为显著。② 在志愿服务活动中，如表 3 - 6 所示，"在志愿服务他人和社会时，我是自豪的、高尚的"的选项中，调查对象对该项的认同态度近 80%，说明大部分来穗务工青年对这一观点持积极态度。当调研对象面临这一问题时，大部分人毫不犹豫地选择"同意"和"非常同意"。尽管不能排除志愿者的个人因素，但这在某种程度上间接体现了志愿活动给志愿者带来了价值实现的满足感，志愿组织与志愿者个人的价值观可能存在某种一致性，才会导致"自豪、高尚"情感的萌生。

---

① 陈天祥，周珺. 志愿者工作投入的组织影响因素研究：基于广州启智队的问卷调查 [J]. 武汉大学学报（哲学社会科学版），2012，65（2）：33 - 40.

② 何立，凌文辁. 企业不同类型组织文化对员工组织认同与工作投入的影响作用研究 [J]. 科学学与科学技术管理，2008，29（10）：139 - 143.

表 3 - 6　在志愿服务他人和社会时，我是自豪的、高尚的

	频率	有效百分比（%）
非常不同意	13	2.4
不同意	16	2.9
一般	75	13.7
同意	180	32.8
非常同意	264	48.2
总计	548	100.0

2. 作为组织社会资本的黏合作用

根据社会资本理论看待志愿组织中的文化问题，社会资本是一个群体的成员共同遵守的、例示的一套非正式价值观和行为规范。按照这一套价值观和规范，成员得以彼此合作。如果这个群体的成员能期待其他成员的行为可靠和诚实，他们就能彼此信任对方。信任的作用像一种润滑剂，它使一个群体或组织的运作更有效率。所有社会都有自己一定的社会资本，它们之间的实际差别，可以称为"信任半径"。① 社会资本的益处不仅体现在经济领域，它还有助于建立健康的文明社会，包括家庭与国家之间的层层群体和联合体。尽管这种社会资本的功能作用是从宏观的角度而言的，但对于我们理解组织层面同样具有重要作用。社会资本不仅表现为个人、组织间相互联系的广度，还可以体现为这些联系的稳定性和扩展度。社会资本是无形的，但是从社会资本的所有主体而言，社会资本可以分为个人拥有的社会资本、组织拥有的社会资本以及整个共同体拥有的社会资本。在组织的"信任半径"中，组织文化作为一种有价值的组织社会资本，会由于组织成员们都认可它的共同价值而在组织内部起到黏合作用，使组织中的人们形成一个有机的整体。

此处以暖加公益组织为例，该组织建立了微信群供志愿者进行线上互动和交流。在2020年1月8日的聊天记录中，有一名组织成员发表意见，且回答带有情绪性成分，管理员看到消息后立即仔细询问并做出理性解释，随后其他组

---

① 王明辉. 企业员工组织社会化内容结构及其相关研究［D］. 广州：暨南大学，2006.

织成员都对这名发表意见的成员进行理性劝导，其价值取向表现出强烈的一致性。通过微信群中的理性对话，共同维护志愿组织这个群体，这也在一定程度上反映出志愿组织与志愿者共同的文化和价值观。

组织成员1：停车场比较混乱，上次停不了车就走了。

管理员：混乱的具体表现是什么？出发的时候车多，缴费需要时间，可能会慢一些。

组织成员1：那可能是你们指挥不当吧……

管理员：暖加公益全部是义工伙伴，没有所谓的工作人员，大家都是下班后张罗停车场调度的事宜。如果觉得因为没有工作人员做指引而导致混乱，那我非常抱歉，我们思考一下，如何安排一个工作人员指引交通。

组织成员2：公益，是讲付出，不是讲休闲娱乐，如果大家觉得做得不够好，可以自己出来做疏导员，而不是指责。

组织成员3：不是不可以提意见，而是要有建设性。

组织成员4：设疏导员这个建议很好。

台湾宏碁集团总经理施振荣认为，企业文化就是公司内部的"臭规矩"，但它一定要获得员工们的认同，否则便不能成为企业文化。沙因（Edgar H. Schein）认为，组织文化无非就是限制在组织这个范围内的一种文化。这句话在组织文化研究领域一直被作为一种极其经典的表述。简言之，组织文化是一个独立而稳定的社会结构，是单位、组织所具有的一种和其他组织有差别的特质。根据沙因的观点，组织文化可以概括为五种向度：第一是组织与环境的关系。主要涉及组织所处的各种环境，以及组织与环境所具有的关系。应当思考清楚的是组织控制环境，还是环境控制组织，或是两者之间并不存在控制关系，而是相互依赖的关系。第二是制定决策的依据。组织决策所依据的标准是传统、宗教、法律、争辩、试误还是科学试验？第三是人性的本质。思考基本人性的假设是善或恶，还是无善恶之分，人性是稳定的还是多变的等问题。第四是人类活动的本质。这涉及人类与环境的关系是人类支配环境，还是人类被环境所支配，或是两者之间保持着一种和谐共存的关系？第五是人类关系的本质。明确人类关系的终极基础是协作的还是竞争的。布劳在交换理论中也提及共识价值观的问题，都与这方面的阐述和研究相关。因此，在理解志愿组织中的文化时，也可以参考这几种方式，从组织与环境的关系、组织决策标准等维度，考虑志愿组织与组织成员之间是否存在某种一致性。从组织文化与组织认同的作用关系来看，组织用其所推崇的组织价值观来引导和规定人们的观念和意识，让组织成员的价值观和组织的价值观达到某种程度的一致，从而使组织成员在组织文化上产生组织认同感，并以此为中介影响他们的行为。因此，从组织文化维度看待志愿组织，最关键的一点是要明确组织的价值观对于引导与规定组织成员的价值观有何显著作用，组织文化将使志愿者在认同组织价值观的基础上，促进组织目标的实现。

六、互惠性交换：志愿行动中的组织认同与关系建构

上文从志愿组织的角度，考察了影响志愿者组织认同感的因素，包括组织支持、组织声誉与组织文化等因素。从广义的角度理解，组织认同是一种促进一切和组织的生存与发展相关的个体、群体和组织对确定的组织产生一种强烈的情感关联的人类社会生活现象。也就是说，组织认同可以产生良好的组织形象标识和声誉，让组织中涉及的利益相关者能够易于处理与组织相关的事务。那么在志愿组织中，志愿者个体组织认同感的具体表现方式是怎样的？这种认同感会激发志愿者产生怎样的行为？下文将进一步挖掘志愿组织与志愿者个体之间的关系，以及二者关系形成的内在逻辑。

（一）志愿组织中的认同表征：心理与行为双重维度

1. 内在心理：志愿者主我认知与他我认知的统一

对于志愿组织中的志愿者个人而言，组织认同实际上是志愿者在与所属志愿组织的关系中，通过自我分类的方法，将自己归属于志愿组织，并通过社会比较方法肯定或否定自己的某种心理。尽管组织认同看似主要涉及志愿者个体对自己所归属志愿组织的心理倾向性，但其所处的志愿组织中的社会群体关系同样不容忽视。米德认为，自我只存在于同社会群体的关系之中，自我只有同他人和社会建立起相互关系才是现实的。他认为，自我是个人对外在于个体的

客观现实的内化或主观解释。① 这意味着一个人在评价自己时，潜意识中会将自己这一主体归于客体的位置，并对这个处于客体位置中的自我进行分析与判断。基于这种对自我的理解，米德把自我分成"主我"与"客我"两个部分。主我是一种由人的本能冲动形成的自然我，是有机体对他人态度的反应。客我则是一种经过社会化而形成的社会我，是一个人自身所承受的他人态度的有机组合，它把他人的影响作用引进个人意识之中来指导社会化的个人的行为。库利提出的"镜中我"概念，也可以对组织认同的主我与他我统一进行解释。他认为，自我和社会是一对孪生兄弟，一个人的自我观念是在和其他人的交往中形成的，一个人对自己的认识是其他人关于自己看法的反映，人们总是在想象别人对自己的评价之中形成着自我的观念。② 米德的"自我—他我"关系和库利的"镜中我"概念都强调了一个人对自己的认识是通过他人实现的，那么作为志愿组织的个体，志愿者对自己的认同实际上也是在与他人的关系中实现的。

从认同的角度而言，组织认同是个体寻求自我增强与自我归类的认同过程。认同包含自我认同和社会认同两个方面。由于自我认同是自然我本能的认同，它的显著特征是直接性；而社会认同则是一种具有间接性特征的认同。以志愿组织成员为例，志愿者常常把自己当作"客体的我们"和"客体的他们"，通过群体的角度进行比较，来评价自我对组织的认同态度。从社会认同的角度而言，人们在某种情况下可能是某一个群体成员，与具体的情景有关，也与他看待他的群体成员资格有关。因此，对于志愿者来说，一方面有必要对他认同的内群体和不认同的外群体进行清楚的区分。在志愿组织中，每一个志愿者的群体成员资格都是纷繁复杂的，志愿者具体的群体认同将决定群体成员资格如何确立，以及其中哪一种群体成员资格被确立。另一方面，志愿者会对与自己相同的组织成员产生认同感。由于社会对个人总是存在着一种外在的规定性和制约性，个体总是会在某种情况下不自觉地寻求和社会的一致性倾向。如果志愿者将自己与他人归为同一类，这意味着从某种目的来说，志愿者与自己所属群体的成员产生了认同感。而当志愿者将其本人定义的所属组织的特点归之于自己的心理后，他会在社会生活中获得社会支持感，感觉到安全感。

---

① 米德. 心灵、自我与社会［G］//谢立中. 西方社会学名著提要. 南昌：江西人民出版社，1998.

② 库利. 人类本性与社会秩序［G］//谢立中. 西方社会学名著提要. 南昌：江西人民出版社，1998.

2. 外显性行为：组织认同驱动下的外在行为表现

在心理学中，研究人的心理就是研究外在行为的说法已不被学界认可，大部分研究者逐渐认同人的内隐心理往往会表现出相应外显特征的观点。因此，在组织认同研究中，不仅要从内隐心理的角度考虑其内在性的起点，还要关注其作为结果的行为表现。换句话说，个体的人对社会刺激会做出相应的反应，这种反应必然包括内在的心理感受和外在的行为表现。作为志愿组织的成员个体，志愿者如果仅仅存在对组织认同的内隐心理倾向，显然难以彻底将自己对组织的认同倾向完整地展现出来，所以一定的行为表现是不可缺少的。而这种行为表现恰恰来源于志愿者对组织产生的认同心理倾向，志愿者在心理上表现出对组织的忠诚和归属之后，便产生对组织有所承诺的意向，最后会将这种意向以实际行动表现出来，比如积极参与志愿组织中的集体工作或生活。因此，在志愿组织中，组织认同的表现也涵盖了志愿者对于自己所属组织关系的内在体验和感受，以及对这种关系的外显性行为。可以说，组织认同是一种集组织心理与行为于一体的综合性的过程，囊括了志愿者对其所在组织的认知、情感和行为，而组织认同行为是志愿者组织认同心理的一种反应动作和活动形式，对真正实现组织认同发挥着关键作用。

（二）志愿者的交换行动：基于互惠原则的组织公民行为

1. 互惠作为一种道德规范和利益考量

当个体感受到组织高水平的支持时，基于互惠规范，个体可能会产生义务回报组织的感觉，从而采取行动帮助组织达成目标。互惠最初是运用在传统社会个人之间的交往中，并具有一定社会的文化特征，后来有学者把互惠行为普遍化，认为所有社会都存在互惠行为。即不是某一传统社会特有，现代社会也存在互惠行为，不同之处在于传统互惠行为更多发生在社会领域，而现代互惠也可以在政治—社会领域运用。一般而言，互惠主要发生在个人之间，比如亲戚、朋友、组织中的领导和下属等。有学者认为互惠是一种道德规范，但这种道德规范中也包含了利益性的因素。志愿组织中的互惠也基于利益性因素，如果将组织看成一个主体，而把个体看成是另外一个主体，那么在某种程度上他们之间的关系就可以看作是社会交换关系。当组织作为资源支配者，志愿者个人是资源极为有限的资源请托者，即需要获得资源的一方，一旦组织满足了志愿者个人的需求，志愿者将铭记于心。如果组织在某个时刻有需要，尽管志愿者作为个体所掌握的社会资源和社会关系极其有限，但志愿者将动用自己的一切力量，给予组织相应的回报。

科尔曼认为，在实践中认同的产生主要通过以下五种途径：①为使他人获利而行动；②提高自己的满足感；③共同感受具有相同结果的事件；④对他人的依赖；⑤授予他人控制权。他认为，除第三项外，行动者通过对他人的认同，获得满足。这意味着行动者在某种程度上把他人的利益当成自身利益。由此产生四种社会关系，分别被称为：互补、（根据权利而提出的）要求、权威和专注。从科尔曼的理论中可知，个体对组织的认同，其实就是作为组织成员的自己为一方行动者，而把组织看作进行交换的另一方行动者相互进行交换的结果。换言之，行动者从组织中看到了自己和组织所具有的共同性和相似性，这意味着他在某种程度上会把被认同者的利益当作是自身的利益。由于科尔曼理论中的利益概念较为宽泛，从这个意义上讲，社会交换的实质就是不同性质的利益在不同类型和不同层次行动者（组织也是一种行动者）之间的流动与交换。其目的都是这些行动者在交换中获得自己需要的利益。而人们的所有交换，都只有在相互表现于外的社会行动中才能得到体现。组织认同作为一种个体与组织进行资源交换的组织心理，必然也有外在的行为表现。

从社会交换的角度而言，组织认同是个体运用自己所拥有的资源与组织进行交换，从而使自己的需要得到满足的过程，也是个体通过组织认同获取更为广泛的社会资源，以使自我得以增强和扩张的过程。根据社会交换理论，个体与组织之间的交换不但有物质部分，还包含心理层面的，比如支持、信任、自尊和威望等。当个体的社会情绪需要得以满足，个体会产生有义务回报组织的想法，从而做出有利于组织的行为。如果志愿者在其所属组织中可以通过社会交换获得社会情绪需要的满足，这种满足就可以增强志愿者对组织的认同心理，进而促使志愿者产生组织认同的态度和行为。如表3-7所示，"为了累计志愿服务时长，我会参与更多的活动"，调查对象对该项的认同态度超过60%，说明大部分人对该观点表示同意，"累计志愿服务时长"是为了满足积分入户的物质性利益。"参与更多的活动"是志愿服务活动参与积极性与持续性的衡量，尽管该问题测量的并非情感利益，但也在某种程度上说明利益与志愿活动频率存在社会交换特征。

表3-7 为了累计志愿服务时长，我会参与更多的活动

	频率	有效百分比（%）
非常不同意	18	3.3
不同意	39	7.2
一般	136	25.1
同意	217	40.1
非常同意	131	24.2
总计	541	100.0

2. 组织认同情境下的非角色行为

从社会认定的观点看，组织认同是个体定义自我，从而归属组织的一种过程，它是个体和组织之间的联结与心理纽带。个体对组织的认同度越高，那么他（她）就会倾向于站在组织的角度去思考问题，或者做出某种有利于组织的行为，比如产生较多的合作行为或组织公民行为等。组织认同的认知和情感程度能够激发志愿者产生组织公民行为。人的组织内行为主要分为两种类型：组织角色行为和组织公民行为。在组织理论中，组织角色行为是基于角色责任实施的行为。[①]

在志愿活动中，志愿者完成救助他人的本职工作体现的是组织角色行为。而组织公民行为是对组织有益的非指定性行为。如果一个组织成员能够积极地与自己所在的组织产生内在的认同心理，他不仅会表现出组织正式规定的规范性行为，还会在组织中表现出较高的组织公民行为，这是一种积极的组织认同的外显性行为。这意味着志愿者不仅认真做好本职工作的分内之事，还通过各种方式自愿促进组织目标的实现。例如，向受助者传递自己的人文关怀，帮助其他同事共同完成志愿活动，心系志愿组织的整体荣誉。也就是说，组织成员能够主动地、积极地完成一种非角色规定的、但对组织有积极作用的事情。由于组织认同心理倾向性的存在，只要涉及和其所属志愿组织有关的事务，志愿者都会表现出一种积极的参与性行为，自觉、自愿地为这个组织做出有益的贡献，这样他所属的志愿组织群体便会在每一个志愿成员的共同努力下立于不败

---

① 葛建华，苏雪梅. 员工社会化、组织认同与组织公民行为：基于中国科技制造企业的实证研究［J］. 南开管理评论，2018（1）：42-49.

之地。如表3-8所示，"我愿意主动介绍别人参加志愿活动"选项的均值为4.07，说明大多数人对该观点持支持态度，"介绍别人参加志愿活动"可以说是志愿者本职工作之外的事情，但志愿者仍然愿意产生组织公民行为，主动为志愿组织谋利，体现了他们对其所属组织强烈的认同感。

表3-8　我愿意主动介绍别人参加志愿活动

	频率	有效百分比（%）
非常不同意	7	1.3
不同意	11	2.0
一般	93	17.2
同意	254	47.0
非常同意	175	32.4
总计	541	100.0

　　威尔逊（John Wilson）认为，志愿者行为是任何自愿地抽出时间来帮助另外一个个体、小组或者组织的行为；志愿者行为应该是一种出于自发动机而行动的前摄行为。他提出，志愿者也可以获得一些非物质性回报，比如社会地位提升等，因而志愿者的行为并不是完全被动的反应行为，而是选择理性作用下的行为，难以排除其个人的"回报"需求。佩纳（Louis A. Penner）认为，志愿者行为是一种长期而有计划的亲社会行为，尤其是对陌生人提供帮助，其具有四种明显的特征：长期性、计划性、非义务性与组织性。[①] 换言之，志愿行为不是临时性的行为，而是有计划的打算。持类似观点的还有奥莫托（Allen M. Omoto）、斯奈德（Mark Snyder），他们认为志愿者行为是一种社会行为，从事志愿活动可以在某种程度上扩大志愿者的社会网络规模。[②] 社会资本指普通公民的民间参与网络，以及在这种民间参与中所体现的互惠和信任的规范。假设社会资本是一笔启动资金，那么这笔资金的支付者就是各类志愿社团，作为

---

　　① PENNER. L. A. Dispositional and organizational influences on sustained volunteerism：an interactimist prspective［J］. Journal of social issues，2002，58（3）：447-467.

　　② OMOTO A. M，SNYDER M. Sustained helping without obligation：motivation，longevity of service and perceived attitude change among AIDS vlunteers［J］. Journal of personality and social psychology，1995，68：671-686.

横向性建构的志愿组织促进了社会资本的供给。徐佳丽认为志愿活动已经成为居民社区社会资本形成的土壤，"社区志愿活动一定程度上为社区志愿者扩展了社会关系网，增加了与邻里间的互动频次，提高了对普通居民的信任度"①。志愿组织在高信任的社会里普遍存在，自发性社群组织的规模、能力、效率等要素，共同组成了作为社会资本主要成分的信任。志愿组织有利于培养志愿者的合作与信任，一旦社会信任超越了血亲关系，将建立更大范围的信任网络，促进更为成熟的民主社会的形成。

3. 领导成员交换中的利益互通与关系建构

根据领导成员交换理论，领导与成员的关系会影响成员对自我的认知，从而对成员的工作态度和行为产生影响。有学者提出华人对自我认知的一个重要来源是其对人我关系的认知。个体对人我和谐关系的认知会影响他的自我评价，进而影响其工作态度和行为。所以，领导成员关系的质量对个体的自我概念的形成发挥着重要的作用。根据领导成员交换理论，在组织中，领导会根据自身的领导风格，与不同的下属建立起不同的关系。其中一部分个体被归为"内团体"，他们享受较多的权利和更好的待遇，获得更多帮助与支持；而另一部分个体被归为"外团体"，他们占用领导较少的时间，享受较少的优惠和福利。而个体也会采取某种方式来回馈上级领导对其的支持。如果被视为组织代理人的上级对下属非常冷漠，且不关心下属的权益，那么势必会影响下属的自我定义过程，从而不能产生对组织的归属与认同。蒂博（John W. Thibaut）和凯利（Harold H. Kelley）也曾指出，个体喜欢和组织中拥有较高地位的人（如上级领导或雇主）建立关系，主要是因为这种关系会"将领导的权威光环传递到他头上"，从而帮助其获得更高的地位和更大的支持，因为这能满足其自尊等社会情感的需要。这可能会进一步影响个体的自我定义过程，进而对组织认同产生影响。② 因而，领导与成员的关系在个体对组织的认同的形成及发展过程中可能起着十分重要的作用。

---

① 徐佳丽. 社区志愿者身份对居民社区社会资本的影响：基于上海×大型居住社区居民生活调查的数据分析 [J]. 美与时代（城市版），2016（3）：111 - 112.

② THIBAUT J W, KELLEYH H. The social psychology of groups [M]. New York：Weily, 1959.

七、对策：组织与个体的关系构建与情感连接

本文通过研究来穗务工青年在志愿服务参与中的动机、心理与行为，分析了影响来穗务工青年志愿者组织认同的因素。为了更好地引导与激励来穗务工青年志愿者参与志愿活动，推动其对志愿组织形成良好的认同感，促进社区志愿服务的良好发展，本文从志愿组织与志愿者个体之间的关系这一角度，对推进来穗务工青年在社区参与志愿服务活动提出相关建议。

（一）聚焦个体利益：软硬需求的关注与支持

组织团体对于个体情感需求的满足发挥着重要的作用，当个体的组织支持感较高时，个体和组织之间的认知是对等的，两者之间的关系也会比较融洽。志愿者是志愿组织最重要资源之一，因此，志愿组织应想方设法让志愿者感觉其志愿活动中奉献自我的行为获得了尊重，并且给予适当的帮助以使其有效完成志愿工作，这些对于促进志愿者的工作投入是不可缺少的。已有研究证明，在企事业单位中，组织支持与员工工作投入之间存在一定的相关性。切尼的研究也发现，个体会将组织的行动拟化成组织对他或她的承诺，从而将其和组织认同结合起来，个体希望组织能够给予其更多的回报。组织可以通过一些组织实践活动来培养和提升个体对组织的认同，例如重视个体对组织的贡献、保护个体的权益。志愿组织应当对青年志愿者的个人利益加以关注。在志愿组织中，由于组织成员来自不同的地方，职业、教育程度、工作能力水平等各方面综合素质参差不齐，对于志愿服务技能的掌握存在一定差距。既有刚刚接触公益的初学者，也有丰富实践经验的资深公益人；既有社工专业的大学生，也有企业主、教师、医生、律师、企业职员等不同的职业群体。服务对象构成的多样化，意味着需求的多样化，从而带来"众口难调"的问题，这对服务内容的设置、服务的提供形式及反馈考察方式都造成了一定的困难。因此，志愿组织要及时关注青年志愿者在志愿服务过程中的硬性需求，并动用组织的社会资源和社会关系，主动帮助青年志愿者解决技能方面急于实现的需求。积极寻求项目合作和孵化培育，增加在本地提供专业服务的支持型社会组织数量。例如，针对青年志愿者学习成长需求"众口难调"的问题，中山市打造了"创变荟"学习成长平台。"创变荟"是一个由爱创中心策划和运营的中山青年公益人学习成长

平台，它的理念是"陪伴学习、相伴成长"，根据不同学员的特点和需求设计不同的学习内容及采用不同的学习方式，并在这一过程中，为学员提供平台支持、伙伴支持和资金支持。此外，其与南都公益基金会开展"益次方——中国好公益平台"的合作，引进专业服务类的支持型社会组织的产品和服务。同时，通过举办公益创投活动，孵化培育一批中山本土的专业服务类的支持型社会组织。这些支持型社会组织的成立对于组织内部志愿者的发展大有裨益。

除此之外，志愿组织要重点关注青年志愿者个人的关系需求发展状况，加强对所属志愿者的引导和管理。由于来穗务工青年志愿者是广州市志愿服务组织的主力军，组织管理者应当主动关心这些青年志愿者参加志愿活动的动机和人际交往的需求，让这些加入志愿组织的青年能够在投身公益志愿活动的同时，扩大人际交往圈，充分发挥人与人交往的推动力，使组织活动达到更好的效果。志愿组织管理者应当在组织活动中考虑到志愿者的人际交往需求，通过线上线下等多种渠道扩大其社交关系网络。例如，与政府或其他社会组织合作，打造青年公益组织的公共空间，不定期举办培训、沙龙和论坛等活动。同时，适当采取物质和精神激励的方式，提高志愿者参与志愿服务的积极性。物质和精神需求的满足将换来组织成员的公民行为，对组织做出"回报"行为。

（二）构建组织声誉：内外传播机制的健全与动员

组织的内外部评价能影响成员对组织的认同。现有的大量研究表明，通常情况下组织声誉越高，员工对自己的成员身份更具自豪感，对组织的信任度、依赖感和归属感越强。相反，如果非营利组织的声誉不佳，社会认可度低，组织内部成员也会对其价值理念产生怀疑，使内部认同度下降。组织声誉是指与其他处于领导地位的竞争者相比较，组织过去的行为结果和将来的前景对其全部利益相关者的整体具有强大的吸引力。对于利益相关者群体而言，声誉反映了组织内所有部门的外部形象。对于组织成员来说，组织的声誉会显著影响组织成员对组织的认同，组织会满足组织成员受尊重的心理需要。因此，志愿组织应该致力于提升组织的整体声誉，通过满足志愿者的高层次心理需要增进志愿者对组织的认同感。组织的口碑以及受众对组织提供的服务的满意程度是组织评价的主要内容，公益组织的长久发展离不开群众的需求以及服务对象的满意。

为了提升自身的声誉度，志愿组织有必要发展和树立一种综合性的声誉管理理念，从志愿组织声誉产生的源头抓起，构建管理组织声誉的有效策略。组织声誉的构建是一项长期、艰巨的任务，需要志愿组织健全沟通机制，保障对内对外能够实现有效、畅通的沟通和交流。在组织内部，组织成员在志愿组织内的角色认知，是组织传播得以正常运转的前提。组织的正常运行依赖于组织内部信息的有序传播。志愿组织应通过与志愿成员的有效沟通，赢得志愿者对其所在组织的信任，进而提升其对组织的认同程度，对组织高度认同的志愿者，会自觉、自愿地成为组织与外界沟通的代表，作为组织声誉的扩音器，为组织发声，通过与外部利益相关者的沟通，增进利益相关者对组织的认同。对于组织外部的传播，需要注重组织文化的传播。组织文化既是组织内部传播的"人格"表现，也是组织对外展示的重要内容。人们往往通过组织文化的外显部分，即一切能表现组织文化的某种特质的物质形态或动作方式来理解组织文化的内涵。外显部分是组织文化的最直接的外在体现，它容易通过观察看出，但其代表的意义不容易清楚地界定，观察者往往难以理解某种现象所代表的文化内容和意义，在对意义的解读上存在巨大差异，有时甚至得出相反的意义理解。因此，志愿组织不仅要加强组织内部志愿者成员的交流与沟通，形成对组织文化、制度、行为方式、组织精神和价值观层面的共识，还应该增进其与政府、企业、媒体之间的沟通，营造志愿服务的良好公益氛围，通过举办论坛、沙龙、工作坊、公益读书会、参访交流等活动在社会网络中刷"存在感"，对外展示志愿组织的整体形象，增强志愿组织在公众心中的知名度。

（三）培养情感性关系：情感纽带的建立与维系

志愿组织是由许多作为志愿者的人构成的，身处志愿组织中的人必定会和组织中的其他成员建立种种关系，这些关系的好坏，以及志愿者成员对这种关系的适应程度，都会在一定程度上影响到志愿者对其所在组织的感受和评价。这是组织中的内部环境对组织认同带来的影响。志愿组织中形成的社会关系大体上可以分为工具性关系和情感性关系两种。工具性关系是基于即时性回报和收益，通过等价交换来进行人际交往的行为。对于极关注自身感受的来穗务工青年志愿者，当周围的领导、组织成员常常关注彼此之间建立关系会在短期内收获多少及时性回报和收益时，会让他们认为组织中的同事都是相互利用、没有感情的，因此逐渐消磨其对组织的期望和依赖，导致其工作状态不佳，降低志愿活动参与的持续性。因此，有必要让管理层与成员、成员与成员之间在工具性关系的基础上，通过组织内部的合作培养感情，在群体中增加情感性关系，建立情感连接。在志愿组织中，组织成员的人际关系是影响其成员组织认同的重要因素。组织领导与成员、成员与其他成员的关系越融洽，彼此间的交流与沟通越多，则越倾向于认同组织，通过融洽的内部交往和交流，成员能够对公益组织产生较强的归属感，这种归属感能够增强成员对于所在公益组织的认同。

作为处于社会环境中的人，志愿者成员在志愿组织中的参与活动显然离不开志愿组织内部关系的和谐与融洽，除此之外，一个有魅力的志愿组织领导人也是必不可少的。这意味着志愿组织中的管理人员也应当采取措施提升自己的人格魅力，掌握恰当的问题处理方式。首先，对于管理层与组织成员之间的相处方式而言，管理层要积极拓宽组织沟通渠道，使组织成员的意见和诉求能及时地向上传达，增进上下级之间的情感沟通，给有困难的志愿者提供关心和帮助。要通过加强管理者的思想道德教育和技能培训，提升管理者的整体素质，从而促进员工对组织的认同。其次，在志愿组织开展活动的过程中，加强成员之间的交流与合作，在成员之间形成亲密的伙伴关系。研究表明，礼数规范与离职倾向存在负相关关系，即礼数规范会削弱青年员工的离职倾向。礼数规范基于和谐的工作环境，员工感受到礼数规范越强，对组织的依附感则越强，这会提高青年员工的离职成本，更利于降低青年员工的离职倾向。从这个角度而言，在志愿活动开展中，管理层作为代表可以自觉培养人际交往的礼数规范，在组织合作中构建良好的工作氛围，增强志愿者对志愿组织的依附感，维持其志愿活动参与的持续性。

（四）强化价值认同：价值共识的引导与规定

组织文化作为志愿组织成员的共有价值体系，让其所在志愿组织具有区别于其他组织的独特性。唯有绝大多数员工都认同、遵守并信任组织文化，文化才能发挥应有的作用。对于企业界而言，员工是否认同企业的文化，可以作为企业文化建设成败的一项衡量标准。作为公益性的组织，志愿组织应强调自身是员工实现个人理想、社会责任感和社会使命的组织，并使志愿者的个体行为与集体行为保持一致，让志愿者的个人动机能够和社会理想相统一，这样才能促进志愿组织向高质量、高层次、有秩序的方向发展。尽管一个人的价值观在接触志愿组织之前早就形成了，但他加入志愿组织成为组织成员后，在组织生活中也同样受价值观的指引，他们对自己的组织工作和生活的看法实际上与自己的工作价值观密不可分，也在一定程度上受其影响。虽然一个组织的所有成员不可能实现价值观的完全一致，但对于某些基本问题都会形成最基本的价值共识。因此，志愿组织可以用组织所遵守的价值观对志愿者的观念和意识进行引导，通过行为实践让组织成员的价值规范与组织的价值观保持一致。一个组织要保持高度的凝聚力和战斗力，必须围绕一系列重要问题如组织目标和宗旨、组织规划、组织方针和政策等，在组织成员中形成普遍的共识。共识的形成本身就是一个组织内的传播互动过程，必然伴随着围绕特定问题的信息传达、说明、解释、讨论等各种形式的传播活动。

虽然志愿组织可以采取一定的措施引导组织成员形成统一的价值观，但前提是志愿组织应对其使命进行合理定位，在经营理念上展示出更多的社会责任心，使组织成员潜移默化地融入组织的文化，在潜意识中接受和认可组织的价值观，实现对组织的认同。而不是一味地宣传组织的价值观，强制组织成员接受，这种做法显然是缺乏智慧的。除此之外，志愿组织也应当强化组织自身的决策权威和正规化程度。良好的人力资源实践可以有效提升组织认同感，这体现在组织如何合理对待和处理志愿者和管理人员之间的互动关系。在当前大部分志愿组织较为业余的背景下，强调管理人员举措的正规化和制度化，有利于其活动的正当性，从而避免恶性的人际冲突，降低组织成员的离开倾向。例如，公开阐明对组织成员负责任的立场，保证组织各项决策的透明和及时传达。在与组织成员的正式沟通中，志愿组织应展现对待组织成员的真诚态度。

八、总结与思考

在志愿组织中，志愿者个体对其所属志愿组织的认同感，在一定程度上会影响到其志愿参与的成效，关系着志愿组织的持续性运行与发展。本研究主要从志愿组织与志愿者个体的关系角度出发，探讨了组织认同对来穗务工青年志愿服务参与的影响。为了深入考察、分析这一研究课题，本研究运用问卷调查法，通过与广仁社工组织、广州市来穗人员服务管理局等机构密切合作，在天河区前进街道、冼村街道、棠下街道等，参与社区宣传、庆典、街道巡访、来穗人员"融合大学堂"等活动，对社工、来穗务工青年志愿者的志愿参与意愿、态度和行为进行了相关调研。同时，以暖加公益组织作为研究案例，加入其微信群，通过体验式观察，了解志愿者个体在组织空间中的线上聊天内容，以此探索志愿者组织认同感的构成要素和建构路径。此外，以社会认同、社会交换和社会资本等社会学、管理学相关理论为依据，分析与阐释来穗务工青年在组织认同形成过程中的心理与行为表现。

研究发现，志愿者组织认同感的产生源于组织支持、组织声誉、组织文化等因素。在组织支持中，志愿者个体情感与关系需求的满足，对于组织认同感的产生发挥着重要作用；组织声誉作为志愿组织的无形资产，能够赋予志愿者个体身份资本，实现其自我扩张的需要，从而增加志愿者个体对组织的认同感；组织文化有利于促进志愿组织成员价值观的整合，在组织共同体的形成中不断滋生认同感。志愿者的组织认同包含着心理与行为双重表现，同时，在组织认同的驱动下，志愿者往往基于互惠性原则对志愿组织产生非角色行为，与志愿组织中的领导和成员建构持久的关系。研究得出，志愿组织应当采取多种方式激发志愿者的组织认同，促进来穗务工青年的志愿参与，包括聚焦个体利益，关注软硬需求；构建组织声誉，健全内外传播机制；培养情感性关系，建立与维系情感纽带；强化价值认同，引导价值共识等。

参考文献

［1］袁庆宏，丁刚，李珲. 知识型员工职业成长与离职意愿：组织认同和专业认同的调节作用［J］. 科学学与科学技术管理，2014，35（1）：155 - 164.

［2］尹奎，刘永仁. 职场排斥与员工离职倾向：组织认同与职业生涯韧性的作用［J］. 软科学，2013，27（4）：121 - 124，127.

［3］洪克森. 新生代员工工作价值观、组织认同对其产出的作用机制研究［D］. 武汉：武汉大学，2012.

［4］李燕萍，涂乙冬. 组织公民行为的价值取向研究［J］. 管理世界，2012（5）：1 - 7，61.

［5］王震，孙健敏. 人力资源管理实践、组织支持感与员工承诺和认同：一项跨层次研究［J］. 经济管理，2011，33（4）：80 - 86.

［6］何立，凌文辁. 领导风格对员工工作绩效的作用：组织认同和工作投入的影响［J］. 企业经济，2010（11）：65 - 68.

［7］唐春勇，潘妍. 领导情绪智力对员工组织认同、组织公民行为影响的跨层分析［J］. 南开管理评论，2010，13（4）：115 - 124.

［8］李锐. 职场排斥对员工职外绩效的影响：组织认同和工作投入的中介效应［J］. 管理科学，2010，23（3）：23 - 31.

［9］吴隆增，刘军，许浚. 职场排斥与员工组织公民行为：组织认同与集体主义倾

向的作用 [J]．南开管理评论，2010，13（3）：36－44．

［10］黄爱和．志愿者的组织认同研究 [D]．广州：暨南大学，2015．

［11］张戟晖，张玉婷，李勇．青年志愿者组织管理层离职倾向及其影响因素 [J]．中国青年研究，2015（12）：38－43．

［12］康可．对我国志愿者团队管理过程中认同问题的几点思考：以青岛世园会为例 [J]．知识经济，2015（24）：147－148．

［13］王静．社会组织认同及其提升路径研究 [D]．南京：南京师范大学，2015．

［14］冯敏红．青年志愿者组织认同影响因素研究：以广州公益组织为例 [J]．青年探索，2015（2）：45－51．

［15］陈天祥，周珺．志愿者工作投入的组织影响因素研究：基于广州启智队的问卷调查 [J]．武汉大学学报（哲学社会科学版），2012，65（2）：33－40．

［16］李硕．北京市非营利组织志愿者动机研究 [D]．北京：中国青年政治学院，2010．

［17］秦志华，傅升，蒋诚潇．基于领导—成员交换视角的组织公平与组织认同关系研究 [J]．商业经济与管理，2010（2）：37－43．

［18］葛建华，苏雪梅．员工社会化、组织认同与组织公民行为：基于中国科技制造企业的实证研究 [J]．南开管理评论，2010，13（1）：42－49．

［19］沈伊默，袁登华，张华，等．两种社会交换对组织公民行为的影响：组织认同和自尊需要的不同作用 [J]．心理学报，2009，41（12）：1215－1227．

［20］孙健敏，姜铠丰．中国背景下组织认同的结构：一项探索性研究 [J]．社会学研究，2009，24（1）：184－216，246．

［21］王彦斌．西方组织认同感理论研究综述 [J]．思想战线，2006（6）：1－6．

［22］陈致中，张德．中国背景下的组织文化认同度模型建构 [J]．科学学与科学技术管理，2009，30（12）：64－69．

［23］魏钧，陈中原，张勉．组织认同的基础理论、测量及相关变量 [J]．心理科学进展，2007（6）：948－955．

［24］胡勇．以社区教育助推来穗务工人员社会融入：三元里社区大学的实践分析 [J]．广州城市职业学院学报，2018，12（4）：69－74．

［25］张冉．国外慈善组织声誉建设成功实践探析：基于政府实施的视角 [J]．兰州学刊，2014（12）：145－152．

［26］李燕萍，徐嘉．基于组织认同中介作用的集体主义对工作幸福感的多层次影响研究 [J]．管理学报，2014，11（2）：198－205．

前置性承诺与后置性强制：
政府激励机制对来穗务工青年志愿参与的影响研究

唐　淑

　　志愿服务的发展程度关系到社会文明，是社会主义现代化建设中至关重要的一环。广州，简称穗，是广东省省会、国家中心城市、国际商贸中心、首批沿海开放城市之一。改革开放后，广州因其得天独厚的地理位置优势得到大批外来务工人员的青睐，在推动广州社会发展的同时，也带来一系列城市化治理问题。在推动社会主义文明建设，加强外来人员的本地融入进程中，社会志愿服务给广州这座城市带来的积极意义不言而喻。

一、绪论

　　当我们谈到人口流动时，总是会想到北上广这样的大都市，城市的快速发展为外来务工人员提供了大量的就业机会。根据统计，2018 年广州市的流动人口有 967.33 万，位居全国第二。其中青年所占的比例颇大，他们给广州经济带来活力，承担着城市建设的重任。

　　广州市地处珠江三角洲、粤港澳大湾区，是泛珠江三角洲的经济核心城市、"一带一路"的枢纽城市，也是中国通往世界的南大门。20 世纪 80 年代来，广州成为改革开放的前沿阵地和与西方经济、科技、文化交流的窗口，取得了骄人的成绩。各种工业园区的成立吸引了各方投资者来广州投资办厂、经商，全球化贸易为这座城市和生活在这里的人们带来了制造业、建筑业、运输业、化工业等各种行业的就业机会。一方面，广州的地理位置优势吸引着大量来自全国各地乃至全世界的人们驻足于此，满足他们的物质需求和精神文化需求；另一方面，汇聚于此的来穗务工青年也反哺并推动着广州经济发展，形成良性互动。当外来务工青年这一群体达到一定规模时，他们在城市的生活、工作状况也将影响整个城市的发展。作为城市化建设的主力军，个体也必然经历着从满足基本的生存空间和生存技能需求，到实现更高层次的人生价值和社会价值的需求。这便要求城市管理者——政府扮演好自身角色，为外来务工人员的社会融入提供多种途径，根据不同群体的社会需求，做到"不缺位、不越位"，从而帮助实现该群体社会角色、生活方式和价值观念的转变。

（一）选题背景

（1）来穗人口日益庞大，来穗务工青年为主要迁移人口。据广州市统计局公布最新数据显示，2019 年末广州市常住人口 1 530.59 万人，城镇化率为86.46%。对比 2018 年末的 1 490.44 万来看，2019 年广州常住人口增加了约40.15 万人，广州人口增加动力依旧强劲。具体来看，2019 年广州户籍迁入人口 21.05 万人，迁出人口 4.30 万人。随着中国经济的发展，越来越多的人走出乡村，为生活打拼奋斗着。外来务工青年无疑成为人口大迁移的主力军，很多城市正是因为有了这些年轻人的到来，逐渐繁荣发达起来。因此，对外来务工青年这一群体的研究颇具价值。

（2）广州幸福指数高，居民社会融入度相对高。作为与北京、上海齐名的一线城市，广州成为大量外来务工青年的首选之地。中央广播电视总台《中国经济生活大调查》发布了 2018—2019 年度美好生活指数最高的 10 个省会城市和直辖市榜单，其中广州是唯一一个上榜的一线城市。

不难发现，广州居民在个人生活和工作、公共服务、社会治理等方面的满意度颇高，当地政府在提升广州百姓的获得感、安全感、幸福感这三个层面也做出了一定程度的努力。

如上所述，人口迁移量如此之大，且城镇化率为86.38%的广州市，作为迁入者的栖息地，不仅得益于广州市得天独厚的地理位置，其相关的社会融入政策也较完善，且深得民心。广州市人口政策、人才吸引政策的大力实施和日益完善，尤其是作为重要配套政策的入户政策的放宽和优化，也为人才引进、群体融合创造了客观条件。如若只是提供就业机会，而不能很好地安抚这一群体留下来，社会融合只是很低层次的。志愿者是促进群体交流、增强地域认同感和责任感的黏合剂。来穗务工青年作为迁移的主力军，该群体的志愿活动一定程度上能更好地促进社会大融合。

（3）政府激励机制愈发成为服务、管理来穗人口的重要措施。政府激励机制是指激励主体运用多种激励手段，遵循一定激励原则，使之规范化和相对固定化，与激励客体相互作用、相互制约的结构方式、关系及规律的总和。正常情况下，居民的日常生活处于相对平稳的状态，其物质和精神文化需求可以从市场这只"看不见的手"获得满足。但当需要集中力量做大事时，便需要政府发挥其社会管理者的角色。在志愿服务方面，我国没有既定的法律条文或相关规定强制公民必须参与志愿活动，但志愿服务作为社会黏合剂占据愈来愈重要的地位。政府有必要使用一定的激励手段，通过政府的作用力，聚合来自不同群体乃至不同地域群体，发挥其积极性，推动社会稳定前进。比如，2008 年汶川地震、2008 年北京奥运会、2010 年广州亚运会、2020 年初新冠肺炎疫情期间的志愿服务为我国社会治理发挥了不容小觑的作用。政府激励机制是一种不同于民间自发形成的力量和机制，通过营造良好的运行环境优化政府激励效果。一方面，政府激励机制的良性运行，通过采取积极的相关政策和措施推动社会融合；另一方面，对于个体而言，激励机制作为外部环境可以促成个体对志愿活动、志愿行为的认知，进而促使志愿行为的产生。在这个意义上，政府激励机制深化着个体对于志愿活动的认知，同时用行动撒播"真善美"的种子。

（二）选题意义

2019 年 1 月 29 日，由国家卫生健康委流动人口服务中心等发布的《流动人口社会融合蓝皮书：中国城市流动人口社会融合评估报告 No.1》指出，2018 年广州市的流动人口有 967.33 万，位居全国第二，仅次于上海。庞大的流动人口，对于广州社会的治理提出新的挑战。但不容忽视的是，在参与城市文明共建的过程中，来穗务工青年不仅是经济财富的受益者，也应当是友好社区文明和文化的建设者。在这个过程中，志愿服务活动通过为他人提供社会帮助或服务，加强了广州人和"新广州人"的友好互动，让来穗务工青年产生归属感和认同感，推动社会融合的同时，也提升着广州的城市形象。

1. 理论意义

城市化是人类社会现代城市演进的历史过程，伴随着现代工业社会的发展和繁荣。当一个国家或地区的社会生产力和科技水平发展到一定程度，产业结构也会进行调整，例如以农业为主的生产向以工业和服务业等非农业生产转变，即第一产业向第二、第三产业转型。从农村流向广州的来穗务工青年这一群体既在城市建设中谋求生存，也为广州社会发展和精神文明建设添砖加瓦。城市化水平作为经济发展的一大动力被社会学、人口学、经济学等不同学科的学者们广泛关注，那么，为城市发展做贡献的来穗务工青年理应成为重点关注对象并加以研究。社会向前发展，但最根本的发展动力皆源于人。来穗务工青年是广州工业化和城市化进程的重要因素，也是广州走向现代化和国际化的重要组成部分。在城乡分割的二元体制下探讨来穗务工青年的社会融入，以期为外来务工人员的城市融入问题建言献策，既能发挥该群体在社会主义建设中的先锋作用，又符合"以人为本"的科学发展理念。

国内学术界对来穗务工青年和青年志愿服务的研究已经有了一定的成果，但将两者结合作为研究对象的研究屈指可数。且这些研究主要是各地的发展情况介绍和理论探讨，偏重宏观层面，从微观层面角度进行分析的研究较少，缺乏结合理论视角、采用定量分析方法的研究。

本文将来穗务工青年作为研究对象，侧重研究这一群体在融入广州当地生活的过程中的志愿服务活动的参与现状，尝试运用激励理论来分析青年志愿服务，以丰富目前的青年志愿服务理论体系，弥补来穗务工青年和青年志愿服务研究的不足，为广州地区更好地开展志愿服务提供理论支持。

2. 现实意义

在现代化进程中，城市和乡村的差异日益明显，作为一线城市的广州所提供的就业机会和完善的基础设施成为有形的"拉力"，吸引着庞大的农村人口来广州，甚至定居广州。乡村的"不便利""落后""贫困"成为青年群体背井离乡，进入城市谋生存、图发展的强大"推力"。在这一推一拉之下，大量人口涌入广州，随之而来的社会问题也暴露出来。因此，本文对来穗务工青年的志愿服务调查和分析，以社会融入为背景，着重分析志愿服务过程中的两个主体——志愿者和政府的互动关系，探究政府如何激励才能优化来穗务工青年志愿参与和服务效果。

对青年参与志愿服务进行研究，发现和总结问题，并根据问题提出完善志愿服务的对策建议，有助于加强社区志愿服务的建设与管理，建立起规范化的服务机制，保障服务的稳定性与可持续性。通过促进来穗务工青年参与志愿服务的积极性，提高来穗务工青年的志愿服务水平，体现志愿服务的积极作用，推动社会治理。

二、研究综述

（一）来穗务工青年相关研究综述

1. 来穗务工青年

由于人口户籍制度的不同，国外虽然也有外来务工这种现象，但不是社会的主流，更为常见的是移民。因此，国外多数的研究集中在了对移民和城市化对人的社会心理和行为影响的分析上：一部分是以国际移民为研究对象；另一部分则是对国内移民与城市化的研究。

在对国际移民的研究中，学者们发现：与当地人相比，移民人群由于沟通障碍、社会关系和地位的欠缺，以及文化差异等因素，往往在社会心理上存在高度的隔离感。

对国内移民与城市化的研究是国外移民研究的重心所在。早在 19 世纪下半期，古典社会学家滕尼斯（Ferdinand Tönnies）和涂尔干等人以城乡社会对比的方式，从宏观层面揭示了城乡生活方式的不同特点，提出了"礼俗社会"与"法理社会"、"机械团结"和"有机团结"。① 齐美尔（Georg Simmel）从社会心理层面把握城市生活方式的特点，把城市看作是一个以"精神生活"的新方式与现代文化相互交错的网络群体构成的场所。② 韦伯（Max Weber）则强调城市生活方式包含的复杂社会关系和社会组织。哈帕斯（Trudy Harpham）在调查了发达国家的城市化对人的心理健康的影响后指出，城市化使人的社会支持和生活事件发生变化，从而影响人的心理健康，主要表现在压抑和焦虑上。③ 在圣迪奥尼（Mohammed F. EI Sendiony）等对由农村移居到大都市（开罗）者的心理分析和对外地劳工的心理研究中，都指出了抑郁症是其存在的主要心理问题，这些不良的社会情绪对整个社会造成的负面影响将不利于城市化和现代化进程。

---

① 科塞. 社会冲突的功能 [M]. 孙立评，等译. 北京：华夏出版社，1989.

② 柯兰君，李汉林. 都市里的村民：中国大城市的流动人口 [M]. 北京：中央编译出版社，2001.

③ 王旭，黄柯可. 城市社会的变迁：中美城市化及其比较 [M]. 北京：中国社会科学出版社，1998.

在国内，汪勇认为外来务工青年融入城市面对着生存困难、发展阻力、权益保障缺乏等问题。[①] 张时玲通过调查发现，外来务工的自身素质和"过客"心理在很大程度上制约着其城市融入。[②] 李强认为，以户籍管理制度为标志的城乡分割制度是农民流动的最大制度成本和城市化及城市融入的最大障碍。[③] 任远、邬民乐指出，在城市现有的制度安排下，流动人口面对的是一系列有别于城市居民的制度，如就业制度、社会保障制度、医疗制度、教育制度等。[④] 聂洪辉提出，要给外来务工青年以平等的公民待遇从而促进他们融入城市社会，最重要的是消除对外来务工青年的制度性歧视。[⑤] 这些对外来务工青年的歧视性制度主要包括户籍制度、就业制度和社会保障制度等。户籍制度和建立在户籍之上的城市的各种制度构成了流动人口融入城市社会的制度性障碍（或制度排斥），学界对此已基本形成共识。

随着城市化进程的加快，外来务工人员的健康问题越来越受到人们关注。目前，国内学者关于我国外来务工人员健康影响因素的研究主要集中在收入水平、居住条件与工作环境三方面。[⑥] 部分学者还探讨教育、社会资本、保障模式与家庭负担系数等因素对外来务工人员健康状况的影响。例如，黄乾研究教育与社会资本对外来务工人员健康状况的影响；[⑦] 龚晶、孙素芬探讨不同保障模式对外来务工人员健康状况的影响；[⑧] 李珍珍、陈琳分析家庭负担系数对外来务工人员健康状况的影响。[⑨]

2. 社会融入

移民的适应与融入一直是学者们研究的主题。国外学者围绕移民社会融入

① 汪勇. 青年农民工融入城市之困境探析 [J]. 内蒙古社会科学（汉文版），2008 (3)：119 - 122.

② 张时玲. 农民工和城市社会的关系分析 [J]. 黄冈师范学院学报，2006 (2)：28 - 32, 92.

③ 李强. 我国城市农民工的劳动力市场 [J]. 大连民族学院学报，2000 (3)：47 - 54.

④ 任远，邬民乐. 城市流动人口的社会融合：文献述评 [J]. 人口研究，2006 (3)：87 - 94.

⑤ 聂洪辉. 农民工对城市认同感的缺失探析 [J]. 内蒙古农业大学学报（社会科学版），2006 (1)：121 - 123.

⑥ 刘俊哲，李玉双. 外来务工人员健康影响因素的文献综述 [J]. 商，2015 (39)：94.

⑦ 黄乾. 教育与社会资本对城市农民工健康的影响研究 [J]. 人口与经济，2010 (2)：71 - 75.

⑧ 龚晶，孙素芬. 保障模式影响农民工的身心健康吗：基于对在京农民工的调查 [J]. 农业经济问题，2014 (9)：55 - 61.

⑨ 李珍珍，陈琳. 农民工健康状况影响因素分析 [J]. 南方人口，2010 (4)：10 - 17.

的策略、移入城市的包容性、移民社会融入的影响因素、国际移民的理论取向
等方面进行了深入的理论和实证研究，筛选国外关于移民社会融入理论和实证
研究方面有代表性的观点综述如下。

在社会融入含义及维度研究方面，克罗福德（Cameron Crawford）认为，社
会融入包含两个方面，一方面是行动者在生活区能够享受到平等、关爱和尊重；
另一方面是行动者能够建立互相信任、赏识、尊重的社会联系，无论是在家庭、
朋友圈还是在生活区。① 伯查特（Tania Burchardt）等对社会融入的另一种结
果——社会排斥进行了界定，它是指个体虽然生活在某一社区，但是他（她）
因缺乏社会活动的参与而处在被排斥的境地。社会排斥存在于生产、消费、政
治、社会交往等场域。② 在跨国移民和弱势群体的研究中，戈登（Milton
Gordon）主张从文化接触、结构性同化、通婚、族群认同、偏见、歧视、价值
和权力冲突等维度对族裔成员的社会融入情况进行测量。③

在社会融入策略的研究方面，研究者提出了资源动员策略、平衡策略两种
融入策略。赫尔兹（Marcus Herz）等认为移民居住在欧洲的过程是一个处理融
入和排斥的过程。在这一过程中产生了新的社会联系、处理偏见的策略和新的
认同。为了抵消社会排斥，青年移民动员了各种不同资源。④ 斯图尔特（Jaimee
Stuart）等认为，年轻穆斯林追求在个人、社会、物质和宗教领域的成功。他们
试图在家人、朋友、穆斯林社区对他们的要求和主流社会对他们的要求之间寻
求平衡。同时，他们在多种身份认同中寻求平衡，既要保持本民族的传统宗教
文化元素，又要融入主流社会。⑤

在我国，作为非移民国家，跨国移居者的进入，为我国社会治理和人口管
理带来了新的时代课题，引起了国内学者的广泛关注。

在社会融入的维度划分方面，有两种代表性的观点。梁波等认为迁移者的

---

① CRAWFORD C. Towards a common approach thinking about and measuring social inclusion
[M]. [S. I.] Roeher Institute, 2003.

② BURCHARDT T, GRAND J L, PIACHAUD D. Social exclusion in Britain 1991—1995
[J]. Social policy and administration, 1999, 33 (3): 227 - 244.

③ GORDON M. Assimilation in American life: the role of race, religion, and national origins
[M]. New York: Oxford University Press, 1964.

④ HERZ M, JOHANSSON T. The experience of being stopped: young immigrants, social
exclusion and strategies [J]. Young, 2012 (2): 157 - 176.

⑤ STUART J, WARD C. A question of balance: exploring the acculturation, integration and
adaptation of Muslim immigrant youth [J]. Psychosocial intervention, 2011, 20 (3).

社会融入有三个分析视角，经济、社会（文化）和政治；在移民融入的归因解释上，人力资本、社会资本与政策制度的解释范式提供了三种主要的理论解释。[①] 杨菊华则认为移民的社会融入应当囊括经济、文化、行为、身份四个角度；以移民在经济、文化、行为、身份等方面的适应程度，衡量流动人口的融入产生的隔离、多元、融入、选择、融合五种结果。[②] 这四个维度下辖就业机会、居住环境、教育培训、人际交往、职业声望、生活习惯、婚育行为、收入水平、人文举止、社区参与、工作环境、价值观念、人文理念、心理距离、身份认同、社会保障共十六个指标，每个指标之下有变量若干。[③]

在社会融入特点方面，学者们一致认为在华非洲商人、广州韩国人、义乌阿拉伯人、中非伴侣及其混血子女的社会融入具有浅层融入、深度区隔、区隔中融入等特点。

许涛认为绝大多数在华非洲商人还处在社会适应的较低层次，他们关注的重心在于谋求在中国的生意和生存，对身份接受和身份认同并不关注。性别、受教育程度和收入对社会适应产生直接的影响。非洲商人在中国的适应随着时间的变化呈现 U 形，其获取的社会支持越多，对他们在中国的适应越有利，中国的签证制度、社会歧视和文化差异均对其在中国的适应情况产生显著的影响。[④] 周大鸣认为，深度区隔是广州韩国人文化适应的核心，完备的韩国文化生态使广州韩国人具备深度区隔的社会环境，缘分主义的圈子构成了他们深度区隔的组织基础，中国朝鲜族与韩国人的经济互补为韩国人隔离于主流社会提供了可能。[⑤] 广州韩国人不打算居住在中国，他们一般采取临时适应策略，而不是文化融入策略。

综上所述，国外研究者提出的一些理论观点，是基于西方移民国家的现实问题进行的理论、实证研究，其理论的启发性和有效性并不仅仅局限于西方社会，对研究来自全球各地的现居中国的跨国移居者问题同样具有重要的借鉴意义。比如社会融入与社会参与的关系，跨国移民的社会融入程度高低是否有城

---

①　梁波，王海英. 国外移民社会融入研究综述 [J]. 甘肃行政学院学报，2010（2）：18 – 29.

②　杨菊华. 从隔离、选择融入到融合：流动人口社会融入问题的理论思考 [J]. 人口研究，2009（1）：17 – 30.

③　杨菊华. 流动人口在流入地社会融入的指标体系 [J]. 人口与经济，2010（2）：64 – 71.

④　许涛. 在华非洲商人社会适应研究 [M]. 杭州：浙江人民出版社，2013：316.

⑤　周大鸣，杨小柳. 浅层融入与深度区隔：广州韩国人的文化适应 [J]. 民族研究，2014（2）：51 – 62.

市间差异，移民在社会融入过程中平衡策略的表现有哪些，影响移民社会融入的因素有哪些，移民与本地居民的冲突是否普遍存在，测量族群社会融合的七个维度是否合理，移入国与移出国之间是否存在纽带，历史—结构主义理论和移民系统理论能否解释中国的跨国人口流动现象，"多元文化主义"政策是否适用于中国的跨国流动人口治理。国内学者对社会融入的研究既有宏观、中观层面的理论研究，也有深入实证研究的精品。无论是对社会融入指标体系的建构、族裔经济作用研究的分歧、社会融入特征的归纳，还是对地方响应、深度区隔、浅层融合、移民业等概念的提出，都在提示以后的研究者更加注重细节，以更广的理论视角研究跨国现象，通过投身于深描民族志的局内观察与书写，把根据田野工作而且包含本土话语的地方知识呈现出来。

（二）志愿服务与政府行为相关研究综述

1. 政府行为

研究政府行为，首先要明确政府的概念。政府概念历来有狭义和广义之分，狭义的政府仅指国家权力机关中行使行政权力的那部分政权机构，即行政机关；广义的政府是指立法机关、行政机关和司法机关的总和。就广义而言，目前主要在三种不同的含义上使用政府概念：①国家机构的总体、总和，或者说等于人们常说的"当局"；②政府等于国家机构的总体与执政党之和，在政党政治的含义上，政府和执政党是一体的；③在一些全民信教的国家，政府等于国家机构与宗教领袖集团之和。本文所要论述的志愿服务发展中的政府行为是一个比较宽泛的概念，就其中的政府概念而言，适用于广义概念，不局限于行政机关，还包括执政党和国家权力机关。关于政府行为，学术界没有明确的定义，往往将它与政府角色、政府作用混用。陈振明在研究了现代市场经济国家处理政府与市场、企业和社会的关系问题之后，将政府的作用或行为模式概括为五种角色：公共物品的提供者、宏观经济的调控者、外在效应的消除者、收入及财产的再分配者和市场秩序的维护者。① 刘丹和傅治平认为，政府行为应该包括三方面含义②：首先，政府行为是"政府的人格化行程"。政府行为中会带有一定的主观因素，作为行为的主体——政府，应该努力在行为中完善自己的

---

① 陈振明. 公共管理学原理 [M]. 北京：中国人民大学出版社，2003：162.
② 刘丹，傅治平. 政府行为论 [M]. 长沙：湖南人民出版社，1998：3 – 17.

"人格"，使政府行为能够适应现代社会的飞跃发展，能够最大限度地代表全民的意志和愿望，在这点含义上，等同于政府角色。其次，政府行为是"政府职能的动态反映"。政府社会职能的变化，是通过政府对社会管理的行为方式表现出来的，因此，对政府行为的研究应做动态的分析。政府行为的调整，是因为政府职能转变，是为了适应社会发展规律。再次，政府行为是"到达政府目标的必由之路"。政府的目标是实现公共利益，政府管理社会公共事务、制定各项社会政策的行为正是为了实现这一目标而做的努力，要实现公共利益，政府必须有所作为。还有学者阐述得更具体，他们认为政府行为是指政府在一定时期内为实现国家利益和社会发展而采取的一系列活动形式和具体行动的过程，它包括指导行为、组织行为、协调行为、服务行为和控制行为，实现手段主要包括行政手段、经济手段、法律手段和思想教育手段。政府行为是整个政府职能体系的基本组成部分，它的全过程和诸环节活动都是政府职能的具体体现。[①]

综上所述，本文研究的政府行为，主要是指广义上的政府为履行社会管理职能、实现公共利益目标而采取的行动。

笔者认为，政府角色是从宏观角度给政府定位，即在社会发展中政府是什么身份、充当什么角色。政府作用更侧重于政府的功用和存在意义，政府行为则注重强调政府的具体作为，常用来表述政府在某一特定环境中的具体行为和职能。因此，本文采用"政府行为"的表述来研究志愿服务领域的具体政府行为。

2. 志愿服务中的政府行为

志愿服务中的政府行为是指广义上的政府为实现社会公共利益，在社会志愿服务中的具体职能和作为。从世界范围来看，政府对志愿服务实施指导和监管的各种具体的行为和过程，都体现着其对志愿服务实施管理的整体职能。

(三) 相关理论

1. 公民社会与善治理论

西方公民社会理论形成和流行于17—18世纪上半叶，在20世纪80年代再度复兴，20世纪90年代以来持续升温。公民社会是指"个人或团体按照自愿

---

① 于燕燕. 社区自治与政府职能的转变 [M]. 北京：中国社会出版社，2005：217 - 221.

与契约原则活动，从而建立起来的与国家相对的非政治的领域"①。关于公民社会与国家的关系，学术界有两种不同的看法：一种看法认为公民社会是作为制衡国家权力的力量之一而存在的，其主要职能是对国家的监督、制约、限制、平衡，甚至对抗；另一种看法则更多地强调两者关系的积极性或正相关性，即公民社会与国家共生共强，公民社会参与国家政治事务，国家对公民社会进行监护、规范、管理和调适。志愿服务属于公民社会领域，志愿组织等非政府组织作为公民社会的活动主体之一，在参与志愿服务中应与政府形成和谐互动，而非竞争或对抗关系。

善治，就是使公共利益最大化的社会管理过程。善治的本质特征在于政府与公民对公共生活的合作管理。这是政治国家与公民社会的一种新型关系，是两者的最佳状态。② 善治的基本要素或内在要求包括合法性、透明性、责任性、法治、回应、有效性、参与、稳定性、廉洁、公正。善治离不开政府和公民组织的作用，公民组织的发展促进善治形成。政府只有在治理过程中增强对志愿服务发展的责任和回应，才有利于善治的形成。

2. 激励理论

激励理论是关于如何满足人的各种需要、调动人的积极性的原则和方法的概括总结。激励是心理学的术语，从心理学角度来看，是指激发人的行为的过程，通过各种客观因素的刺激，增强人的心理驱动力，把外部刺激内化为个人自觉的行为，充分发挥个人潜力，从而实现组织目标。③ 从管理学角度来看，激励是指管理者运用管理手段，刺激被管理者的需要，激发其动机，使其自觉实现目标的过程，激励的最主要作用是通过动机的激发，调动被管理者的积极性和创造性。④ 国外学者对激励问题已经有了非常深入的研究，建立起了成熟的理论体系。

期望理论是激励理论中的重要理论之一，该理论认为激励力与个人期望和效价成正比，如下式所列：

$$M\ (\text{motivation})\ =E\ (\text{expectation})\ \times V\ (\text{valuation})$$

----

① 庞金友. 现代西方国家社会关系理论［M］. 北京：中国政法大学出版社，2006：217.

② 俞可平. 治理与善治［M］. 北京：社会科学文献出版社，2000：10.

③ 范逢春. 管理心理学［M］. 北京：中国人民大学出版社，2013：86.

④ 赵玉田等. 管理学原理［M］. 北京：科学出版社，2014：145.

其中：M 表示激励力，指直接推动人采取某一行动的内驱力，它反映了调动个体积极性、激发个体潜力的强度；E 表示期望值，指达成目标并能导致某种结果的概率，是个体对某一行为导致特定成果的可能性或概率的估计与判断，且这个判断是根据以往经验做出的主观判断；V 表示目标效价，指达成目标后该目标对于满足个体需要的价值大小，它反映了个体对某一成果或奖酬的重视程度与渴望程度。它们之间的逻辑关系如图 4-1 所示。

个人努力　个人绩效　组织奖励　个人目标

图 4-1　简化的期望理论模型

由此可推出：①努力与绩效的联系。这是指个体通过一定程度的努力而达到工作绩效可能性，其中努力程度取决于达到绩效目标的概率。②绩效与奖赏的联系。这是指个体对于达到一定工作绩效后即可获得奖赏结果的信任程度。③价值（吸引力）。价值是指工作完成后所获得的潜在结果或奖赏对个体的重要程度。价值的确认与个体的目标和需要有关，个体价值判断的不同会使奖励的作用呈现差异。①

综上所述，期望理论可分为紧密相连的四个步骤：①制定目标。制定的目标既要遵照组织安排，又要符合个体自身特点。②个人努力。在目标的指引下努力工作（服务），成功过渡到下一步。③取得成绩。个人努力后取得的成绩既是对努力的回应，也是对目标的反馈。④组织奖励。在个人取得成绩后进行及时奖励，满足个体需求，以肯定个人进步和实现个体目标。

3. 志愿失灵理论

基于一种假设（非政府组织是完全独立于市场和政府之外的，其与政府之间相互排斥、相互竞争），公民社会领域中的非政府组织等志愿部门往往被视为政府和市场失灵后的辅助性衍生物。但是，志愿部门本身也存在局限性，表现在：资金来源中的慈善供给不足、服务活动的特殊性、非独立性（家长式作

---

① 范黎惠，赵守飞. 大学生参与社区志愿服务动机分析 [J]. 安顺学院学报，2018（3）：81-84.

风）、业余主义等。① 萨拉蒙（Lester M. Salamon）认为，志愿失灵恰好证明了志愿部门与政府之间不是相互排斥、相互竞争的关系，而是相互依赖的。志愿部门利用自己的优点弥补政府失灵的不足，而政府也能够通过立法、放权、资金动员等方式克服志愿部门的缺陷。两者的委托合作关系可以使双方发挥各自的优势，扬长避短，达到"1 + 1 > 2"的效果，从而解决志愿失灵问题。本文的主题正是对我国志愿服务中的政府行为进行研究，从而找到解决志愿失灵、促进公民社会发展、实现善治的合理有效的政府行为路径。

4. 政府与非政府组织的关系理论

政府与非政府组织（NGO）的关系理论认为，政府与非政府组织具有四种基本关系模式：政府支配模式、第三部门支配模式、双重模式和合作模式。政府支配模式又称政府主导模式，是指政府在资金筹集和提供服务方面占据支配地位，政府通过税收筹集资金，并由政府雇员来提供服务；第三部门支配模式是指出于复杂原因，志愿组织在筹集资金和提供服务方面占据支配地位，政府支配模式和第三部门支配模式分别处于政府与非政府组织关系模式的两极；双重模式是一种介于政府支配模式和第三部门支配模式之间的混合模式，政府与非政府组织都局限于各自界定的领域进行资金的筹集和服务的提供。目前最为流行的是合作模式，政府负责筹集资金，而由非政府组织提供具体的公共服务，二者是合作的关系。

三、研究内容与研究方法

本文以问卷调查法为主要研究方法，其因有二。一是因为广州市在服务管理来穗务工青年志愿活动的过程中，进行了不少走在全国前列的探索，积累了一些较为典型的实践经验。此外，广州市的政务公开信息化程度较高，收集相关权威数据资料较为便捷，为案例研究提供了较为有利的条件。二是因为调研来穗务工青年志愿活动参与情况最科学、高效的方式就是抽样调查。通过设计问卷来反映大家的参与现状，从而为政府制定相关政策提供决策基础。

根据日常工作过程中掌握的相关情况，本文选取来穗务工青年服务管理相

---

① 任金秋，刘伟. 我国非政府组织志愿失灵问题探讨 [J]. 内蒙古大学学报（哲学社会科学版），2008（2）：44 - 48.

关情况进行调查研究分析。

一方面，以实证研究的方式对来穗务工青年中参加了志愿活动的群体进行问卷调查，整体了解该群体融入广州社会的概况，为评估相关状况、进行政策倡导提供客观依据，可保证研究具有代表性和可信度；另一方面，通过调查问卷等定量研究方法，深入了解来穗务工青年在志愿活动过程中与政府激励机制实践的有关状况和关联度，使研究具有一定的深度，增强研究的效度，以保证研究的科学性和可操作性。

四、来穗务工青年志愿服务的相关概念及特征

（一）志愿服务的概念

志愿行为的存在由来已久，而对于志愿服务的研究则起步较晚。我国对志愿服务的研究尚未形成一门理论，田军在其编写的教材《志愿服务理论与实践》中尝试性地提出志愿服务理论，对我国志愿服务理论的构建起到积极的推动作用。书中对志愿服务概念的界定比较全面："志愿服务是指不以营利为目的，基于利他动机，自愿贡献知识、体能、技能及时间等，以增进他人福利，促进社会和谐与进步的服务活动。"[①]

志愿服务分为非组织的志愿服务和有组织的志愿服务，对应的志愿主体分别是志愿者和志愿组织。综合以上，志愿服务包括四个要素：志愿者、志愿组织、志愿精神和志愿行动。志愿者也称志愿人员、义工、志工，是指不以物质报酬为目的，利用自己的时间、技能等资源，自愿为社会和他人提供服务和帮助的人。志愿组织属第三部门，由众多志愿者组成，是有组织的志愿者团体。志愿（者）精神"是指一种自愿地、不计报酬地参与推动社会进步、促进人类自身全面发展的社会公益事业的精神"[②]。志愿精神是志愿服务的灵魂。在我国，志愿精神的内容体现为"奉献、友爱、互助、进步"。志愿行动就是志愿组织或志愿者在志愿精神的倡导下从事的志愿工作。四要素共同组成志愿服务整体，推动志愿服务向前发展。

---

① 田军. 志愿服务理论与实践［M］. 上海：立信会计出版社，2007：4.
② 田军. 志愿服务理论与实践［M］. 上海：立信会计出版社，2007：4.

（二）志愿服务的特点

1. 自愿性

无论是志愿组织还是志愿者，其发起或参与志愿服务的行为都必须是自愿的，任何组织或个人甚至是国家都不能强制进行，而只能提倡。例如，美国有种强制罪犯进行社区服务的做法，这实质上是一种司法审判结果，是一种对犯罪行为较轻的罪犯的惩罚方式，是强制性的，不属于志愿服务范畴。志愿服务不能作为一种义务强加于任何社会成员，离开这个前提，志愿服务将失去其存在的意义和价值。

2. 非营利性

志愿组织和志愿者参与志愿服务活动必须是无偿的，不以营利为目的，其志愿行为明显区别于追求利益最大化的经济行为。但不排斥志愿组织和志愿者的服务对象即受益者给予其一定的经济补偿，也不排斥政府部门对志愿活动给予财政支持或给予志愿者基本的生活保障。

3. 服务性

服务性是志愿服务的本质属性，志愿组织和志愿者付出时间、技能、精力，提供的是一种无偿服务。服务对象因志愿活动的内容不同而不同。因志愿活动提供的是一种无偿的、利他的、志愿的服务，这种"服务"——志愿服务产品会被受益者广泛接受和认同。政府职能转变后，志愿组织作为第三部门、非政府组织，与政府共同承担为社会提供公共服务的任务。

4. 公益性

志愿服务的宗旨是推动人类发展、社会进步和社会福利事业发展，其目标是公益的，是为公共利益而服务。志愿服务的对象一般是志愿者家人和亲属之外的人，服务目的是满足他人而非志愿者本人及其家庭的需要，具有明显的公益性、利他性。

5. 民间性

志愿服务是由志愿组织和志愿者自发组织的志愿活动，其服务对象也是社会公众，在合法的情况下（志愿组织需要去民政部门登记注册并接受监督管理）不受政府控制，属民间行为。志愿组织属非政府组织，应独立于政府部门，有自己的独立决策权。然而，目前很多国家的志愿组织由于需要政府部门的有力财政支持而不得不听从政府部门的指挥，丧失其民间性和相对独立性，带有明显的官办色彩。

五、前置性承诺：来穗务工青年的志愿参与分析

自改革开放来，"青年志愿者"逐渐成为大众熟悉的一个称谓，从市井阡陌到大学校园，志愿之风传遍祖国各地，很多大学社团也设有"青年志愿者部"（简称"青志部"）。青年志愿者以促进社会进步而提供服务，广州青年志愿者协会先后在敬老助残、应急救援、扶贫助弱、绿色环保、健康普及等领域实施志愿服务项目超过 2 200 个，成为广州精神文明建设和志愿服务事业的旗帜标兵。

志愿精神和志愿服务成为广大青年提升自我的重要途径，志愿者作为文明使者，用"真善美"撒播希望的种子。但当前亟须解决的一个突出问题是如何长期有效发展志愿者行动，促其成为长久性互助事业，而不是短暂性助人行为。李克强总理在中国青年志愿者协会成立大会上说："中国青年志愿服务事业是一项与社会主义市场经济同向并轨的事业，是一项跨世纪的事业。"既然是事业，就要把短暂性的、临时性的、活动性的个人或群体行为，积极转变成长期性的、常规性的、规约性乃至制度性的服务事业。要使青年志愿者行动深深地扎根于广大人民群众最基本的生产与生活需要之中，而不只是流于表面的"三月里来，四月里走"的学雷锋活动。

如何促成志愿服务成为长久性的社会主义事业，关键在于提高广大市民的志愿参与程度。这一点毋庸置疑。那么如何获取最大范围的群众基础，尤其是青年群体的广泛参与，便成为该问题的核心。获取广泛的群众基础和社会参与，必然与以下因素密切相关：个人或群体如何理解志愿服务这一行为？选择参与志愿服务的理由和目标是什么？为了深入分析志愿服务的参与现状和政府激励的互动与制衡，本文先对来穗务工青年的社会志愿参与动机进行分析。但由于问卷调查法以样本预测整体的特征，加之样本数量有限，姑且只能反映并推敲出大多数志愿活动参与者的心理，窥见该群体的行为动机及行为依据。

（一）来穗务工青年的社会志愿参与动机分析

在青年群体参与志愿服务的动机与动力的研究中，有学者按照利己和利他的标准划分为完全型利他主义、利己型利他主义、利他型利己主义和完全型利己主义。本文主要根据现有志愿状况，结合社会环境，从被动参与和主动参与

两种不同方式分析动机。

1. 被动参与：组织施控和群体压力

志愿服务蕴含了巨大的精神和经济价值，广为重视，但志愿行为背后的动员方式和动员手段具有多样性，在组织和群体的压力下的被动志愿参与具有一定中国特色。这一类型的志愿行为，借助了我国社会组织机构的控制力，要追溯到改革开放前后。1993年底，共青团中央决定实施中国青年志愿者行动。12月19日，两万余名铁路青年率先打出了"青年志愿者"的旗帜，在京广铁路沿线开展了"为旅客送温暖"志愿服务。志愿者在组织化力量指导下的"奉献、友爱、互助、进步"的志愿精神获得了广大的群众基础，服务社会的志愿者行动迅速在全国展开。因而，从源头上看，志愿服务应该归属于一种依托于政府的组织行为。而后，在团中央青年志愿者行动指导中心的直接规划和部署下，中国青年志愿者协会（Chinese Young Volunteers Association，简称 CYVA）于1994年12月5日成立，由志愿从事社会公益事业与社会保障事业的各界青年组成了全国性社会团体。该组织吸引了大批青年加入志愿服务，为社会主义建设事业添砖加瓦。不难发现，依靠组织力量散播的志愿行为一开始由中央团组织进行策划和协调，进而通过地方团组织形成上传下达的关系网，将行政命令具象化为志愿服务。同时，团组织系统中的上下级关系，使得地方团组织一方面需要传达包括志愿服务在内的一系列任务，另一方面要将组织完成志愿任务的情况纳入考核内容中去。在这个不断下达任务与完成任务的过程中，组织化的、非自愿的被动志愿参与便落实到每一个团组织成员肩上，诸如中学生、大学生、机关青年干部、公司青年职员。

因而，组织这只"看不见的手"是我们在考虑志愿参与动机时的首要因素。在发放问卷时，当问及参加活动或会议的原因时，很多受访者和问卷填写对象表示"是单位派我来的"。即使志愿行为最直接的行为主体是个人，但这背后不能忽视"单位""公司"这样的命令或者半命令式的组织动员机构。从归属于组织的个人来分析，其所在的职工群体也会带来压力，参加志愿服务成为向组织靠拢、获得社会资本和领导赏识的一种有效途径。

2. 主动参与："以恩报恩"和自我实现需求

上述因素是在我国的特殊环境和语境下的志愿服务的动机之一，但除去组织和群体的压力，个体在参与志愿服务的过程中也会有基于传统文化内涵感化和实现自身需求的因素。以下主要从"以恩报恩"的传统文化感化和自我实现的需求两个方面进行分析。

（1）"以恩报恩"的传统文化感化。中国有一句古话"滴水之恩，当涌泉相报"。在笔者发放问卷并与青年志愿者们进行交谈时，不少志愿者表示，自己在参加志愿服务前受过他人的帮助。这意味着，在志愿服务的群体中，他人帮助过自己，继而自己再帮助他人，正是我国传统文化中的"以恩报恩"意识。"赠人玫瑰，手有余香"，青年志愿者们将社会陌生人提供的暖心帮助记于心，在自己有时间、精力之时转化为对社会其他人的帮助。当然不同的是，"此时"他们所帮助的他人，非"彼时"为他们提供帮助的他人，"以恩报恩"的对象也在社会这个大家庭中不断被转化。

（2）自我实现的需求。1993 年底志愿服务发端，在 20 多年的志愿发展历程中，单靠行政力量完成组织任务的被动式参与是不足以支撑其持续发展的。社会志愿服务以服务他人而彰显出社会道德力量，背后离不开志愿者个人的情感和社会责任感。青年志愿者们从志愿服务中满足自我的需求，是维系其积极参与的重要因素。

根据马斯洛提出的需求层次理论，人的需求从低到高依次分为生理需求、安全需求、情感归属需求、尊重需求和自我实现需求五种需求，马斯洛需求理论不仅是动机理论，同时也是一种人性论和价值论。人的最高需求是自我实现的需求，青年参与志愿活动并非单纯的利己行为，他们致力于帮助有特殊困难的社会成员，来实现自己的社会价值和人生价值。志愿服务作为一项与国际接轨、与社会主义市场经济同向并轨的跨世纪事业，拓展了志愿行为主体的心灵体验，拉近了人与人、人与社会之间的距离。伊尔斯利（Paul J. Ilsley）在分析美国人参加志愿服务动机时指出，在美国那样个人主义至上的国家，却有那么多的人热心志愿服务事业，原因之一是"志愿者从这些活动中获得了更多的东西"[1]。这里所指的"东西"并不是物质上的满足，而是精神上的满足，如奉献自我、学习新事物和新技能、实现理想、参与社会互动、寻求精神寄托和情感慰藉，以及被需要、被尊重等。从中不难理解为什么大多数志愿者总是表示自己不求回报，因为帮助他人实际上就是帮助自己。志愿者们觉得跟团队一起为社会做贡献时也收获了与其他成员的友情，在帮助他人时也加深了对社会和他

---

[1]　蔡宜旦，汪慧. 试论青年志愿者参与动机的引导和激励 [J]. 广东青年干部学院学报，2001（4）：30 - 34.

人的理解。因此，志愿服务表面看似为社会、为他人服务，实际上也是在服务自己，这也是支撑志愿队伍不断壮大的内在动力。

综上所述，对志愿者们参与志愿服务的动机，本文主要从被动和主动两个维度进行分析。一方面，在我国的特殊环境下，志愿服务起源于组织施加的力量，让志愿服务拥有更广泛的群众根基，从中学生、大学生到青年干部职员等都被集结参与为社会做贡献的志愿服务；另一方面，硬性的志愿服务必定也倾注了参与者的情感和心血，深化其对社会和人生的理解。受传统文化"报恩意识"的感化，志愿者们将在他处受到的恩惠继而转化为自己帮助他人的动力。同时，人道主义和人生价值的实现，即人的最高需求层次——自我实现的需求助推着志愿者们将志愿精神发扬光大。在被动和主动参与中，组织力量的被动施压实际上起着主要的推动力。但是我们知道，被动参与和命令式半命令式的指令或任务的下达，给志愿服务的开展带来很大的阻力。志愿者们缺乏动力，那么志愿行为将成为空洞的应付上级的方式，对社会无法起到实质性的帮助。因此，政府在志愿行为中扮演着重要的角色，如何更好地自我定位，如何激发群众持续参与志愿服务是政府工作的应有之义。

（二）政府承诺与志愿服务现状分析

问卷设置以下三道题，作为社会政府激励因素的变量，并采用李克特五级量表的方式进行测量（"1～5"表示"非常同意—非常不同意"）

题1：关于志愿服务的新闻能够促使我参与志愿活动。

题2：为了累计志愿服务时长，我会参与更多的活动。

题3：参加志愿活动能给我带来明确的奖励与回报。

分析一：关于志愿服务的新闻能够促使我参与志愿活动。

如表4-1所示，"非常不同意"选项的频率为12，"不同意"选项的频率为14，"一般"选项的频率为95，"同意"选项的频率为266，"非常同意"选项的频率为161，据此赋值计算，得出该题的平均值为1.99。可见，调查对象对"关于志愿服务的新闻能够促使我参与志愿活动"的态度介于"同意"和"非常同意"之间，且更偏向"同意"，这与我们的认知相符合。

表4-1　关于志愿服务的新闻能够促使我参与志愿活动

	频率	百分比（%）	累计百分比（%）
非常不同意	12	2.2	2.2
不同意	14	2.6	4.8
一般	95	17.3	22.1
同意	266	48.5	70.6
非常同意	161	29.4	100.0

从表4-2可以发现，在广州居住时间越长的被调查者，越同意"关于志愿服务的新闻能够促使我参与志愿活动"这一观点。一定程度而言，在广州居住时间越长，其对当地或者其所在社区的社区志愿活动的了解渠道更为多元。因此，通过新闻报道了解到志愿服务活动更具可能性。

表4-2　来广州时长与关于志愿服务的新闻能够促使我参与志愿活动的关系

		非常不同意	不太同意	一般	同意	非常同意	总计
您来广州多长时间	1年以下	2	0	13	26	15	56
	1～2年	1	1	19	40	20	81
	3～6年	0	6	19	42	19	86
	6年以上	2	7	52	158	106	325
百分比（%）		0.9	2.6	18.8	48.5	29.2	100.0

分析二：为了累计志愿服务时长，我会参与更多的活动。

如表4-3所示，"非常不同意"选项的频率为25，"不同意"选项的频率为39，"一般"选项的频率为136，"同意"选项的频率为217，"非常同意"选项的频率为131，据此赋值计算，得出该题的平均值为2.36。可见，调查对象对"为了累计志愿服务时长，我会参与更多的活动"的态度介于"同意"和"一般"之间，且更偏向"同意"，这与我们的认知相符合。

表4-3　为了累计志愿服务时长，我会参与更多的活动

	频率	百分比（%）	累计百分比（%）
非常不同意	25	4.6	4.6
不同意	39	7.1	11.7
一般	136	24.8	36.5
同意	217	39.6	76.1
非常同意	131	23.9	100.0

分析三：参加志愿活动能给我带来明确的奖励与回报。

如表4-4所示，"非常不同意"选项的频率为66，"不同意"选项的频率为88，"一般"选项的频率为168，"同意"选项的频率为135，"非常同意"选项的频率为91，据此赋值计算，得出该题的平均值为2.82。可见，调查对象对"参加志愿活动能给我带来明确的奖励与回报"的态度介于"一般"和"同意"之间，且更偏向"一般"。

表4-4　参加志愿活动能给我带来明确的奖励与回报

	频率	百分比（%）	累计百分比（%）
非常不同意	66	12.0	12.0
不同意	88	16.1	28.1
一般	168	30.7	58.8
同意	135	24.6	83.4
非常同意	91	16.6	100.0

鉴于此，我们发现，被调查者基本对"参与志愿活动能给我带来明确的奖励和回报"持中立态度，也就是说，来穗务工青年在参加志愿活动时，一定程度上没有外界的激励机制。因此，政府必须加强来穗务工青年参与志愿活动的奖励，具体措施在下文详细展开。

六、后置性强制：政府志愿服务的激励现状分析

志愿服务是人类文明发展到一定阶段的产物。现代志愿服务发端于西方，

经过近百年的发展，以西方发达国家为主的志愿服务事业遍及世界各地。本节主要从志愿服务的社会义务视角和人格教育功能解读志愿服务的"非强制性"及社会教化功能，并分析志愿服务活动中政府的职能错位。

（一）社会义务视角：强制性和激励的关系

我国的社会志愿服务脱胎于组织力量，与强制性不无关联，但不等同于志愿服务就应该用行政的力量进行强制。相反，如前文所述，强制性的志愿服务无法完全调动志愿者们的内在积极性，志愿服务的效果必然也差强人意。这部分主要从志愿者个人探讨志愿服务的社会义务性，同时参照其他国家和地区志愿服务经验以拓宽视野。

在很多西方国家，志愿服务具有强制性，正在纳入法律体系。在法国，法律规定年满 18 岁的法国男性，符合条件者都必须履行国民志愿役，对违法者处以两年有期徒刑。美国志愿服务的普遍性和发达程度，也得益于美国法律对志愿者活动的保障和支持。早在 1973 年美国政府就制定了志愿服务法。目前美国修订的志愿者法律法规主要包括《国内志愿服务修正法》（1989）、《国家和社区服务法案》（1990）、《志愿者保护法》（1997）。英国国内虽然没有一部统一的志愿者服务法，但除有相关判例来调整志愿者活动中的各种法律关系外，政府部门还会发布各种单行法规，制定一系列的政策扶持志愿服务事业的发展。香港和韩国等地将志愿服务不断规范化和系统化，虽无成型法律条文，但将志愿服务和学业、工作相挂钩，变相激励民众尤其是青年群体参与志愿服务。

在我国，目前暂无相关法律迫使和规定公民进行志愿服务，很多学者和专家也都不认可志愿服务强制化。从公民的视角出发，虽有义务为创建社会主义文明做贡献，但强制性和激励依旧存在很大差距。"志愿者是在不为物质报酬情况下，基于道义、信念、良知、同情心与责任心为改进社会而提供服务。"这是联合国前秘书长安南（Kofi Annan）对志愿者的定义，换句话说，志愿服务是人们基于内心的良善而自觉为他人和社会服务。不少问卷填写者都表示组织力量下的志愿服务存在"一哄而上，流于形式，服务质量根本保证不了，还浪费时间"的弊病。因此，强制性、"被志愿服务"只会弱化志愿服务的本意，难以成就人们心中的自我实现需求。但是不强制不等于不作为，为避免"三分钟热度"，政府应建立激励机制，让志愿服务成一种常态，让自愿从事志愿服务的个体都能循着机制找到适合自己的志愿活动。

（二）人格教育功能：志愿精神的有力倡导途径

政府不强制群众参与志愿服务，但应该激励群众，尤其是青年群体参与志愿服务。青年志愿者要以志愿服务制度化为统领，努力成为国家现代化治理体系的有效构成和现代化治理能力的有生力量。青年群体通过志愿活动丰富了闲暇时间，结识新朋友，还为社会贡献自己的才学和技能，提升了个人的精神境界。因而，志愿服务对青年的人格教育功能不容小觑。本文界定的青年为 16 ～ 45 岁的群体，将其细化为两个年龄阶段（即 16 ～ 25 岁为青少年阶段，26 ～ 45 为青年阶段），以更好分析志愿服务对其人格的教育功能。

处于 16 ～ 25 岁的青少年主要是中学生、大学生，该群体以学习为要务。当然，考虑到广州作为来穗务工青年的迁入地，很多外来人员在中学阶段就已经辍学，背井离乡来到广州务工，该群体以工作和谋生为重，应该被纳入第二种年龄阶段进行解读，后文将进行详细分析。相对而言，以学习为主的青少年更多通过组织力量和群体压力接触并进行志愿服务，"三月学雷锋"便是一种非常典型的志愿参与。青少年参与志愿服务，为社会进步提供服务，与其成长也密切相关。青少年通过为社会奉献爱心，践行"我为人人、人人为我"的道德风尚，在参与志愿服务的过程中也得到了自我教育和自主成长的机会。志愿活动作为中学生素质培养的载体，为青少年的身心发展提供了多种机会，有利于其健全人格的养成，也为中学生的人格发展和教育提供了新的可能。一方面，它强调青少年自主发现教育的积极因素。参与志愿服务的过程也是认识和理解其人生追求的过程，在为他人提供帮助的同时实现人道主义和人生价值。另一方面，与课堂上的填鸭式教育相比，志愿服务的自主选择性、参与性和感染性让青少年潜移默化地接受教育的熏陶。

就广州而言，其志愿服务对象近三成为青少年，22.8% 的志愿服务组织从事青少年服务领域，其中一半左右的青年志愿者来自学校，通过志愿服务反哺其他青少年群体。一方面，如上所述，积极开展青少年志愿服务，对于青少年的个人成长、青少年价值观念的形成都具有非常重要的意义。青少年参加志愿服务和管理社会公共事务，可以提高对社会、国家、国际的认知水平，培养责任意识，积极引导青少年牢固树立社会主义核心价值观和培育对共产主义事业的向心力。另一方面，通过开展青少年服务，能够有效解决青少年面临的问题和困境，比如，1987 年广州开设的第一条"中学生心声热线"陪伴中学生度过那一时期的迷茫和困惑。青少年志愿服务在青少年贫困帮扶、残障帮扶、司法矫正、外来流动青少年的社会融入等都有着十分重要的作用。

处于 26～45 岁的青年以工作为主，因其所处的人生阶段和社会环境不同，与上述青少年的差异很大。结合广州的地域性分析，来穗务工青年参与志愿服务有以下功能：第一，明确的回报和奖赏。当地政府将志愿服务和相关政策挂钩，比如积分入户政策中志愿服务每满 50 小时计 1 分。第二，自我实现的需求。抛开物质报酬，来穗务工青年参与志愿服务能更好融入社会，增强社会认同感，实现人生价值等。

谈及志愿服务的教育功能，主要表现在培养观念意识和拓展综合能力。志愿服务作为拓展青少年自我教育内容的天然途径，能够"润物细无声"地培养其观念意识，诸如伦理观念、道德修养、法律意识、人文主义关怀等。同时，志愿服务可以拓展青少年的交流能力、社交能力和思维能力等。

人格教育渗透于人的社会化过程中。个体在社会互动中，逐渐养成独特的个性和人格，从生物人转变为社会人。志愿者在志愿服务中通过志愿文化的内化和角色知识的学习，逐渐适应社会和生活。人的社会化，是生命历程中的一个长期化的过程，也是终生课题。心理学家埃里克森（Erik H. Erikson）认为，人要经历八个阶段的心理社会演变，包括四个童年阶段、一个青春期阶段和三个成年阶段，这八个阶段紧密相连。其中青春期（12～18 岁）是最重要的阶段，是个体自我同一性和角色混乱的冲突期。志愿服务作为有利的调节途径，对青少年理解社会和人格化过程具有十分重要的意义。但由于趋避冲突，自愿参与志愿服务和人格教育的功能相冲突，因此适度的强制性应当成为化解两种矛盾的良方。

结合上文所述，不难发现志愿服务的资源性和强制性是一对矛盾体。强制性的志愿服务不是我们所提倡的，也不能算志愿服务，但因为组织或者金钱利益的存在，强制性志愿服务与非强制性志愿服务中间就很容易出现灰色区域。回归现实，很难发现完全单纯的志愿活动，个体参与志愿服务的动机总会夹杂着复杂的利益或目的，或主动，或被动，或出于义务参与。当参与志愿服务的动机是来自组织和群体的压力，或涉及某种物质报偿时，便饱受争议。随着地域和国际交流日益密切，志愿服务的国际化、组织化、制度化不断完备。来自不同国家、民族、职业、年龄的国际志愿者们在国际志愿服务协调委员会的协调和指导下开展志愿服务，因而具有较大国际影响。如何实现志愿服务的高效引导、促进社会志愿事业平稳推进也是跨国志愿服务中的焦点。

如约翰逊（Samuel Johnson）所言，任何行为都不可能源于纯粹的乐善好施，人类的仁慈混含虚荣、利益和其他一些动机。当然，志愿服务中强制性有时也伴随着有偿性。例如，大学生志愿服务西部计划作为国家重大人才工程"高校毕业生基层培养计划"的子项目，招募青年志愿者到西部基层实践，锤炼品格、升华志愿情怀，也促进了优秀人才的区域流动。一方面，被录取的志愿者们需要履行承诺，在其参与的专项中辛勤耕耘、默默奉献，为当地经济社会发展、民族团结进步做出贡献。另一方面，根据国家相关政策的规定，作为服务保障，志愿者在服务期间每月可享受中央财政给予的一定补贴，且符合一定要求的志愿者报考中央机关和东、中部地区公务员时，同等条件下优先录取。但我们不能否定这其中的自愿成分。被选派的志愿者们，并非看中报偿才选择去西部，他们的付出远远高于补贴，甚至完全不计报偿地让青春之花绽放在祖国最需要的地方。

尽管改革开放以来，我国志愿服务取得很大的成就，但我国特有的国情和政府现状使得志愿服务也出现"失灵"的境地。前文所提到的政府组织和群体压力下的志愿服务呈现出被动的参与状态，打上了行政体系的烙印。当绝大部分志愿活动是配合政府工作展开，活动与政府导向关系密切时，就形成了志愿者既不专业又不自由的局面，严重浪费了社会资源，最终也降低了志愿服务的水准。"既不专业又不自由"暴露出志愿行为的非志愿性。因此，笔者认为志愿服务需要志愿者们的前置性承诺，尤其是一些影响范围大、利益关系突出的志愿服务项目。此外，在志愿活动的开展过程中，政府和组织机构应当建立一种后置性强制。此举不仅能充分调动志愿活动参与者的积极性，还能防止志愿服务落实过程中出现虎头蛇尾的局面。将自愿性和强制性相结合，满足了志愿服务的多元需求，也规范了志愿服务，有利于促进志愿服务的长远发展。但应该注意的是，后置性强制要兼顾不同人群的特征，不能一概而论。只有适合不同人群特征的后置性管控，才能对志愿服务的最终效果起到锦上添花的作用。

上述内容关于志愿服务参与的自愿性研究，一定程度上说明了志愿者的"自愿"和"强制"关系。本文从来穗务工青年志愿服务的动机分析到志愿服务参与现状和功能解读，结合了我国现状和其他国家地区经验，并提出了构建前置性承诺和后置性强制并举的关联措施，以优化志愿服务效果。在研究的过程中从微观层面即个体行为的激励和指导、宏观层面即组织的协调和动员不同视角切入，为志愿服务实践提供借鉴。

（三）志愿失灵：政府激励职能的错位

1993 年可以看作我国志愿服务的开端，二十几年来，志愿服务快速发展并渐成体系，取得了卓越成就。但现代社会人口增多，需求日益多元，志愿服务已不能等同于传统意义上的慈善和筹款帮扶等项目，其在社会主义现代化建设中也发挥着巨大作用。在社会主义市场经济蓬勃发展的今天，我们追求效益、效率的同时，也要注重公平和爱心。青年群体参与志愿服务既是对中华民族传统美德的发扬，也是新时期群众精神文明创建的有效渠道。综合各国的志愿服务实践，与市场失灵和政府失灵一样，当志愿资源配置无效或者低效时，志愿资源配置零机会成本的状态便被打破，志愿失灵现象随即出现。当市场失灵时，政府宏观调控显得极为重要，同理，志愿失灵时政府也应有所作为。萨拉蒙（Lester M. Salamon）提出志愿失灵理论（Voluntary Failure Theory），认为政府行为是志愿组织的有效补充手段，可以帮助志愿组织有效克服志愿失灵的瓶颈。现代意义的志愿服务作为舶来品，20 世纪才为国内大众所接触，经过快速发展，我国的志愿服务社会参与已经有了较好的基础。据中国社会科学院社会学研究所 2018 年 2 月发布的中国志愿服务参与状况调查显示，近一年来参与志愿服务的志愿者（简称"活跃志愿者"）大约有 2.65 亿人。"截至 2019 年 12 月 4 日，广州市实名注册志愿者人数已达到 291 万人"，但如此庞大的志愿者队伍起到的作用却十分有限，呈现出局部的志愿失灵。不同于萨拉蒙所提出的西方志愿失灵的四个维度——"慈善不足""慈善的特殊主义""慈善的家长制作风""慈善的业余主义"，我国的志愿失灵带有中国特色的独特印记。

1. 志愿服务资金短缺

志愿服务是提高居民素质、塑造公民社会的有力途径，中国青年志愿者已经走过二十多年的历程。尽管志愿者是无偿奉献的，但是志愿服务依旧是有成本的。如果志愿服务的动员能力十分有限，那么志愿服务实施的范围必将受到制约。改革开放以来，广州在志愿服务、公益事业的路上不断前行。作为改革开放的排头兵，广州志愿服务的推进和发展一直走在全国前列，但志愿服务资源不足的现象也成为制约其发展的主要因素。其中资源不足主要体现在资金不足和人员匮乏，而资金不足作为最核心的影响因素，会导致人员匮乏、服务不到位等后续一系列问题。具体来说，从组织运作的办公场所、设备和经费开销到志愿活动的宣传、志愿者培训和活动开展开支，再到志愿者个人进行志愿服务的基本生存和发展开支，无一不需要资金的维系。

目前，我国志愿服务的经费主要来源于以下三类：第一类是各级人民政府及其有关部门依法通过购买服务等方式，支持志愿服务运营管理，并依照国家有关规定向社会公开购买服务的项目目录、服务标准、资金预算等相关情况；第二类是志愿服务组织通过申请政府财政支持、社会捐赠和资助、基金会募集资金等方式获得必要的经费；第三类是鼓励自然人、法人和其他组织对志愿服务组织和志愿服务活动进行捐赠、资助，捐赠人和资助人依法享受税收等优惠政策。

资金，是志愿服务顺利开展的先要条件。萌芽期的社会志愿服务，民众对其接受度和期望值都不高，多半在政府的庇护下摸着石子过河。该阶段的志愿服务呈现出人手匮乏、服务范围窄、服务内容单一且不专业的特点，故对服务经费的需求也不大。而今，有限的社会资源和志愿服务经费已经无法支撑志愿组织良性发展并扩大。自 2011 年起，广州政府借助已举办 50 多年的中国进出口商品交易会（广交会）的品牌影响力，创办每年一届的志愿服务广州交流会（志交会），以反哺志愿服务"生态系统"成长壮大，但还有绝大多数志愿服务组织尤其是能力相对欠缺、规范性不足的小型民间志愿组织，依旧难以获取资金支持。

2019 年，广州市共建有 24 个居家养老综合服务中心、188 个家庭综合服务中心、170 个日间托老机构、392 个助餐点，基本建成覆盖城乡、布局合理、功能多样的社区养老服务设施网络，满足老年人多层次、多样化的需求。但是相比于广州市 65 岁及以上人口为 114.54 万人，这些数字只是杯水车薪，志愿服务开展所需的开支和组织通过各渠道能够募捐到的资金缺口巨大。

2. 志愿服务人力资源不足

志愿服务开展的前提是广泛的志愿群众基础，没有了志愿者的志愿服务，志愿组织只能面临"无米之炊"的尴尬境地。志愿服务是一种重要的民间力量，从 2008 年汶川地震到 2020 年新冠肺炎疫情，"当冲锋号吹响，哪里有困难，哪里就有我们站在第一线"，这言语间洋溢的社会责任和无私奉献随处可见。但和普通社区志愿服务相比，志愿者流失现象加剧。在广州，敬老助残、青少年服务和社区便民服务是志愿服务项目的三大支柱。参与志愿服务的个人多半都是兼职，他们背负着学习、工作甚至家庭责任，忙中偷闲的生活状态的确很难保证志愿服务的持续性。再者，任何组织管理都是建立在一定相关利益上的，当志愿者参与志愿服务满足了自我实现的需求，但无法维系个人和家庭生存发展的最基本需求时，已经加入的志愿者也会逐渐流失。况且，志愿者们参与志愿服务时，因所在组织的志愿氛围不佳，甚至被当作"被使唤的免费劳动力"的情况也不少见。究其根本，还是地区志愿服务环境和相关保障体系的不健全导致的。不健全的体系不仅会导致志愿者积极性低、人员流失严重，也会引起志愿服务专业性不强等各种困扰。就广州而言，汶川地震、广州亚运会等事件提高了公众对志愿服务的认知，增强了公众志愿参与的积极性，一定程度上改善了志愿服务人力不足的局面，但志愿服务人力匮乏的情况依旧突出。因此，在招募志愿者时，志愿组织力求让志愿者明确招募条件、服务工作等；加强志愿者交流、自身专业技能培训；定期开展优秀志愿者评选表彰活动，增强志愿者的获得感；精心设计活动载体，大胆创新，开展形式多样的志愿服务活动。

3. 志愿服务能力不足

我国志愿服务发展的良好环境和社会基础尚未完全具备，这导致除了上述志愿服务资金不足、人员不足外，还存在志愿服务能力不足的缺陷。志愿服务能力不足主要表现在以下三个方面：第一，志愿服务无法满足社会群众需求，即不能在总量上满足群众和社会提出的需求。第二，服务专业化程度低，主要是无法满足某些个性化和多样化的需求。在我国，完善的组织体系为志愿服务提供了群众基础，但组织多局限于学校、机关、事业单位、共青团等，体制之外的青年及其他群体基本处于游离状态。法制建设和网络时代的志愿服务能力也很难跟上时代步伐。第三，志愿者队伍整体服务专业水平低下，综合素质参差不齐。广州作为来穗务工青年的聚集地，外来人员的人口素质在志愿服务和社会融合中显得尤为重要。志愿者不能光靠一腔热情参与志愿活动，扎实的专业理论和知识、丰富的专业技能和先进的服务方式是志愿者的基本功，也是志愿服务与时俱进，为社会主义事业做贡献的必备条件。但纵观当下，社会工作专业出身的志愿者比例小，广州市现有从事社会工作的人员中，经过系统的、专业的、正规的志愿服务教育的寥寥无几。在此状态下，未经专业训练的志愿者肯定难以提供系统化、多样化和个性化的志愿服务，志愿服务的质量和形式自然处于原地踏步的状态。因此解决该问题，一方面应该吸引并留住更多高学历、高素质、专业经验丰富的志愿服务人才，聘用专业技能完备的专业型人才，为志愿组织注入活力且优化内部管理，以此来提升志愿服务质量；另一方面，应加大对志愿者的知识和技能培训，通过开设面向志愿者的小课堂，传递专业服务理念，培训专业服务技能，提升志愿者团队的综合素质，让志愿服务更加专业化、规范化。

4. 志愿服务运作不规范

目前，我国正式登记和社区内部成立的志愿服务组织数量已超过 18 万个，团结凝聚了超过 6 600 万名志愿者。志愿服务在推进我国精神文明建设、推动社会治理创新、解决群众实际困难、维护社会和谐和稳定方面发挥了重要作用。但总体来看，志愿服务呈现出运作不规范等一系列问题，与群众的期望有一定差距。

志愿服务水平的衡量有赖于志愿服务的规范运作，志愿服务运作是否规范主要表现在：志愿组织是否依法登记、组织内部是否有序管理、志愿服务是否规范开展等。从志愿者个体角度来看，规范运作表现在其和组织、成员的每一次配合中，从志愿者招募、注册到志愿服务培训，再到志愿形象构建、表彰激励等各个环节。而从志愿组织角度来看，最关键的因素是组织依法注册，这也是志愿服务规范运作的基础。

截至 2015 年底，全国依法在民政部门登记的志愿服务组织仅有 2.5 万个，也就是说，我国多数志愿服务组织尚未在民政部门进行登记。广州志愿组织总体数量快速增加，但很多并未进行合法注册，没有取得运营资格。志愿组织注册有一定门槛才允许进入，且手续烦琐，需要取得相关业务管理单位的认可，需要有确定的办公场所和充足资金等条件以保证志愿服务的常态化发展。然而高门槛的准入规则对于民间志愿组织难度很大，不满足要求就没法取得"合法身份"，难以享受政府和社会相关志愿资源的政策倾斜。而这种"先天不足，后天畸形"的发展模式势必成为一个恶性循环，保障不了志愿者们的切身权益，也无法推动志愿组织良性发展，为社会和公众提供志愿服务的水准也大大下降。从保护志愿者的切身权益、推动志愿服务组织规范化发展的角度出发，应该引导志愿服务组织去民政部门登记。

为此，国家和政府要推进志愿服务组织依法登记，要求各地提供便捷高效的服务，引导符合登记条件的志愿服务组织依法登记。在不违背社会组织管理法律法规基本精神的基础上，可以按照活动地域适当放宽成立志愿服务组织所需条件，各有关部门要在活动场地、活动资金、人才培养等方面提供优先支持，激发志愿服务组织依法登记的积极性与主动性。

七、来穗志愿服务领域中的政府责任

志愿服务属于公共服务范畴，中共十六届六中全会和十七大报告中提到，志愿服务与社会主义核心价值体系同等重要。志愿服务是公众参与社会生活的重要方式，是公民社会和公民社会组织的精髓，志愿失灵事关志愿组织、政府、社会和志愿者。因此，要解决志愿失灵的现状有赖于多方努力，其中政府起着制定政策、规范引导的作用。

回顾历史，我国近代化的开端是西方列强侵略下的救亡图存，反侵略斗争结束后我国开始建设社会主义国家，实施经济等方面的追赶式发展，直至改革开放后，志愿服务才开始萌芽。而西方国家的志愿服务伴随着其悠久历史和漫长工业化进程，经历了一个漫长的社会自主培育和发展的过程，公民社会成为其发展的有利土壤。因此，追赶式发展必然限制我国志愿服务的发展完善，导致志愿失灵。政府在社会公共领域扮演着十分重要的角色，那在矫正志愿服务失灵方面应该如何定位？先看我国长期社会发展中，政府在其他领域的角色扮演。我国社会主义事业不断发展壮大，政府在政治、经济等领域的发展因其独特的资源优势发挥着强大的支撑作用，扮演着引导角色。但我国志愿服务发展起步较晚，错过了自由生长的最佳时期，其发展离不开政府的精心引导和培养。经验借鉴下，引导型政府也是我国志愿服务发展的必然选择。中国共产党领导下的政府对社会经济发展的推动力量巨大，引导型政府也可以使志愿服务朝着更加规范化、制度化的方向发展。

改革开放至今，我国政府在推动志愿服务过程中的确践行着引导型政府的角色，例如，通过组织或群体的引导促使群众积极参与志愿活动，或发布相关条例引导民间志愿力量的发展等。但在我国独特的政治制度和社会背景下，政府的积极介入依旧无法根治志愿服务出现的问题，现实中依旧呈现出局部志愿失灵状态。实际上，摆在面前的种种关于志愿服务的问题，与我国政府的职能缺位和越位不无关系。要推动我国志愿服务体系化和制度化，需要政府厘清自身角色定位，做到"不缺位、不越位"，既要"有所作为"也要"有所不为"。

当谈及志愿服务，政府和志愿组织的关系问题及二者在现实社会中应该如何推动社会进步是无法避开的。因此，下文试图厘清政府和志愿组织的关系，探索二者究竟应该以怎样的状态存在，并结合志愿服务中二者的合作现状和困境，提出解决策略。

（一）构建政府与志愿组织的合作关系

1. 政府与志愿组织的角色定位

作为促进社会治理和志愿服务发展的两大主体，政府和志愿组织扮演着十分重要的角色，构建二者合作关系的前提是厘清各自的角色定位。

政府是政策的制定者、社会治理的支持者和践行者。政府作为社会公共服务的管理者，掌握着公共权利和雄厚的资源，是社会治理的责任主体。政府引导志愿服务向常态化、制度化、组织化发展，有利于构建和谐社会，促进社会治理。社会的良性发展离不开政府决策的制定和实施，志愿服务领域也是如此。政府通过制定全国性的志愿服务条例和地方性的规章制度管理条约、提供志愿服务项目、宣传志愿服务，以构建志愿服务的社会氛围。同时，政府拥有的资源优势为其进行社会治理和实现社会的多元化管理提供了可能性。政府要引导、协调和监督包括志愿组织在内的其他社会主体或机构，通过领导其他公共管理部门为社会寻找更完善的合作方式和治理路径。政府是人民的公仆，要为志愿服务营造良好的社会氛围，为志愿组织提供资金、人才、政策上的帮助，要宣传志愿精神且动员公众参与志愿活动。当志愿组织遇到困难或障碍时，政府要切换自身角色，清晰定位，为志愿组织摆脱志愿失灵找寻合理的路径。

志愿组织是政策影响者、服务提供者和沟通者。志愿组织的发展在一定的社会文明之下，国家和政府制定的志愿服务相关条例都会直接影响志愿组织的发展。同时，组织可以凭借各种途径引发社会公众的关注，利用有效渠道表达大多数人的声音，是社会治理的重要组成部分。志愿组织招募志愿者，通过志愿活动为社会和公众提供无偿服务，帮助弱势群体，一定程度上弥补了政府服务的盲区。志愿组织通过筹备志愿服务活动或项目，弘扬社会主义核心价值观，也满足了志愿者们自我实现的最高层次需求。再者，作为政府和志愿者沟通的桥梁，志愿组织起到了上传下达的作用：一方面，志愿组织搜集公民，包括志愿者的需求和建议传达给政府；另一方面，志愿组织向公民传达政府的政策主张，并将主张落实到志愿服务中去。

2. 政府与志愿组织合作的必要性

志愿服务的发端与政府存在着千丝万缕的联系，虽然大多数志愿组织是民间集结而成的，但志愿服务的内容渗透于生活的诸多方面。政府和志愿组织合作的必要性主要体现在以下几个方面：

（1）二者都以公共利益最大化为导向。志愿组织通过招募志愿者、开展志愿活动以实现公共利益的最大化。在广州，志愿服务设有青少年服务、敬老助残、扶贫帮困、公共文明、环境保护、康乐文化、社区便民等项目，为不同年龄阶段和不同生活领域的人群提供志愿服务。其中占比最大的是敬老助残、青少年服务、社区便民三个项目，在实现志愿者社会价值的同时，也促进了来穗人口的社会融合和社会认同。以社区便民服务为例，广州社区志愿服务工作依托覆盖全市 11 个区的 188 个街（镇）家庭综合服务中心（社工站）、120 家"志愿驿站"、170 间"康园工疗站"、83 个公共文化设施志愿服务站点、75 个景点景区志愿服务站点、597 个窗口类志愿服务站点、2 个残疾人就业孵化基地、146 个居家养老服务部、1 460 个星光老年之家、1 113 个农村老年人活动站点、24 个居家养老服务示范中心、170 个日间托老服务站点等社区服务站点，建构起连通基层、覆盖全面的服务网络体系，形成了与社会经济和民生发展紧密相连的关系网，推动着广州的经济民生实务。

政府是公共政策的制定者和执行者，也是将公共利益最大化的主要助推者。在经济领域，政府通过制定一系列经济政策，引导国民经济持续健康发展，志愿服务领域也离不开政府的引导。政府角色的多样性，为其职能的发挥提供可能。如何在志愿服务领域的公共政策中协调不同利益主体的矛盾与冲突，保障志愿者、志愿组织的基本权益，实现社会公共利益的均衡，也是社会治理的主要目标。

（2）二者各有优缺点，需要优势互补。在社会公共服务管理中，政府制定政策，主要实现宏观层面的对社会经济、民生的引导。政府通过制定政策将群众的呼声体现在大政方针中，通过协调资源和资金等确保社会公共服务领域的品质。而志愿组织是政府方针的具体执行单位，通过竞争机制汇聚优秀人才，提供更具针对性、小范围的社会服务，更偏微观层面。政府和志愿组织在服务社会时，各有优势和劣势，政府的短板恰是志愿组织所长，志愿组织的短板恰是政府所长，二者无法相互替代，只能寻求合作互动以社会公共利益优化配置。因此，政府和志愿组织在理论上可以通过合作实现公共利益最大化，但在实际操作层面面临着诸多不确定性。因为，无论是政府还是志愿组织，在追求社会公共服务、实现公共利益的过程中都存在一定的道德风险，可能偏离公益的初衷，两者应该相互合作且相互监督。

3. 政府与志愿组织合作的重要性

实现政府和志愿组织间的合作互动关系颇具意义，对政府、志愿组织和社会发展有着重要作用，主要表现在：

（1）有利于深化政府改革，推动政府职能转变。如上所述，在具体实践层面，政府的权力是需要接受监督的。志愿服务的相关资源配置、政策倾斜对志愿组织和社会公共服务影响重大，志愿组织和政府联合互动，可防止政府权力滥用，深化政府改革。志愿组织是实现官方和民间沟通的纽带，志愿组织搜集生活各领域的民意社情转达给相关政府部门，实现了志愿组织和政府二者的良性互动，也加强了群众和政府的联系，有利于推动政府职能的转变。

（2）有利于推动志愿服务规范化、制度化，构建和谐社会。实现政府和志愿组织的合作，有利于缓解志愿失灵的现状，为志愿组织提供资源支持，也为志愿服务持续性开展创造可能性。一方面，志愿服务本身是无偿为社会提供便利，增进社会团结、人民友爱的黏合剂；另一方面，在全社会宣扬志愿精神，激励更多群众参与志愿服务，使志愿服务拥有更广泛的群众根基，践行了社会主义核心价值观，有利于社会和谐。

4. 政府与志愿组织合作的可行性

政府与志愿组织建构良好的合作互动关系能够充分发挥两者的优势，两者合作可以涵盖服务内容和服务过程两个层面。服务内容是指两者在不同的社会领域通过分工，优化资源供给，根据自身优势，提供不同类型的社会服务，这样可以做到"不越位"，且配置高效。服务过程是指在提供社会公共服务中，政府和志愿组织选择符合自身特点的环节进行合作，比如政府负责资金筹集等前期阶段，志愿组织负责志愿服务的具体开展阶段。政府和志愿组织的合作以各自的独立性为前提，任何一方都不能沦为另一方的"附庸"，否则无法起到真正意义上的合作效果，无法实现多方共赢。

在我国的社会治理中，政府和志愿组织的合作，关键力量在于政府。上述的两者既合作又监督的互动关系，实质上与深化政府改革的大目标是一致的，也符合我国现代化建设的趋势。政府会在资源配置失效的领域实现社会力量的补给，以弥补政府的不足。这是两者合作达成的一致观念，也是这些年来深化政府改革、简政放权的目的所在。此外，实现两者既合作又监督的社会基础已经完善。自改革开放以来，市场经济迸发出无限的活力，这是我国与资本主义国家的不同之处。然而市场并非万能的，当市场失灵时，代表社会群众利益的第三方力量便显得至关重要，志愿组织就是典型的实现公共利益再分配的代表。我们所熟知的希望工程、西部计划，就是政府借助志愿组织解决部分地区教育、贫困问题的案例。

（二）政府与志愿组织的合作现状及困境

上文阐述了在公共服务领域中，政府和志愿组织合作互动的必要性、重要性、可行性等问题，结合我国社会发展现状，分析了政府和志愿组织是需要合作的，只有合作才能实现共赢，从而推动社会进步。下文主要分析两者合作的特点、现状及存在的问题。

1. 政府与志愿组织的合作特点

政府和志愿组织的合作特点，实际上是指理想中两者的合作应该处于何种状态，且呈现出怎样的特点。

（1）目的一致性。政府作为公共服务的管理者，志愿组织作为志愿服务的具体策划者，前者着眼于宏观政策的制定层面，后者主要筹划和参与具体的志愿服务。政府和志愿组织都有"利己"和"利他"的选择动机，二者建构合作互动的友好关系，要求要有一致的目的，通过合作给社会公共服务带来更多价值，给群众带来更多福祉和便利。

（2）相对独立性。政府和志愿组织在不同领域进行分工合作，重要的前提是两者职能的独立性。社会治理最大的特点就是开放性，讲究既保留两者个性，又在两者合作层面实现共赢。参与主体的开放性可以使不同主体根据自身需求和特点来分工，在参与的过程中享受其权利，也履行其义务。但需要注意的是，开放的主体参与，前提是其职能的相对独立性。在政府和志愿组织中，如果志愿组织是依附于政府而提供志愿服务，将使公共服务的效果大打折扣。只有重视二者的独立性，才能维系志愿服务过程中两者的平衡，为合作关系提供可能。

2. 政府与志愿组织的合作现状

在既有的政府和志愿组织合作过程中，政府和志愿组织都在不断调整，二者的合作互动关系也不断改善，主要体现在科学化的合作理念和民主化的合作方式。

（1）科学化的合作理念。理念是推动双方合作的内驱力，也决定了合作究竟能走多远。政府和志愿组织的合作最关键在于政府如何看待二者关系，如若政府将自己视为"坐拥巨大权力"的上级，那么在具体操作过程中将会出现各种矛盾和冲突。在推进社会主义现代化建设的过程中，我国政府也在为之积极努力，用科学的合作理念助推双方合作互动关系的构建。政府和志愿组织在社会服务的提供和管理上具有明确的职能分工，二者是平等的，不存在上下级关系。在社会治理中，政府转变了早期的观念，认可社会公共服务中第三方力量的重要性。政府权力来源于公众权力的让渡，政府的职能就是为民众提供更好的社会服务。在科学化的合作理念下，政府转变自己对于公共服务的理解和行政方式，通过沟通、协调发挥自身优势。志愿组织也积极参与民主意见的表达和志愿服务的提供，并通过监督政府权力的行使，构建和谐社会生态。在实践中，政府将权力下放至志愿组织，志愿组织动员群众参与志愿服务，响应政府号召，拉近了志愿者、志愿组织和民众之间的距离，也让政府有条件致力于国家政策的制定。而政府制定的关于志愿服务的条例和相关规定中，也体现着志愿组织和群众的智慧。2019 年 9 月广东省民政厅就《广东省志愿服务条例（修订草案）》公开征求群众意见，个体或组织可以通过邮寄信函或填写线上问卷参与条例修订。该条例的意见征求，从志愿组织获取相关建议，并将建议反馈至相关规定中，体现了政府与志愿组织的双向互动与合作。

（2）民主化的合作方式。政府和志愿组织处于平等的、具有独立职能的平衡关系，政府具有强大的资源统筹能力，可以为志愿组织的发展提供多方面的支持。志愿组织来自民间，和群众密切联系，对社会问题保持较高的关注度和敏感度，可以反映群众多元的社会需求。二者建立合作互动的关系，组织灵活性提高的同时，也增强了政府对人民需求的回应度，二者合作更民主化。志愿者将普通群众的需求进行总结，经志愿组织汇总后，通常以座谈会或新闻的形式反馈给政府。政府接受需求和信息后再与志愿组织进行沟通，通常以召开听证会或新闻发布会的形式，促使问题解决。这便是问题从群众中来，最终又为群众服务。志愿组织不仅要提供优质的志愿服务，还应该发挥自身能动性，密切联系群众，转达民众需求。

3. 政府与志愿组织的合作困境

在西方国家社会治理中，谈及政府和志愿组织经常提及"伙伴关系"一词，而我国社会实践中志愿失灵呈现出中国特色，政府和志愿组织在合作互动上面临着以下困境：

（1）政府和志愿组织的关系不对等。与西方制度环境截然不同的是，我国制度变革很大程度上受制于权力中心，政府是掌握大权的公共事务管理者。自志愿组织诞生以来，我国政府和志愿组织的控制和从属不对等关系也相伴而来，政府处于主导性地位，而志愿组织依赖性较强。政府可以制定政策引导志愿组织快速成长，也可以制定规则对志愿组织的生存和发展进行限定。甚至在某些极端案例中，志愿组织成为安置政府人员的场所。从长远来看，若政府借其权力的便利，通过志愿组织达成不正当目标，则会对社会产生消极影响，危害社会和民众，最终也会有损政府形象和权威。反之，志愿组织依附于政府，以靠不正当的关系获取政府资金支持，或是在开展志愿服务时利用与政府之间的关系消除各种政策上的限制，造成志愿组织间的发展失衡态势，最终将危害整个志愿组织的生态系统。

政府和志愿组织的不对等关系主要体现在以下两个方面：首先，志愿组织发展的资金很大程度上依靠政府支持。扶贫济困、大型赛事等志愿服务活动都需要经费的支持，政府可以依法购买服务以支持志愿组织的运营，志愿组织也可以申请政府财政支持获得必要的经费，这都表明志愿组织对政府财政依赖性强。但财政支持毕竟是有限的，没有获得政府财政支持，志愿组织的存续将受到严重威胁。因此，志愿组织有必要提高自身融资能力。其次，我国志愿组织自主发展缺乏制度规范。志愿服务的活动关乎群众生活的方方面面，但政府对志愿组织的相关规定和管理制度并不多。

（2）缺乏构建合作制衡关系的相关制度和法律。相较于西方，我国志愿服务起步晚，志愿组织的发展也不成熟，虽然国家和政府在法治建设上取得了一些成就，但至今都缺少针对志愿服务的专门法规或法律条文。志愿组织的持续性发展离不开相关制度和法律条文的约束。我国既有志愿组织管理条例数量少，而且管辖范围十分有限，存在一定的缺陷，阻碍了志愿组织的发展。这些问题如果不能解决，少数凭借自身力量壮大或凭借政府帮扶的志愿组织将会排挤其他弱势的志愿组织，扰乱志愿组织的正常生长状态。

一方面，现行的法律对志愿组织的管控过于严苛。1998 年国务院颁布实施《社会团体登记管理条例》，明确规定了我国现行的社团组织管理实行双重管理体制，即对社团组织的登记注册管理及日常管理实行登记管理和业务主管单位双重负责的体制。这表明，对于志愿组织的管理主体有两个，分别是登记机构和分散的业务主管单位。

另一方面，构建志愿组织和政府间的合作互动关系也缺乏相关规定或法律条文。志愿组织和政府各有其优势和劣势，实现优势互补、合作共赢既需要两者的相互监督，防止权力腐化，也需要来自社会等第三方的监督或相关法律条文的规制。因为权力和金钱相勾结的灰色地带，最容易滋生腐败，在这个意义上政府和志愿组织都需要接受社会的监督。完善相关规定或条文有利于建立政府和志愿组织的友好合作关系。

（3）政府和志愿组织的话语体系和对话能力不对等。我国志愿组织在政府已经发挥过和仍在继续发挥作用的社会空间中成长，带有一定的政府情怀的社会环境是志愿组织生长的土壤。尽管志愿组织对政府有很强的依赖性，有着"官民二重性"的烙印，但志愿组织更多对接民众，因此话语体系与政府存在很大的差距。传统的政府话语体系更偏官方，像公文书。话语体系关系着思考问题和解决问题的态度、方法和方式。当志愿组织和政府用不同的话语体系对话时，两者的沟通角度和立场也大相径庭。传播过程出现障碍时，志愿组织和政府任意一方都可能处于被误读或误解的尴尬境地。在传播中，话语体系更侧重双方沟通的形式，而对话能力则更多着力于沟通的内容。政府和志愿组织要处于平衡的合作互动关系中，对志愿组织的专业化和学术化要求更高，同时也要求政府尽可能转变话语体系。

（三）来穗志愿激励机制的政策路径

1. 增强志愿服务相关法律和制度建设

构建政府与志愿组织合作互动的关系，最基本的是要增强志愿服务的相关法律和制度建设。我国志愿服务的发展目前最大的问题就是法律层面的缺失，政府在制度供给层面面临很大缺口。志愿失灵的根本原因可以归结为法律和制度的不完善，我国正处在社会转型期间，不论是深化改革，还是政府职能转变都需要配套的法律保障。单纯的政府行为改变很难从根本上实现转型。

完善相关法律条文将进一步明确政府和志愿组织的地位、社会权利和义务、合作关系和合作模式等内容，从制度上推动改革和政府职能的转变。首先，政府有必要颁布志愿者法，对志愿者的相关概念和服务内容进行界定，对政府和志愿组织的合作互动关系进行铺垫。地方政府可以将法律的普遍性和各地的特殊性相结合，因地制宜，依照不同的志愿组织的特性，制定相关规章制度，为当地政府和各志愿组织的合作奠基。当出现问题或矛盾冲突时，若有法可依可促进政府和志愿组织良性互动。对小型民间志愿组织可以适当放宽管理，政府可以整合同一地区或相同类型志愿组织，联合发展后使其获取合法身份。其次，为实现政府和志愿组织的友好合作关系制定需求性政策。政府和志愿组织合作的目的是追求公共利益的最大化，在推进二者合作关系的实践中应该秉承公共利益至上的原则和为人民服务的理念，政府要尊重志愿组织在合作中的地位和需求，尽可能满足志愿组织和群众的正当性需求，并在相关政策中有所体现。最后，以上政策或制度必须落到实处，而不能只停留在理论层面。

2. 加大志愿服务培育、激励和扶持力度

政府要携手志愿组织和社会群众共同完善公共服务领域的治理，对以志愿服务为社会行为的主体适当放松管控，摆脱"官本位""官僚主义"思想，更好地培育、激励和扶持志愿服务事业，构筑和谐合作氛围。

（1）政府要加强对志愿组织的培育，提升志愿服务的社会认可度。目前而言，志愿组织的社会地位不高，志愿组织的宗旨和目标无法准确传递给群众，群众对于志愿精神的了解和认同就自然更少。站在政府的角度思考，政府购买服务时必然选择影响力更大、组织宗旨更明确的社会组织以实现资源高效配置，故而上述宗旨和目标不明确的志愿组织难以得到政府财力的支持。没有资金就没法实现组织的良性发展，部分志愿组织将陷入恶性循环，最终被淘汰出局。

（2）政府要加强对志愿组织的激励。借鉴国外经验，政府对志愿组织的激励可以通过以下方式实现：协助志愿组织制定完善的志愿者考核评分机制，为志愿服务提供人才支撑；表彰优秀志愿者或志愿组织，宣传先进个人或集体；完善志愿者保障机制，为志愿者购买保险服务等。

（3）政府要加大对志愿组织的扶持。从志愿组织资金筹集来看，政府扮演着非常重要的角色。具体来说，政府可以通过财政拨款和补贴、提供项目经费为志愿组织筹措运营资金，还可以作为第三方为服务付费。

3. 完善志愿服务监管体系

和政府一样，在实践领域中，志愿组织也存在一定的道德风险，因此要对其服务进行监管。当志愿组织面临资金不足的困境时，公共利益可能位列组织生存和发展之后，此时可能会出现有偿收费等非志愿性质的活动项目，抛弃志愿服务的公共利益至上原则。志愿组织与政府和社会各方搭建合作关系的基础皆是以公众利益为最高目标，但志愿组织在实际操作层面能否真正坚守这一点，还需要政府来完善志愿服务的监管体系。

虽然政府和志愿组织的合作中，我们强调政府要转变职能，简政放权，但并不意味着不管，实际上政府应该集结社会的力量形成完备的监管体系，监督志愿服务的开展和志愿组织的运营。不过，政府对志愿组织的监管并不意味着细致入微的、直接的干预，而应该是抓重点的、间接的监督。

首先，政府要树立科学监管理念，变革监管方式。在社会治理中，存在加强监管和弱化监管两种不同的声音，但是两者都无法使监管合理化。科学监管并非"眉毛胡子一把抓"，不是简单的管或者不管的问题，而是强调政府要具体问题具体分析，实现效率和资源配置最大化。所以，政府要树立科学监管的理念，要依法监管、有限监管、透明监管，在促进与志愿组织合作的基础之上，搭建好监管体系。其次，政府不仅要尽自己所能监督志愿组织，还应积极动员社会、媒体、群众等第三方民间力量进行监督。因此，政府不仅要发挥原本的监督职能，还有责任完善多方监督的机制，当出现冲突时，积极调解以解决问题。对志愿组织来说，监督分为组织内部监督和组织外部监督，而组织内部监督分为横向和纵向两个维度的监督。根据西方国家经验，政府可以建立民间专业化的监管评估机构，强化志愿组织的外部监督。

参考文献

［1］景枫. 建立有效的志愿服务激励机制［N］. 河北日报，2015 – 09 – 09（007）.

［2］林敏喜，胡文丰. 志愿服务激励立法的域外经验与本土思考［J］. 浙江工业大学学报（社会科学版），2016（2）：197 – 202.

［3］吴垚，曾菊儒，彭辉，等. 群智感知激励机制研究综述［J］. 软件学报，2016，27（8）：2025 – 2047.

［4］罗俊，叶航，汪丁丁. 捐赠动机、影响因素和激励机制：理论、实验与脑科学综述［J］. 世界经济，2015，38（7）：165 – 192.

［5］傅强，朱浩. 基于公共偏好理论的激励机制研究：兼顾横向公平偏好和纵向公平偏好［J］. 管理工程学报，2014，28（3）：190 – 195.

［6］江星玲，熊才平，杨文正，等. 教育信息资源用户使用激励机制的数学模型与仿真：基于"教育信息券"的构想与使用分析［J］. 远程教育杂志，2014，32（1）：80 – 86.

［7］陈江，吴文梅. 公共服务型政府与公共服务的有效供给［J］. 行政与法，2006（4）：35 – 38.

［8］黄佳慧. 基于公众有序参与的档案志愿服务研究探析［J］. 机电兵船档案，2017（3）：37 – 39.

［9］黄大林，黄晓灵. 体育赛事志愿者激励机制研究：以 2016 年重庆国际马拉松

赛为例 [J]. 西南师范大学学报（自然科学版），2018，43（2）：96 – 102.

[10] 贾博. 公共服务市场化进程中的政府责任 [J]. 行政与法，2005（3）：18 – 19.

[11] 徐中振. 志愿服务与社区建设：上海社区发展报告 [M]. 上海：上海大学出版社，2000.

[12] 王志秋. 防灾意识与地震应急救援志愿工作 [J]. 中国青年政治学院学报，2005（4）：10 – 11.

[13] 梁绿琦. 北京青年志愿者行动调查报告 [J]. 青年研究，2005（7）：27 – 35.

[14] 谭建光. 社会志愿服务体系 [M]. 北京：中国社会出版社，2008.

[15] 谭建光. 志愿中国：亲历与思考 [M]. 北京：人民出版社，2008.

[16] 朱健刚. 行动的力量 [M]. 北京：商务印书馆，2008.

[17] 王名. 中国非政府公共部门 [M]. 北京：清华大学出版社，2004.

[18] 赫兹琳杰. 非营利组织管理 [M]. 北京：中国人民大学出版社，2000.

[19] 北京志愿者协会. 走进志愿服务 [M]. 北京：中国国际广播出版社，2006.

[20] 杨团. NPO 类型界定与理性选择 [M]. 北京：中国社会科学院政策研究中心，2003.

[21] 萨拉蒙. 全球公民社会：非营利部门视界 [M]. 贾西津，译. 北京：社会科学文献出版社，2002.

[22] 何增科. 公民社会与第三部门 [M]. 北京：社会科学文献出版社，2000.

[23] 田军. 志愿服务理论与实践 [M]. 上海：立信会计出版社，2007.

[24] 派恩斯. 公共和非营利性组织的人力资源管理 [M]. 王孙禹，达飞，译. 北京：清华大学出版社，2002.

[25] 史密斯 – 巴克林协会. 非营利管理 [M]. 孙志伟，罗阵霞，译. 北京：中信出版社，2004.

[26] 盖拉特. 21 世纪非营利组织管理 [M]. 邓国胜，等译. 北京：中国人民大学出版社，2003.

[27] 杜拉克. 非营利机构的经营之道 [M]. 余佩珊，译. 台北：远流出版事业股份有限公司，1994.

[28] 王绍光. 多元与统一：第三部门国际比较 [M]. 杭州：浙江人民出版社，1999.

[29] 谭建光. 社会转型时期的志愿服务与人文精神 [J]. 社会科学，2000（5）：45 – 49.

[30] 贾西津. 国外非营利组织管理体制及其对中国的启示 [J]. 社会科学，2004（4）：44 – 49.

　　[31] 任金秋，刘伟. 我国非政府组织志愿失灵问题探讨 [J]. 内蒙古大学学报（哲学社会科学版），2008（2）：44 – 48.

　　[32] 邓国胜. NGO：并非圣洁的化身 [J]. 中国改革，2002（6）：36 – 37.

　　[33] 邓国胜. 奥运契机与中国志愿服务的发展 [J]. 北京行政学院学报，2007（2）：90 – 92.

稳定与融合：叠合身份认同下
来穗务工青年志愿参与及社会融入研究

杨朝露

一、研究缘起及概念界定

随着经济的快速发展，城镇化进程加快，大量人口涌向经济发达地区。广州作为全国外来务工人口最多的城市之一，丰富的劳动力涌入为广州市发展贡献了动力，但流动人口由于文化、身份、地域认同等不同，很难完全融入城市，同时也带来了一系列问题，如社会治安管理、人口户籍管理、教育公平、居住条件等。如何破解流动人口高速流动带来的社会问题，维系流动人口与本地人口的关系，满足流动人口在广州市的基本诉求，促进流动人口与广州市更好地融合，是广州市促进社会包容发展亟须解决的问题。

中国青年志愿者行动自实施以来，在社会保障、社区服务、城市社区建设等方面发挥了巨大的能动作用，在促进社会稳定中发挥了重要的作用。[①] 在志愿组织的发动组织下，青年群体的志愿参与能够增进不同社会群体之间的沟通，而志愿活动作为连接人与人之间沟通的介质，不仅直接为不同群体提供社会服务，同时作为政府与组织、民众之间的沟通桥梁，在政策传达与民众意见收集中同样发挥重大作用。以广州市天河区天河南街为例，作为广州市来穗人员融合试点单位，天河南街积极打造"一刻钟"来穗人员志愿者服务平台，并组建了来穗人员党员志愿者服务分队、治安巡逻志愿者服务分队、帮老助残志愿者服务分队、文艺宣传志愿者服务分队、社区事务调解志愿者服务分队、应急救

[①] 安国启，曹凯. 论青年志愿服务对我国社会发展的作用 [J]. 中国青年研究，2002 (1)：53–57.

护志愿者服务分队 6 支志愿者服务分队，共 500 多名的志愿者队伍。① 基于志愿活动的在促进区域认同、引导社会参与、强化公共服务方面的独特作用，对于来穗务工青年志愿参与状况进行研究，将来穗务工青年置于主动性地位，推动其主动融合城市，强化其主人翁意识。进而在政策支撑的辅助作用下，更好地使来穗务工青年获得主体感与幸福感，同时推动探索来穗务工青年的治理与融合新路径。

因此，本文从来穗务工青年与志愿参与的独特视角入手，探索其与城市的融合发展。"新广州人"的自我认知与现实中"异乡人"的身份叠合，来穗务工青年社会参与及融入情况如何？志愿参与现状又如何？身份认同、文化认同、心理认同如何影响来穗务工青年的志愿参与情况？在这一系列机制作用下，来穗务工青年志愿活动又如何影响其城市融入？本文将结合社会认同理论、社会参与理论、社会排斥理论，运用传播学与社会学、新闻学的跨学科思维，探析来穗务工青年从事志愿服务活动与推动城市融入的互构关系，从志愿参与角度唤醒其深层次的主动意识，增进其自我效能感，在主观与客观的结合中促进其融入生活的城市。

（一）研究意义

1. 现实意义

截至 2018 年 5 月 31 日，广州市登记在册的来穗人员为 967. 33 万人，户籍人口为 911. 98 万人，非户籍人口超过户籍人口。其中广东省内来穗人员为 359 万人，占来穗人员总体的 37%；外省来穗人员为 607 万，占来穗人员总体的 63%。其中 20 ～ 50 岁的劳动力占来穗人员总体的 85%。② 大规模的来穗人员分散在广州市的不同区域之中，非户籍影响下社会保障、教育权益、医疗保障等有待提升，造成来穗人员与户籍人口产生疏离感。如何服务与管理数量庞大、背景各异的来穗人员，为广州市政府进行社会治理带来了严峻的挑战。

广州市政府制定了一系列政策，发力来穗人员与城市融入。2003 年广州市

---

① 朱清海. 天河区打造"一刻钟"来穗人员志愿者服务平台，了解一下 [EB/OL]. (2018 – 07 – 12) [2020 – 04 – 10]. http://app. myzaker. com/news/article. php? pk = 5b46e3da1bc8e04428000076.

② 数据来源于羊城派客户端记者薛江华，报道见于《广州重磅发布：来穗人员 967. 33 万人，户籍人口 911. 98 万人》。

政府出台《关于加强我市出租屋管理工作的意见》，确立了"党委领导、政府牵头、各家参与、统一管理"的工作机制。随后相继出台《广州市房屋租赁管理规定》《广州市流动人员管理规定》等系列文件。2014 年 1 月，作为政府工作部门的广州市来穗人员服务管理局建立并正式运作。[①] 2016 年 1 月 4 日，广州市政府常务会议审议通过的《广州市来穗人员融合行动计划（2016—2020年）》提出，广州计划用 5 年左右时间，通过设置开展全方位的专业化、个性化、优质化融合项目培训，加快推进来穗人员全方位融入广州社会,[②] 密集政策指令的下达展示出广州市政府推动来穗人员融入城市的努力。

同时，来穗人员的结构发生改变。年轻化的年龄构成与教育程度的提高，在工作、生活与权益维护上存在更多的诉求，展示出来穗人员的新特点。因此对来穗务工青年的社会融入研究在一定程度上可以代表未来广州市来穗人员的整体态势。来穗务工青年的志愿服务参与不仅是志愿服务"全民化"的重要推动力，也是其身份认同、地域认同和融入广州的重要途径。提高来穗务工青年的志愿参与需要从社会包容性与志愿服务组织入手，打造稳定的社会生存发展环境与黏性志愿服务组织平台，建立来穗务工青年的志愿参与和广州社会融入的桥梁，发挥来穗务工青年群体能动性，使其主动推动自身融入城市。从而进一步提高广州市城市融入的进度与社会治理软实力，促进广州市社会和谐发展。

2. 理论意义

对来穗务工青年的志愿参与情况进行研究，本质是为了进行来穗务工青年的社会融入研究，进而为促进来穗人员与广州的社会融入提供理论建议。来穗人员的社会融入研究属于流动人口的社会融入研究范畴，流动人口的社会融入事关城市化良性发展、社会治理和谐化的进程。在我国改革开放的发展中，城市化作为重要的发展方向与我国农村人口基数庞大相互交织，大量人口涌入城市中寻找发展，造成城市外来人口增多。在北京、上海、广州、深圳等经济发达地区，外来务工人口数量尤为庞大，隐藏的社会治理问题更为严峻。因此，开展关于来穗务工人员的社会融入研究，做好外来人口服务管理的答卷，可以

---

① 罗桦琳，穗知产宣. ［改革开放四十年　奋斗广东再出发］打造流动人口社会融合的广州样本　惠六百万外人口［EB/OL］. (2018 – 12 – 18)［2020 – 04 – 10］. https://news. dayoo. com/guangzhou/201812/18/139995_ 52407906. htm.

② 张西陆. 广州全国率先探索破解超大城市流动人口服务管理难题　让来穗人员全方位融入羊城［N］. 南方日报, 2016 – 01 – 05（GC01）.

为我国城市流动人口社会融入提供借鉴范本与理论指导，丰富流动人口的融合服务理论。

已有研究大多针对整体来穗人员进行分析，或者从政务角度出发谈对策，且多把来穗务工人员作为弱势群体置于被动位置，在推动来穗务工人员与城市融合中多基于来穗务工人员的居住需求、子女教育、生活技能、医疗保障等角度，依靠政策推动、社会组织助力等方式进行硬实力方向的融合。① 本文将来穗务工青年的社会融入结合志愿参与情况进行研究，激励来穗务工青年社会参与，尤其是培育以公共利益为导向的志愿活动参与，激发建立共同情感空间与情感共同体意识，在志愿服务参与过程中增进其主动性与自我效能感，提高来穗务工青年参与社区服务的积极性，对来穗务工青年的身份与区域认同有显著的影响。同时通过对来穗务工青年参与社区志愿服务的动机进行分析，以此为路径开辟出不同于以往政策导向的流动人口社会融入路径，对为未来城市化进程中潜在的社会治理问题提供新思路具有不容小觑的理论意义。

（二）相关概念界定

1. 新生代农民工

新生代农民工又被称为外来务工青年、青年农民工等（下文中新生代农民工的表述将使用"外来务工青年"），是伴随着我国工业化与城镇化发展的结构化转型而出现的一个庞大社会群体。从年龄结构上看，一般认为外来务工青年是指 20 世纪 80 年代后出生的新生代农民工，基本脱离农村而又没有真正融入城市，② 与传统意义上的农民工有很大区别。伴随着社会经济变迁，农村流动人口出现了代际变化，外来务工青年的群体特征也勾勒出相对清晰的画像，他们既无法认同城市社会，长期生活在城市又弱化了对农村的认同，因此既无法融入社会又难以回归农村。③ 外来务工青年虽然被冠以"农民工"的称号，更多的生活在城市中，并呈现出年轻化、就业不稳定、权益维护意识觉醒、精神

---

① 此方面的研究可以参考：胡勇. 以社区教育助推来穗务工人员社会融入：三元里社区大学的实践分析 [J]. 广州城市职业学院学报，2018，12（4）：69－74；赵浩鹏. 来穗务工人员服务管理问题与对策研究 [D]. 广州：华南农业大学，2016.

② 韩长赋. 新生代农民工社会融合是个重大问题——关于新生代农民工问题的调查与思考 [J]. 农村工作通讯，2012（6）：6－10.

③ 王春光. 新生代农村流动人口的社会认同与城乡融合的关系 [J]. 社会学研究，2001（3）：63－76.

文化生活匮乏、职业技能受限等特征。作为未来城市中"农民工"的主体构成部分，外来务工青年面临的问题需要城市管理机构纳入议程妥善解决，是维护城市和谐稳定的重要议题。

2. 来穗务工青年

"穗"是广州的简称，来穗即来广州的人员，通常指来广州务工的人员。根据世界卫生组织对青年的概念界定，青年指 16 ～ 44 岁的群体，因此本研究中对来穗务工青年的界定为 1975 年及以后出生的，来广州务工的外地青年人员，主要从事工业、工程或体力劳动等工作。

来穗务工青年作为当下广州市来穗人员的主力军，一方面常年生活在此，挥洒汗水并助力城市建设，形成对自身是"新广州人"的认知（据广州市政府新闻信息处 2011 年 7 月 20 日通报，广州市委九届十一次全会建议用"新广州人"取代原有"农民工""打工仔""外来人员"等称呼，促使"新广州人"更好地融入广州、扎根广州）；另一方面，在制度壁垒与城乡差异下，来穗务工青年对广州市的贡献度与自身在城市的认同感并不成正比，在"异乡人"与"新广州人"的叠合身份纠葛中，缺乏对广州的归属感与认同感。

3. 来穗志愿活动组织

来穗志愿活动组织包括三种界定。一是专注于来穗人员服务的民办非营利社会服务机构。在志愿活动的组织中受政府、企事业单位及社会组织等委托，开展专注于来穗人员的公益项目策划和社会工作服务，如广仁社工组织。二是专业社工组织，承接政府或者企事业单位委托中涉及来穗志愿活动的组织，如广州市穗星社会工作服务中心、广州市风向标社会工作服务中心、暖加公益组织。三是广州市来穗人员服务管理局、区域、街道等组织的来穗志愿服务队，如 2020 年 2 月 10 日，三元里街平安促进会组织 20 多名湖北籍"广州街坊"成立了全区首支"湖北籍来穗人员抗击疫情志愿服务队"，海珠区成立来穗人员党员志愿服务队等。来穗志愿活动组织在来穗人员的志愿活动参与、积极融入城市的过程中发挥强大的推动力，也是本文开展研究的基础。本文中提到的问卷发放与访谈活动多是在广仁社工组织、暖加公益组织的志愿活动中进行的。

二、文献综述

以"来穗务工人员"及其相关主题进行文献检索，发现研究主要涵盖以下内容：关于外来务工人员的流动性特征的解读；不同的理论视角下的流动人口分析；国内关于外来务工人员的研究内容，主要涵盖利益诉求、住房居留、社会治理、政治权利和社会融入五个方面。[①] 另外，检索主题"青年的社会参与"，研究多围绕"政治参与""经济体制""志愿服务""社会融入"等多个议题，对于青年而言，社区志愿参与囊括了人际交往、劳动参与、社会参与等不同形式，是其生活中不可或缺的重要部分。已有研究表明，外来务工青年努力建构自身"城市人"身份标签，在社会融入中表现出极强的主动性与能动性，对自身权利的维护意识觉醒，对城市公共事务参与展示出强大的热情。[②] 故研究来穗务工青年的社区志愿参与是独到且具有现实意义的。

（一）关于外来务工青年志愿参与研究

目前外来务工青年志愿参与研究成果较少，研究内容主要集中在三个方面：一是评估和衡量外来务工青年的志愿参与状况，发挥其作为融入社会的桥梁作用。王新云提出，将志愿力作为研究的概念工具，对外来务工青年的志愿服务参与意识、参与能力、参与可行性进行评估，以图提高其志愿服务参与性，促进社会融入。[③] 二是对外来务工青年群体参与志愿服务的动机分析，反映出外来务工青年群体在身份叠合中主动融入社会的努力。王斌认为外来务工青年志愿服务参与混杂着不同的动机，包括利己的行为动机，获取社会资本与符号资本的工具性动机，身份建构与生活方式自主选择的主观动机，以及追求社会融入及公民权的社会性动机。[④] 三是试图转变以往群体研究的视角，改变把外来务工青年置于弱势群体的标签，利用优势视角中增权的概念，通过外来务工青年志愿者队伍建设来提升其自我效能感，从而更好融入城市。邱小杭提出在福州组建一支可持续发展的外来务工青年志愿者队伍，改变其在城市中居于弱势群体的局面，增强外来务工青年的使命感与责任感，从而达到外来务工青年与

① 此方面的研究可参考：万玲. 广州市来穗人员社会融合的困境与对策 [J]. 探求，2017（5）：40－44；何炽权，郭惠华. 来穗人员公共服务均等化问题研究 [J]. 广州社会主义学院学报，2016，14（1）：55－59.

② 张世勇. 新生代农民工逆城市化流动：转变的发生 [J]. 南京农业大学学报（社会科学版），2014，14（1）：9－19.

③ 王新云. 外来务工青年志愿服务参与行为研究 [J]. 当代青年研究，2018（5）：69－73.

④ 王斌. 个体化的助人者：新生代农民工从事志愿服务的动机分析 [J]. 深圳大学学报（人文社会科学版），2014，31（1）：119－125.

城市的情感维系，使其更好地融入城市中。①

（二）关于外来务工青年社会融入研究

社会融入是个体和个体之间、不同群体之间或不同文化之间互相配合、互相适应的过程，并以构筑和谐的社会为目标。早在19世纪90年代，美国芝加哥学派就针对从欧洲来到美国的新移民对新环境的适应进行研究。② 近年来流动人口融入城市成为学界研究的重要课题。田凯提出流动人口的社会融入涵盖经济、社会与心理三个层面：首先需要相对稳定的职业；其次职业为其发展带来经济收入及社会地位，使其产生与当地人进行社会交往的条件；最后是通过交往与生活方式的转变形成与当地人相似的价值观。③

梳理外来务工青年相关文献，研究内容主要聚焦于以下几个方面：新生代农民工的流动特点定义④、与老一代农民工的差异⑤；将外来务工青年置于流动人口大环境中，考察流动人口社会融入的障碍及障碍的破解⑥等。

（三）关于外来务工群体与认同研究

社会认同是一个复杂的心理与思想问题，因此新生代农民工社会认同问题是新生代农民工对社会现状的一种心理与思想反映。⑦ 对于外来务工群体的认同研究多集中于：通过对其社会认同表现类型的刻画来勾勒外来务工青年对社会认同的理解。郭科、陈倩将新生代农民工的社会认同分为身份认同、农村认同、城市认同及未来归属四个类型，探讨新生代农民工的社会认同状况，⑧ 通

---

① 邱小杭. 金山工业区青年外来务工志愿者队伍建设：基于优势视角的社会工作项目设计 [D]. 福州：福建师范大学，2015.

② 任远，邬民乐. 城市流动人口的社会融合：文献述评 [J]. 人口研究，2006 (3)：87 – 94.

③ 田凯. 关于农民工的城市适应性的调查分析与思考 [J]. 社会科学研究，1995 (5)：90 – 95.

④ 朱宇. 新生代农民工：特征、问题与对策 [J]. 人口研究，2010，34 (2)：31，55 – 56.

⑤ 李培林，田丰. 中国新生代农民工：社会态度和行为选择 [J]. 社会，2011，31 (3)：1 – 23.

⑥ 徐祖荣. 流动人口社会融入障碍及其破解 [J]. 重庆社会科学，2008 (8)：50 – 53.

⑦ 吴蓓. 二重与多维：融入进程中的社会认同：北京市新生代农民工社会认同研究 [J]. 陕西行政学院学报，2013 (1)：38 – 42.

⑧ 郭科，陈倩. 新生代农民工社会认同状况的实证研究：以西安市为例 [J]. 重庆科技学院学报（社会科学版），2010 (12)：48 – 50.

过实证研究对新生代农民工社会认同进行描述分析，进而为新生代农民工的社会认同提供对策，促进其社会融入的能力。唐惠敏、解天然、许君通过对合肥市新生代农民工的实证研究，描绘出新生代农民工具有中等水平的职业认同、模棱两可的地域认同、强烈"向上"的身份认同及固化的文化认同四个维度的困境，及应对举措。① 滕丽娟、徐佩文对新生代农民工城市社会认同的影响因素进行研究，阐释制度因素、社会因素、文化因素、地位因素对社会认同的巨大影响。②

（四）流动性与志愿参与相关研究

居住流动性指人们在某一特定时间段内改变自身居住地的频率。有研究表明，居住稳定性是保障个体对所在地认同的重要前提，而居住流动性会降低个体对所在地的认同情感。③ 个体的认同感包括情感认同、地域认同等多种因素，个体对所在地的认同也是个体的社会化过程，个体的流动性会降低个体与所在地的情感互动，从而难以形成地域认同，进而影响情感等方面的认同。

在基于"新城市人"与"异乡人"的身份纠葛中，个体流动性如何影响个体对所在地的认同感？个体对自身身份的建构如何影响外来务工青年的志愿参与？在身份认同危机、情感认同弱化、文化认同固化、地域认同割裂的同时如何提高外来务工青年的志愿参与积极性？如何以志愿组织为媒介，发挥外来务工青年的主观效能，增强其城市社会融入的能动性与能力？本研究将结合以往研究的成果，以来穗务工青年作为主要研究对象，探析身份认同下来穗务工青年与志愿参与行为之间的关系，进而丰富外来务工青年志愿参与的研究成果。同时基于研究内容与问题，提出相应措施，为外来务工青年主动融入城市社会提供对策支持，并助力城市和谐发展。

① 唐惠敏，解天然，许君. 合肥市新生代农民工社会认同状况的实证研究 [J]. 阜阳师范学院学报（社会科学版），2014（6）：33－38.
② 滕丽娟，徐佩文. 新生代农民工城市社会认同及影响因素探析 [J]. 大连教育学院学报，2015，31（2）：73－74.
③ 豆雪姣，谭旭运，杨昭宁. 居住流动性对青年社会参与意愿的影响 [J]. 心理技术与应用，2019，7（3）：129－137.

三、研究设计

（一）理论依据

1. 社会认同理论

身份是解释个体在社会中与社会产生的关系。而身份研究集中在阐释个人与社会的关系、个人与集体的关系。关于身份的研究，目前学界理论主要有身份认同、社会认同理论等。埃里克森最早将认同引入社会心理学研究，提出了"自我身份"[①]，并将其定义为"群体心理现象"，后进一步做了内在认同、认同扩散、整体与认同、族群认同、生命过程的认同发展等研究。[②]

社会认同理论是群体行为研究的重要理论之一，由英国学者泰弗尔与特纳在 1986 年提出，是群体关系研究中最有影响力的理论。[③] 泰弗尔将认同界定为个体对其所从属的某一群体的认知，以及通过对该群体的认同为自身带来的意义。依据社会认同理论，人们在进行社会交往时总是倾向于积极进行社会认同，且这种认同感解释了个体发生社会行为、社会态度等的原因。社会认同理论的内涵包括三个方面：分类（categorization）、认同（identification）、比较（comparison）。分类指个体倾向于根据自己与他人的差异，对他人进行分类并把自己划分到某个群体当中。认同指通过自己对所属社群的融入，接纳该社群成员的基本特征。比较指比较自己接纳的群体与其他群体的优劣。当自身所属群体的特征优于其他群体时，就对该社群进行更加积极地认同，同时提升自己的自尊。

当某个个体对自己所属的群体认同感越强，个体越会积极融入该群体，其态度行为与社会群体中成员的相似性就越强。也就是说，依据社会认同理论，要全面了解个体的社会行为与社会态度，需要研究人们如何建构自己的身份以及如何建构他人的身份。

---

① 世瑾. 宗教心理学［M］. 北京：知识出版社，1989.

② 王莹. 身份认同与身份建构研究评析［J］. 河南师范大学学报（哲学社会科学版），2008（1）：50－53.

③ ABRAMS D，HOGG M A. Social identity theory：constructive and critical advances［G］. New York：Harvester Wheatsheaf，1990.

2. 社会参与理论

社会参与是指社会成员对社会生活的某种愿望与需要，并以某种方式参与国家政治、经济、社会、文化生活以及社区公共事务的社会发展过程，具体表现为对社会生活各个方面现状与活动的关心、了解与行为投入。[①]

国内关于流动人口社会参与的综合研究较少，关于社会参与各个领域的研究则相对丰富。学者较多关注流动人口社会参与的某一方面，如政治参与、文化参与等，并就这一方面展开具体研究，研究内容涵盖参与状况、影响因素等方面。过往对于来穗务工人员的研究，多集中在流动性特征的解读、来穗务工人员的利益诉求、来穗务工人员的社会融入方面。青年通过参与社会事务或从事社会活动而融入社会，是其自身成长的需要和权利，是破解当今社会问题的重要途径，是社会可持续发展的必然要求。[②] 在关于青年社会参与的影响因素研究中，主要包括个人因素，如性别、年龄等因素[③]和参与渠道、相关政策机制等，很少考虑到社会因素对青年社会志愿参与活动的影响。

3. 社会排斥理论

社会排斥的研究起源于 20 世纪初对贫困（poverty）、剥夺（deprivation）等概念及理论的探讨。20 世纪 60 年代，法国学者勒内·勒努瓦（Rene Lenoir）提出了"社会排斥"的概念。他认为社会排斥是指那些在社会发展过程中没有享受到社会发展带来的保障，同时被贴上"问题标签"的人。也有研究者认为社会排斥的产生不仅是被排斥主体自身的原因，其中社会力量的作用不能忽略，并认为社会排斥集中表现为经济方面的排斥、政治排斥及社会方面的排斥。[④]国内学者对社会排斥的研究多是基于不同的视角给予解释。唐钧认为社会排斥产生于制度问题，政策研究的目标要尽可能地照顾到每一个人，从而使社会更加趋于公平。[⑤]周林刚认为社会排斥是社会结构变迁的结果。[⑥] 社会排斥理论在

---

① 时昱，沈德赛. 当代中国青年社会参与现状、问题与路径分析 [J]. 中国青年研究，2018（5）：38 – 44.

② 刘宏森. 改革和发展进程中的青年参与 [J]. 青年探索，2018（1）：36 – 50.

③ 韩晶. 当代大学生参与志愿服务的障碍研究 [J]. 山东省青年管理干部学院学报，2003（2）：33 – 34.

④ GIDDENS A. Sociology [M]. Cambridge：Polity Press，2001：pp. 323 – 326.

⑤ 唐钧. 社会政策的基本目标：从克服贫困到消除社会排斥 [J]. 江苏社会科学，2002（4）.

⑥ 周林刚. 论社会排斥 [J]. 社会，2004（3）：58 – 60.

我国的研究多是应用西方社会排斥概念的演变与梳理，① 结合社会排斥理论分析我国目前存在的问题以及对弱势群体的研究。方巍对农民工群体的社会排斥问题进行分析，认为制度政策的制定和实施以及农民工自身的原因是其被社会排斥的主要原因。②

社会排斥理论为弱势群体的研究提供了理论基础，为社会治理与政策制定提供了思路。外来务工青年虽然伴随着权利意识的觉醒，显示出了主动性，但在其融入城市社会的过程中依然由于制度等方面的制约成为被社会排斥的主体。因此我们在分析来穗务工青年社会融入现状与困境时，社会排斥理论将为研究提供相应的支撑。

（二）研究方法

1. 问卷调查法

本文设计并发放关于来穗务工青年参与志愿活动意愿及志愿活动形式的问卷，对来穗务工青年志愿参与需求进行定量分析，从而能够使研究设计的内容更加可行。将问卷数据录入 SPSS 软件进行数据处理与分析，并结合来穗务工青年流动性对志愿参与意愿的影响以及地方认同在流动性与来穗务工青年志愿参与之间的中介作用，进而刻画在"新广州人"与"异乡人"的身份叠合如何影响来穗务工青年的志愿参与意愿、态度和行为，探究身份认同与志愿参与之间的联系。同时将来穗务工青年的志愿参与作为推动来穗务工青年融入广州市的维度之一进行考察（具体的抽样方案与实施过程描述见本书前言部分）。

2. 访谈法

通过在不同志愿活动中对来穗务工青年进行访谈，了解其对自身城市融入的感受与身份认同，掌握定性材料，为研究提供支持。课题组在调研中通过多次参加广仁社工组织、暖加公益组织举办的相关来穗志愿服务活动，棠下等街道举办的相关主题来穗志愿服务活动，以及广州市中大社工服务中心发起的"来穗融合大讲堂"系列活动，共选取 11 位来自不同的职业，年龄集中在 25 ～ 44 岁之间的访谈对象，进行半结构化访谈，将访谈内容作为本文的案例支撑。半结构化访谈围绕参加志愿服务活动的动机、参加志愿服务活动的渠道、参加

---

① 冯倩. 社会排斥理论研究综述［J］. 中共桂林市委党校学报, 2010, 10（1）：52－55.
② 方巍. 农民工社会排斥的制度内与制度外分析：杭州市的个案研究［J］. 学海, 2008（2）：31－41.

志愿服务活动的内容形式、参加志愿活动的便利程度、参加志愿服务活动的感受及评价以及自身生活、工作、居住稳定性等是否会对志愿参与意愿产生影响进行。

表 5 - 1　访谈对象记录

序号	访谈对象	访谈对象简介	访谈时间
1	黄女士	服装工厂技术员	2019 年 5 月
2	向先生	某高校餐厅厨师	2019 年 7 月
3	王女士	幼儿园教师	2019 年 8 月
4	李女士	个体工商户	2019 年 10 月
5	聂先生	建筑行业泥瓦工	2019 年 10 月
6	李先生	某高校保安	2019 年 10 月
7	郑先生	某快递公司员工	2019 年 11 月
8	张先生	某外卖平台员工	2019 年 11 月
9	吴先生	货车司机	2019 年 12 月
10	刘先生	某音响设备专营店员	2019 年 12 月
11	林女士	某服装店店员	2019 年 12 月

3. 网络民族志

网络民族志指基于参与观察的视角，利用网络在虚拟环境中开展的民族志研究，即课题组利用互联网搜索相关资料，并与网上涉及的研究对象进行线上的互动。除此之外，课题组成员也开展线下调研，形成对研究的补充。如今微信已经成为人们生活、工作、社交不可或缺的重要平台，微信群聊中基于某种特定主题，或者特定偏好目的将人群集中在一起，形成虚拟社群。微信群聊记录以及微信群发起的活动是观察研究主题的重要原始材料。因此本文选取广仁志愿者互动群和暖加公益义工群作为网络民族志观察对象，在群聊互动以及活动发起、群成员参与中试图描绘来穗务工青年志愿活动的参与现状。

四、身份叠合的迷思："异乡人"的现状与困境

早在 2016 年，广州市就制定实施了《广州市来穗人员融合行动计划（2016—2020 年）》，从基本公共服务、经济立足、城市文化认同、政治参与等维度全面发力，有力地促进了来穗人员"个人融入企业、子女融入学校、家庭融入社区、群体融入社会"。

如何使来穗人员"留得住，过得好"，广州市政府、广州市来穗人员服务管理局以及热心公益的广州市市民都在积极行动。如 2019 年广州市来穗人员通过积分梯次享受公共服务的政策，开展来穗人员子女积分制入学。仅 2018 年，广州全市就安排 2.86 万名符合条件的随迁子女入读义务教育学校起始年级，占符合申请条件人数的 75%。除此之外，广州市还积极开展"来穗人员融合大讲堂"培训项目，让更多的来穗人员享受到融合服务。① 为了树立来穗群体的主人翁意识，广州市来穗人员服务管理局推出"金雁之星"，树立来穗融合中的典型。如为来穗家庭讲故事的宣雯、为自己的"广州梦"不断奋斗的来穗人员贺翰。② 来穗人员的城市融入一直是政府重视的议题，一系列政策的出台发力为来穗人员融入广州铺就了政策之路。

（一）来穗务工青年社会融入与志愿参与现状

1. 来穗务工青年社会融入现状

从来穗人员来源地看，广东省内来穗务工青年占据问卷调查样本总体的 70%。广州市内来穗志愿组织，如广仁社工组织、广州市风向标社会工作服务中心等志愿服务活动参与人员，多为内部稳定的成员，或以此为职业的社工，这些成员通常都为广东省内来穗。广东省外户籍来穗务工青年的社会志愿参与意愿低于广东省内来穗务工青年。故而在人员构成方面存在以下现状：广东省外来穗务工青年参加志愿服务大多为短期，且流动性强，问卷填写意愿相对较

---

① 李少辉，罗旭. 广州市努力增强来穗人员的获得感、幸福感、安全感［EB/OL］.（2019 – 09 – 05）［2020 – 05 – 01］. http://www. chinadevelopment. com. cn/2019/0905/1559880. shtml.

② 以上案例可参考广州市来穗人员服务管理局官方网站"金雁之星"专栏，http://lsj. gz. gov. cn/jyzx/index. html.

弱，主要归因于其融入期望不高。广东省内来穗务工青年则相反，大多社工组织的管理者、组织者都为广东省内来穗，希望长期融入广州。因此来穗务工青年将参与志愿活动作为自身融入广州的一个平台，希望在参与志愿活动的过程中获得服务所在地的获得感与融入感，激发自身的主人翁意识。

首先，就来穗务工青年群体数量来说，目前广州市来穗人口逾千万，数量庞大的来穗青年聚集在广州市，为公共基础设施、公共安全、社会保障、医疗保障等提出了更大的挑战，也为城市治理埋下了隐患。就生存方面来说，广州市作为经济发达的大城市，房价居高不下使来穗务工青年望房价而却步，迫于生存压力，大量来穗务工青年租住在城中村。城中村"握手楼""贴面楼"等建筑群采光通风不便，"脏、乱、差"现象难以治理，居住环境复杂，生活条件简陋，在社会融入的迫切感与现实的生活压力下，来穗务工青年群体由于没有能力支付巨额房价，造成在城市中难以落脚的挫败感。来穗务工青年对城市的认同出现挫败与疏离感，在租客、异乡人的自我暗示下，"新广州人"的身份认同出现偏差。

其次，户籍及相关制度的差异使得针对来穗务工青年的社会福利与社会保障制度处于薄弱的位置，来穗务工青年的生活幸福感与广州市本地人相比降低。

"我们哪里能跟广州人比啊，房价太贵了，买不起房，我和老婆在这边工作，小孩子就在老家上学，怎么说呢？我参加志愿活动就是因为想赚点积分，不过积分太难赚了，50小时才积1分，打工很累的，哪有空天天做志愿。讲白了，我来广州打工15年了，还是觉得自己是外地人。"（访谈1）

再次，由于地域文化和饮食差异等，大多数来穗务工青年融入城市出现困难。来自同一地区的来穗务工青年往往选择居住在相邻地方，也往往只在同乡之间进行社交。受收入与工作状况的影响，来穗务工青年往往居住在城中村，与城市相对隔离，但又要接受城市的公共基础设施、生活习惯等。因此在农村文化与城市文化相互碰撞的时候，矛盾和冲突便出现了。

"我跟他是老乡，他带我来广州干活的。我平时休息的时候就来找他玩，我俩是河南人嘛，爱吃面食，休息的时候就一起找哪里有河南饭馆，我吃不惯粉。"（访谈2）

2. 来穗务工青年志愿参与现状

广州市来穗人员服务管理局采取与社会性来穗人员志愿服务组织合作的方式开展对来穗人员的志愿服务活动，促进来穗务工人员与广州市更好地融入。如广仁社工组织、广州市风向标社会工作服务中心、暖加公益组织等。其中广州市风向标社会工作服务中心、暖加公益组织主要从事家庭综合服务、青少年服务、老年服务、健康服务、新广州人（来穗人员）服务，广仁社工组织主要为吸纳来穗人员参与志愿服务活动。

问卷调查中体现的志愿活动内容的种类较为丰富、多样（见图5-1）。围绕着来穗志愿服务开展的志愿活动有开展安全知识、技能普及；来穗政策宣传；文化、娱乐活动；居民心理辅导；卫生、环保活动；辅导社区小朋友课业；救助帮扶困难群体（老弱病残孕）等。通过对不同志愿服务组织的实践调查，加之问卷调研与访谈，有部分被调查者在问卷调查时表示参与志愿活动的频率相对较高（见图5-2）。

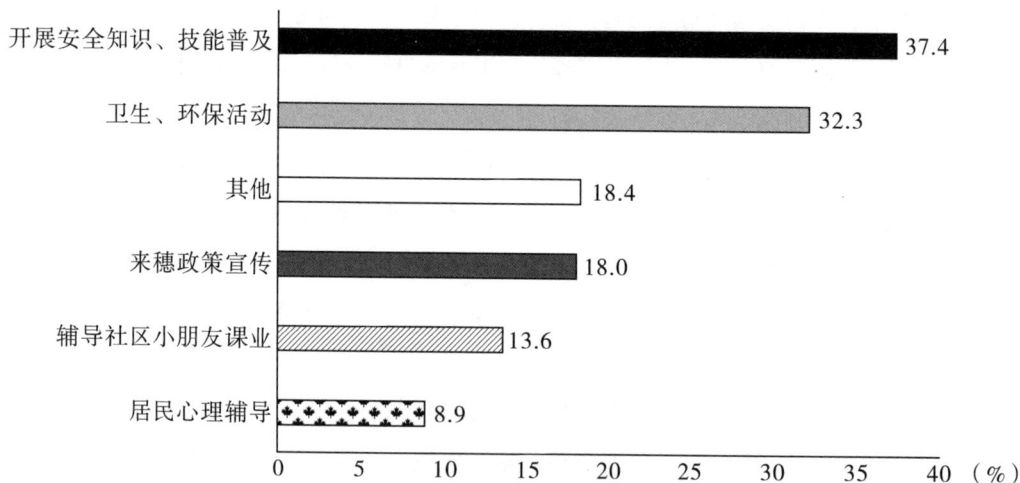

图5-1　来穗务工青年参与志愿活动的形式分布

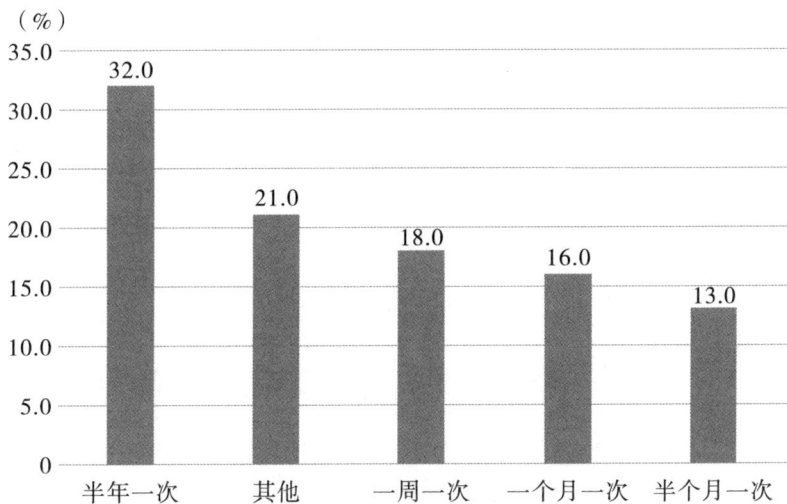

图 5-2　来穗务工青年参与志愿服务活动频率分布

案例1：

"我经常参加志愿活动的。我自己是幼儿园老师，周末会轻松点，我就去会主动联系组织看看有什么活动。有时候我会在那个叫'i志愿'的平台，提前看好这个周末有什么活动，就会过来。而且我孩子被送去辅导班，我也不需要在家管什么，就轻松点，相对有时间。"（王女士）

案例2：

"做志愿不是积累志愿时长吗？我想以后能在广州落户，所以一有空我就来参加志愿活动。我加了一个微信群就是专门开展志愿活动的，老乡拉我进去的，但我在做保安，休息的时间也不是很多，志愿活动没有做得特别多。"（李先生）

案例3：

"有空就来啦，没活儿的时候就出来看看，就当是认识朋友了。而且有时候感觉我帮了别人，就好像是广州的主人了，特别是刚来广州的老乡，我给他们介绍的时候就有一种成就感。"（吴先生）

也有部分被调查者表示自己都没有时间，不会考虑参与志愿活动之外，还有部分来穗务工青年表示并不是自己不愿意参与，而是没有参与的途径，也不知道在哪里参加。

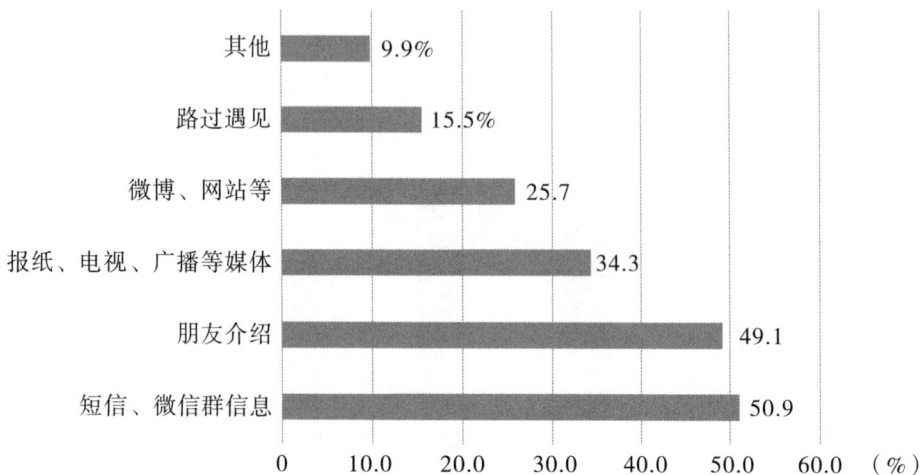

图 5-3　来穗务工青年了解志愿活动的渠道

案例 4：

"志愿者活动是否就是街上那些捐赠衣服的活动？我之前有看到很多人给贫困山区小孩捐衣服还有捐款，我住的地方楼下就有一个爱心衣服流通站，这些还蛮好的。（有想过参与他们，一起做这样的活动吗？）没有吧。那些都是大学生在做，我也没问过他们。哪里知道怎么参加，也没有人问我们要不要参加。"（刘先生）

在访谈对象中，有两位表示虽然参与过志愿者相关的活动，但参与的志愿活动并没有让他们感觉到自身价值的体现，更没有涉及提升的层面。因此之后就算再有参与机会，他们也并不感兴趣。所以仅仅限于参与过，但并未一直参与其中。

案例 5：

"有啊，我有个老乡在一个大学保卫处，我们现在还有联系。我去年有参加过那所大学组织的志愿活动，我还叫了我厂里的一些朋友一起去！感觉没什么意思，后来就没去了，也就没听说还有什么活动。"（郑先生）

案例 6：

"我们小区那个老年人之家，有大学生上门来，说是慰问的，我觉得很好啊。平时也没什么年轻人陪着老人说话，有大学生来陪他们玩还是很好的。如果你们有组织，我也愿意去的。"（李女士）

从与这些来穗务工青年的交谈中，也能够比较清楚地认识到他们并不是缺乏参与志愿活动的意愿、热情，而是缺乏参与的途径。他们也并不是世人眼中需要帮扶、救助的对象，而是有一定能力参与社会服务并给予他人帮助的一个群体。

表 5-2　社会志愿服务存在的问题统计

社会志愿服务存在的问题[a]	响应		个案百分比（%）
	N	百分比（%）	
参与人群较少	218	15.5	40.3
参与渠道较少	258	18.3	47.7
宣传力度薄弱	270	19.2	49.9
缺乏各方支持	210	14.9	38.8
理解和支持的人较少	170	12.1	31.4
志愿者服务质量不高	97	6.9	17.9
志愿服务社会氛围不足	155	11.0	28.7
其他	29	2.1	5.4
总计	1 407	100.0	260.1
a. 值为 1 时制表的二分组			

据表 5 2 显示，近一半来穗务工青年认为志愿参与并非自己不积极不参与，而是志愿参与渠道薄弱，导致自身无法获取相关信息。

（二）来穗务工青年志愿活动参与分析

1. 来穗时长与志愿参与意愿分析

在 548 份有效样本中，来穗 6 年以上的人员占比达 58.4%，其中来穗时长在 3 ～ 6 年的人员占比 15.7%，来穗 3 年以上的人员占比 74.1%，即问卷调查对象 74.1% 为来穗务工青年中的稳定群体。问卷调查的前提是针对做过志愿服务的来穗务工青年，在接受问卷调查的来穗务工青年中，参与志愿服务的青年来穗时长多为 3 年以上，居住社会环境变动相对较小。在"您来广州多长时间了"与"您参加社会志愿活动的频率是"的问卷数据分析之中，课题组分析数据发现，来穗时间越长，生活状况与社会环境越稳定，参加志愿活动的频率则相对较高。因此，根据来穗时长与参与志愿服务的意愿相关性分析可知，来穗务工青年来穗时间越长，越能在城市生活中产生适应感从而激发自己对所在城市的认同感。

调查发现，来穗时间长的务工青年志愿参与意愿显著高于来穗时间短的务工青年。从某种程度上来说，来穗时长则代表了来穗务工青年的一种流动状态。且随着居住流动性的增加，来穗务工青年志愿参与意愿呈明显下降趋势。由此可见，居住流动并不利于青年志愿参与积极性的提高。

2. 个体流动性与志愿参与意愿分析

在访谈与初期调研中，不少受访者表示由于自己还没有稳定的工作，没有自己的房屋，想参加志愿活动但囿于此无法参加。也有部分受访者认为，志愿参与是有时间的本地人做的事情，与外地人无关。

"我们送外卖的，每天都要接单赚钱，哪有空参加志愿活动。"（访谈 3）

"我们自己就是外地人，再去做志愿我觉得有点不好意思，做志愿都是本地人在做吧，帮助外地人融入广州？我是这样想的。"（访谈 4）

在居住稳定性与志愿服务参与态度认知相关调查中，认为"我的居住状况比较稳定，流动性不强"有利于自己参加志愿服务的态度调查中，同意与非常同意的人数占调查总人数的 74.8%。在一定程度上可以说明居住稳定性与来穗务工青年的志愿参与情况呈现正相关。当个体的稳定性越强，流动性越小，参加能够促进自身与当地认同感的活动，积极融入到当地的社区、社会共建与帮扶的积极性行为中的可能性也越大。即居住环境、经济收入越稳定，来穗务工青年志愿参与服务的意愿与行为倾向越高。

而在接受问卷调查的来穗务工青年中，拥有自购房屋或者租住公家房屋、单位房屋、亲友房屋等稳定性住所的调查对象占比半数以上，稳定性的住所与志愿服务的相关性符合上述验证，即居住环境的稳定性越高，来穗务工青年参加社会志愿服务的频率越高，反之个体流动性越大，如居无定所等，参与志愿服务的倾向越低，即个体流动性与志愿服务参与存在负相关。

在个体流动性层面与来穗务工青年的志愿服务参与方面，可以得出来穗时间长的受调查人员参与志愿服务的频率高于来穗时间短的受调查人员；而在居住稳定性与来穗务工青年志愿服务方面，对"居住环境比较稳定，有利于自己参加志愿服务"的态度调查中，同意与非常同意的人数占调查总人数的74.4%。由此可见，无论是主观层面的个体流动性还是客观层面的居住的稳定性、社会环境稳定性，都是影响来穗务工青年志愿服务参与的重要指标。从某种程度上来说，来穗务工青年自身本来就是有流动性，在尚未取得广州户籍时皆为一种流动状态，分析结果显示：随着流动性的增加，来穗务工青年的社会志愿参与意愿呈现下降趋势；当个体取得稳定性状况时，志愿服务参与意愿明显提升。

3. 社会行为动机与志愿参与意愿分析

志愿者的行动特质在于它是一种有利于他人和社会的纯付出，但这并不意味着从事志愿服务不会给志愿者带来实质上的"收益"。通过访谈与调查研究发现，来穗务工青年从事志愿服务，并非单纯地对志愿精神的认可，而是混杂了"为了自己"的行为动机。

首先，在"为了累计志愿时长，我会参与更多的活动"的选项中，89.4%的被调查对象同意此说法（包括一般、同意、非常同意）。由表5-3可知，赞同（包括一般、同意、非常同意）该说法的频率为484。说明绝大部分来穗务工青年为了累计志愿时长而参与到志愿活动中。在广州市新出台的政策中，参与志愿活动时长可以进行积分从而为积分落户、子女积分入学提供参照。在调查中发现，累计志愿时长成为来穗务工青年群体参与志愿活动的首要动机。

表5-3　为了累计志愿服务时长，我会参与更多的活动

	频率	有效百分比（%）
非常不同意	18	3.3
不同意	39	7.2
一般	136	25.1

（续上表）

	频率	有效百分比（％）
同意	217	40.1
非常同意	131	24.2
总计	541	100.0

其次，对广州户籍的期盼与对广州生活稳定性的渴求，也是影响来穗务工青年参与志愿服务的重要因素。问卷分析与访谈表明，拥有广州市户籍、固定住房、固定工作的受访者参与志愿活动的频率更高。

"我来广州蛮久了，现在有自己的工作也有自己的住房。我有空就做志愿者，我今天是陪儿子做的。他们学校有做志愿者的实践要求，我今天刚好休息，陪儿子一起。做志愿者献大爱嘛。"（访谈5）

访谈对象自身稳定的生活，参与志愿活动没有太多的顾虑，且陪伴孩子做志愿服务时不仅培育了孩子热心公益的心态，也陪伴了孩子的成长。由此可以得出，参加志愿服务与来穗务工青年的稳定性有明显的正相关，个体社会生存与发展环境越稳定，参与志愿服务的意愿与行为倾向就越高。

再次，"结交朋友"获取当地的认同感与归属感也是来穗务工青年参与志愿服务的主要动机。

"多个朋友多条路嘛。外地人来广州混，还是挺不容易的。参加志愿组织，认识一些朋友，说不定哪天就用得上。"（访谈6）

最后，在来穗务工青年的志愿参与中，青年群体社会认同、地方认同、心理认同也成为不可忽视的驱动力。

"参加志愿活动的时候，我感觉自己挺像一个广州人的，我帮助别人获得了别人的认可，别人接纳了我，有那么一刻我觉得自己是广州人。"（访谈7）

根据身份认同相关研究，个体对所处群体的认同感越强，个体就能与所处群体的成员拥有更多相同的价值观。因此来穗务工青年在参与志愿服务活动中，身边群体成员对其肯定与认同会激发来穗务工青年的群体精神，使其获取对所在地的心理认同感。

4. 社会政策与志愿参与意愿分析

政策上的传达对来穗务工青年的志愿服务参与也起到直接的促进作用。如根据 2019 年《广州市来穗人员积分制服务管理规定》，积分制申请需满足积分达到 85 分以上的门槛。按照相关规定，志愿服务时长满 50 小时积 1 分。因此，获取积分也成为激励来穗务工青年参与志愿服务活动的另一原因。

提升来穗务工青年志愿服务参与的积极性，是实现来穗务工青年自我发展和社会发展的重要途径。以上针对来穗务工青年来穗时长与志愿参与意愿、个体流动性与志愿参与意愿、社会行为动机与志愿参与意愿、社会政策与志愿参与意愿的分析，反映出来穗时长及个体稳定性与志愿服务参与呈正相关，因此减缓来穗务工青年的流动性，可以显著缓解来穗务工青年"边缘化"与"异乡人"的流动感，提升其主人翁意识和归属感。由身份认同与精神认同助推来穗务工青年更多地融入志愿服务活动中，从而使来穗务工青年主动参与到融入所在地的进程中。

五、融合现状的思考：社会排斥的制约与阻碍

外来务工青年的志愿服务参与水平和参与程度非常有限，对城市公共生活和公共事务处于比较疏远的状态，而这种疏远实际上是强化了他们对社会的公共性需求和精神文化需求。[①] 来穗务工青年的志愿参与本质上反映了其在社会融入中的主体性崛起，也是一个复杂的系统工程。志愿服务在城市的普及化、日常化、时尚化，为志愿服务贴上了现代化的标签，也正好为来穗务工青年提供了构建新身份和自由选择生活方式的机会。数量庞大的来穗务工青年为广州经济社会建设做出了巨大贡献，然而他们在劳动权益、社会福利、文化生活、教育权益等基础社会公共服务领域没有获得应有的待遇。这也导致很多外来务工人员虽然身在广州，却难以融入广州，与广州户籍居民相比，往往更容易产生心理上的疏离感。

① 王新云. 外来务工青年志愿服务参与行为研究 [J]. 当代青年研究，2018 (5)：69 – 73.

（一）推力与拉力：流动性对来穗务工青年志愿参与的影响

来穗务工青年为广州市城市基础设施建设贡献了不可忽视的力量，同时来穗务工青年长期生活在广州市，已经习惯广州本地的饮食、文化、生活，部分来穗务工青年已经从心理上做好了长期生活在城市的准备。除此之外，近年来政府部门对来穗人员融入广州的大力推进，整体上来说来穗务工青年融入的社会环境和宏观、微观政策已经大大改善。但遗憾的是，在城市融入的道路上，一些制度性的难题仍然存在，这也是来穗务工青年志愿参与的客观阻碍。

1. 户籍制度制约下融合的困境

二元户籍制度把公民分成城镇居民和农村居民两种不同身份，相应针对不同身份产生了不同的政策。近些年来国家对于农村扶持力度加大，农村户口在政策上享受更多的优惠。但传统观念里城市户口居民"吃商品粮""上班拿工资""有退休金等社会保障"的身份优越感，使农村户口与城市户口之间人为地产生差异。来穗务工青年群体虽然在城市务工，甚至部分来穗务工青年从小就生活在广州，但囿于户籍管理规定，在制度身份上依旧是农民。部分政策措施的错位，使来穗务工青年不能与广州市市民享受同等的医疗保障、社会保障、子女教育保障等，因此户籍制度的制约下，来穗务工青年在融入广州市的过程中存在制度排斥。

在问卷调查中，大部分来穗务工青年租住单位宿舍、私人房屋，自购房屋住所的占比较少。这显示出绝大部分来穗务工青年生活仍然处于不稳定状态，没有真正在城市中扎下根来。

"我没有参加过志愿活动，我也不知道有什么志愿活动。我们在这里上班就很忙了，哪里有时间参加活动。我老婆去年还生了儿子，现在回老家带孩子去了。我还要去上班怎么有空去哦？那些都是大学生做的事情啦。"（访谈8）

2. 城市承载能力限制下融合的无奈

从社会公平性视角来看，外来务工人员的城市融入是其付出劳动后应该获取的合理回报。[①] 外来务工人员的社会融入很大程度上是对所在地城市承载能

---

① 刘阳. 外来务工人员城市融入的研究 [J]. 大庆社会科学, 2012 (3)：56 - 59, 2.

力和治理能力的考验，这对政府的治理能力提出了挑战，如：如何公平分配教育资源、如何公平分配社会保障等。保障外来务工人员的权利，推动其更好地城市融入，做好城市资源扩容与政策向外来务工人员群体倾斜，是政府做好和谐社会治理、提升现代化治理能力的应有之义。

部分本地居民对外来务工人员持排斥态度，认为外来务工人员挤占大量社会资源，导致公共交通拥挤、城市人口密度大，甚至大量人口涌入下房价飙升等问题。因此部分本地居民对外来务工人员持不满心理。这些不满心理的背后，实质是城市资源紧张、资源分配不均及政策照顾不到位的反映。除此之外，由于城市资源紧张，无法兼顾每一位居民，因此在城市承载能力欠缺下大量外来务工人员很难融入城市。

以教育为例，2016 年 11 月，广州市政府常务会议审议通过了《广州市人民政府办公厅关于进一步做好来穗人员随迁子女接受义务教育工作的实施意见》，凡持有在广州市办理的《广东省居住证》满一年的来穗人员，可为其随迁子女申请入读义务教育阶段小学一年级和初中一年级。根据其在广州市稳定职业、稳定住所、依法缴纳社会保险等条件，以积分制入学的方式安排辖区内的公办学校或政府补贴的民办学校学位。① 但由于学位紧张、积分获取耗时，来穗务工青年工作强度大，大部分来穗务工青年依旧选择将子女送回老家念书。

3. 心理、文化与社会认同对志愿参与的激励

文化认同指人们对于文化倾向性的认可，包括形式认同、规范认同、价值认同三个层面。对社会群体而言，文化认同是群体形成的核心要素之一，是群体特性的表现，是区别"我们"和"他们"的依据，具有增强群体凝聚力的功能。② 根据泰弗尔对社会认同理论的阐释，人们的群体身份意识会强烈地影响着个体的知觉、态度和行为。

我国曾长期处于城乡隔离状态，城乡文化断裂使城市居民对外来务工人员持有一种固有的乡土文化印象，并伴随着对外来务工人员的标签化印象。随着社会的发展及新生代来穗务工青年的知识水平、素质与职业发展规划的不断提升，其与老一代务工人员产生了很大程度上的代际差异，涵盖工作价值观、审

---

① 昌道励. 来穗人员持《广东省居住证》满一年 可为随迁子女申请入读小学一年级和初中一年级 [EB/OL]. (2016 – 09 – 26) [2020 – 05 – 01]. http://kb. southcn. com/content/2016 – 09/26/content_ 15626588. htm.

② 佐斌，温芳芳. 当代中国人的文化认同 [J]. 中国科学院院刊，2017，32 (2)：175 – 187.

美观、家庭观、未来规划观等。以来穗务工青年为代表的新生代外来务工人员正用自己的行动摆脱这一刻板印象，希望融入城市中，实现对广州市的文化融入，从而激发自身主动性。在问卷针对参与志愿服务活动的原因及对志愿服务活动的看法的调查中，部分被调查人员认为参加志愿活动可以在不同形式的活动中对广州有更多的了解。特别是省外来穗务工青年，由于语言不通，南北方文化差异大，在问卷调查中多数人员表示，参加志愿服务活动是快速了解广州市文化的一种方式。同时志愿服务队内部广东省内户籍志愿者以及来穗时间长的志愿者、义工较多，通过与他们的交流可以获取更多对广州这所城市的理解。

较之于户籍制度、住房压力等外在制约条件，对于外来务工群体的社会偏见与歧视形成的心理隔阂是外来务工群体融入城市不可忽视的内在原因。以往对于来穗务工群体的肖像刻画为来穗务工群体大多工作不稳定、收入偏低、社会保障较差，在城市中容易成为违法犯罪的主体。① 部分本地人认为大量的外来务工人员涌入广州挤占了工作岗位资源，对外来务工人员抱有不满的心理。"北佬""打工仔"等代名词指代来穗务工群体，充满了污名化态度。当外来务工人员感受到来自部分本地居民对自身想要融入群体的蔑视或者排斥时，便会影响其在居住地的社会融入。因此，实现心理层面上的社会认同对外来务工群体的社会融入有重要影响。

多数人的认知中认为只有本地人或者工作比较稳定、空闲时间比较多的人参加志愿活动的频率比较高。

"志愿？没空没空，我们做销售的一周也休息不了多久。有时间还想自己好好休息。志愿是有空的人才做的，学生会多一点吧。"（访谈9）

在访谈中发现，部分访谈对象参与志愿活动，实质是为了在心理上建构自身作为广州人的身份。

"我觉得做志愿者特别的洋气。以前看奥运会的时候，就想做志愿者了，可以和外国人打交道，有面子，而且还不用花钱。"（访谈10）

---

① 赵浩鹏. 来穗务工人员服务管理问题与对策研究［D］. 广州：华南农业大学，2016.

在受访对象看来，通过具有现代性标示的志愿者角色来获得广州人身份建构，是其从事志愿服务的工具性动机之一。也有受访对象认为，参与志愿活动没有明确的动机，把做志愿活动当成一件很光荣的事情，通过做志愿活动来获取自身心灵上的满足感，进而实现个人认同。

"电影《我和我的祖国》里面有一段就讲的是北京奥运会的时候葛优他们做志愿者，我看完感觉做志愿很光荣。"（访谈 11）

从本质上来说来穗务工青年志愿活动参与也是对广州本地的城市文化、时尚文化及对一线城市发展的认同。除此之外，来穗务工青年通过参与志愿服务获取广州人的身份从而建构自己的个人认同，实现对广州的文化认同到心理认同，对来穗务工青年参与志愿服务活动有内生性激励作用。

4. 社交媒体、现实社交与志愿参与的关系

在有效问卷分析中分析发现，个体在参与志愿服务中担心"活动安排不合理"在总体选择中频率较高。这反映出目前来穗务工青年志愿活动参与的组织存在一定的问题。

目前，广州市来穗志愿组织在来穗志愿服务过程中存在以下问题：志愿者流动率和流失率高；宣传力度弱，未能覆盖更多的人群；志愿组织未能有扎实的组织与领导能力。因此强化来穗志愿组织的领导与组织能力，使来穗务工青年在志愿参与中能够推进其与当地的地域认同与情感认同，这是志愿活动组织的重要职责所在。同时，相关组织的领导者与组织者也亟须提升自身的活动组织能力，使活动能够高效高质量开展，减少活动中不合理的安排与规定，减少来穗务工青年参与志愿活动的隐忧，为其提供阳光合理的平台，促进其更好地融入城市。

在调查初期课题组发现，部分调查对象表示接触志愿参与的渠道较少。以 i 志愿平台为例，需要身边人普及讲解才能了解到该平台可查询志愿活动的时间、地点、形式及报名信息。而志愿活动组织多通过微信、QQ 群进行志愿活动通知。在新媒体技术普及下，个体选择电视、报纸等大众媒介的概率大大降低，因此据调查大部分来穗务工青年接触志愿活动的渠道不畅通，或者想参加而无门路。

因此，志愿组织要积极对接新媒体宣传与参与技术，借助新媒体技术，创

建诸如微信群、QQ 群等网络社群组织，并加大推广力度。同时利用已经参与群体的人际关系进行推荐，吸纳更多来穗务工青年加入到志愿活动中来，从而使志愿服务参与的宣传方式更加灵活与便捷，同时增加社群内互动增强来穗务工青年志愿服务与组织的黏性。

除此之外，来穗务工青年在广州一线城市的薪资收入、发展机会的拉力下选择留在广州，但就下一代教育的候鸟式迁徙与住房稳定性而言，来穗务工青年在广州产生难以融入的心态。自我边缘化与异乡人的孤独感使其难以打开心扉积极投入志愿服务参与中，真正主动去参与志愿活动。而教育、住房等是来穗务工青年拥有稳定生活条件的具体体现，稳定生活条件营造了空间上的便利性，减少了志愿活动参与的难度，并给予人们情感上的自由，以便能够更好地投身于志愿服务。

（二）隔离与融合：来穗务工青年的心理融入分析

外来务工人员的社会融入受到多种因素的制约，包括制度层面的硬性制约以及非制度层面上的软性制约。社会融入也是一个动态过程，外来务工人员通过与本地居民互动，形成对自己社会身份的认同，这一认同又会对外来务工人员的社会行为产生相应影响。[1] 来穗务工青年参与志愿服务的本质是其对所在地城市的融入行为，社会融入不仅是个体与所在地群体的融合程度，同时也是个体身份认同感与心理归属感的融合，高度的社会融入程度必然是建立在外来务工青年群体对所在地区域、文化、精神、心理上的认同之上的。以下将从来穗务工青年的心理层面进行分析，剖析其心理融入现状与制约因素。

1. 社会孤岛下心理融入的隔阂

覃国慈提出，居住地的边缘化对"本地人""外地人"这两个群体之间隔阂的产生有直接影响。因为缺乏互动从而形成"一座城市两个生活圈子"的现象，进而导致心态上的边缘化与身份上的边缘化。[2] 李强提出外来人口社会融入困难的一个突出表现是人际交往断裂和社会网络的"孤岛化"，即他们与周边的市民基本上没有交集。这一状态使得当他们遇到困难的时候，可以求助的

---

① 崔岩. 流动人口心理层面的社会融入和身份认同问题研究 [J]. 社会学研究, 2012, 27 (5): 141 - 160, 244.

② 覃国慈. 关于农民工与城里人的隔阂探讨 [J]. 湖北社会科学, 2007 (1): 189 - 192.

社会网络基本局限于原有的亲缘和地缘关系。①

　　大部分来穗务工青年由于求职、租房、子女教育等方面的问题，多数只能靠自己寻求解决措施，或者依靠自己的朋友，而朋友又多为同乡或者同事。由于自身工作的特征，以及生活的局限性，他们接触的圈子比较狭窄，导致来穗务工青年与身边本地人交流少，呈现出明显的隔离状态。此外，由于来穗务工青年工作生活多与同乡进行交往，其社交圈呈现出闭环型，这导致其所属群体封闭性强，形成了典型的社会孤岛。

　　笔者在调研过程中参与过不同组织的来穗务工青年志愿参与活动，如广仁社工组织在天河区棠下街道举办的"日常生活急救技能"活动中，参与问卷调查及访谈的8位志愿者表示，自己在日常社交中与同乡接触比较多，很少与广州本地人有交流。

　　"我来广州工作是老乡介绍的，房子也是老乡帮忙找的。我俩住的不远，有时候店里调休我就来找他玩，有时候我们也会和其他的老乡一起玩，我们都在附近住，这里住的差不多都是湖南人。"（访谈12）

2. 社会排斥下心理融入的阻碍

　　有学者指出，外来人口尤其是农民工群体，不能融入城市社会主要是由制度性因素导致的，而其中的核心原因是户籍制度障碍。基于户籍制度的差异性待遇，使得外来人口在子女教育、社会保险、公共医疗、住房保障等领域与本地居民有较大差异，从而导致外来人口社会融入困难。尽管部分外来人口有强烈的期望融入城市，然而户籍制度却成为不可逾越的鸿沟，使其无法真正获得与本地居民相同的权利。一些地方政府更对农民工的就业进行了排斥性限制，使得外来务工人员只能通过非正式就业在城市立足。与此同时，与户籍制度相关的医疗保险、失业保险、养老保险等社会保障制度，以及经济适用房等住房保障制度也将外来人口排斥在城市公共资源之外。

　　加之部分广州本地居民抱有偏见，认为来穗务工青年的出现影响了城市人文环境，导致各种社会问题，并认为来穗务工青年在一定程度上与本地人在就

---

　　① 李强. 中国城市化进程中的"半融入"与"不融入"［J］. 河北学刊，2011，31（5）：106 – 114.

业上构成了竞争。基于上述原因，本地居民在与外来人口的交往中往往抱有一定的不满心理。因此一旦社会排斥通过政策、法律形式转化为社会制度，就可以形成社会主导群体对社会资源的排他性占有，从而阻碍外来人口的本地化进程。因此户籍管理制度、公共医疗卫生、教育等制度性因素使来穗务工青年产生了被拒于广州之外的差异感。而这个维度所表达的是来穗务工青年是否拥有想参加志愿服务活动的内在条件，也是志愿服务行为最终能否得以维系的根本条件。

（三）社会差异与相对剥夺：来穗务工青年的社会融入的分析

社会差异是影响外来人口社会融入的重要因素，首先是地区发展不平衡与城乡差异，同时包括外来人员与本地居民的生活差异。当外来人员感知到周围存在社会差异时，便会形成相对剥夺感，进而影响对所在地的社会融入进程。[①]除此之外，外来务工人员在所在地生活中产生的相对剥夺感，降低了外来务工人员对城市生活的幸福感，生发出他有我无的心理区隔。"相对剥夺感"（relative deprivation）由美国社会学家斯托弗（Samuel A. Stoffer）首先提出，是指在不同社会群体之间，或者某社会群体内部，由于不公平现象而产生的不满、怨恨、愤怒等情感。[②]朗西曼（Walter E. Runciman）提出了相对剥夺感来源的四个条件：即一个人相对剥夺感的来源取决于 X，包括他不拥有 X；他看到别人或别的群体（可能也包括以前或将来的自己）拥有 X（不论其他人确实拥有或者事实上可能并没有拥有）；他想要拥有 X；他认为自己拥有 X 是合情合理的。[③]

同时，根据社会认同理论，来穗务工青年对所在地城市居民的正面评价，强化了其脱离自身所属群体，从而融入所在地城市居民群体的意愿。"新广州人"融入的现实与心理区隔中，来穗务工青年又极力挣脱自身所属"异乡人"

---

① 相关研究可参考以下文献：许传新. 新生代农民工城市生活中的社会心态 [J]. 思想政治工作研究，2007（10）：57－59；胡宏伟，李冰水，曹杨，吕伟. 差异与排斥：新生代农民工社会融入的联动分析 [J]. 上海行政学院学报，2011，12（4）：79－93.

② 付允. 可持续发展的公平度量：相对剥夺感理论、模型与实证研究 [M]. 北京：中国发展出版社，2011.

③ RUNCIMAN W E. Relative deprivation and social justice：a study of attitudes to social inequality in twentieth-century England [M]. Berkeley：University of California Press，1966.（其中相关内容翻译沿用了付允在《可持续发展的公平度量：相对剥夺感理论、模型与实证研究》中的相关内容跟表述）.

身份，在叠合身份下，来穗务工青年群体无法对自身形成准确认知，因而模糊了自己对身份的建构。

"我在广州四五年了，感觉自己还是外地人，也没有主人的感觉。我觉得志愿活动都是广州本地人做的，我们外地人也有想做的念头，但还是先顾好自己，不给政府添麻烦。"（访谈13）

该访谈对象由于"异乡人"的自我认知，当自身产生"边缘人""异乡人"的悲观心理时，便会产生相对剥夺感，影响自身参与社会公共事务、融入广州的进程。因此，由于自身认知的偏差与叠合身份的双重纠葛，来穗务工青年虽长期生活在广州市，为广州市发展贡献一份力，但是无法在广州市获得广州人身份的认知，进而影响参与志愿服务活动的意愿，同时不断影响其融入广州市的意愿。

1. 教育不均下子女发展的羁绊

目前来穗务工青年子女在接受教育方面与广州市本地孩子有很大的区别，而这种差异为来穗务工青年的城市融入划下了潜在的鸿沟。从未来发展空间上讲，教育起点上的不公平以及教育关键环节的制度障碍，很大程度上影响到了来穗务工青年子女的未来发展。2020年5月29日，广州市天河区教育局公布《2020年广州市天河区来穗人员随迁子女积分制入学学位申请指引》，2020年天河区来穗人员随迁子女积分入学招生计划总数为2 213个（小学1 237个、初中976个），涵盖公办学校学位和政府补贴的民办学校学位。天河区教育局将按照"积分优先、遵循志愿"的原则分批安排来穗人员随迁子女学位。且在天河区民办学校就读的来穗人员随迁子女，区财政按照小学每生每学年5 000元（每生每学期2 500元）、初中每生每学年6 000元（每生每学期3 000元）的标准进行补助。①

虽然政策倾斜为来穗务工青年子女教育提供了更多的机会，但积分入户、积分入学条件相对严苛，获取积分需要付出一定的时间与精力，在课题组调研中，部分被访人员认为自己的工作性质以及在广州生存的压力使其无法有更多

---

① 天河区教育局. 2020年广州市天河区来穗人员随迁子女积分制入学学位申请指引 [EB/OL]. (2020 – 05 – 29) [2020 – 06 – 10]. http://www.thnet.gov.cn/gzjg/qzf/qjyj/tzgg/qtgg/content/post_ 5880321. html.

时间获取积分。

"我是送快递的，计件拿工资，老家还有老婆、孩子。周六日我也很少休息的，就想多挣钱，没想过做志愿者。"（访谈 14）

此外，在访谈中部分来穗务工青年选择将子女送回老家读书。

"以后孩子肯定回老家上学啊，这边公立学校不好进，私立学校又太贵，我自己打工也赚不了几个钱。"（访谈 15）

来穗务工青年的子女在心理发展上也难免出现消极和悲观情绪，由此在心理上产生与广州市本地人的疏离感，缺乏主人公意识，容易形成"边缘化""异乡人"的悲观认知，因此对于志愿活动会产生抗拒甚至疏离感。有研究表明，农民工子女由于父母工作的流动性及特殊的生活和生存环境，容易在成长的过程中认为自己相对于其他同龄人，得到太少而失去太多，长此以往不利于子女身心健康发展①。子女、家庭是来穗务工青年的生活指望与精神依托，当子女在穗无法得到优质的生活环境与发展环境时，来穗务工青年在城市生活的意愿将大幅度降低，从而影响来穗务工青年主动进行社会融入的意愿。

2. 住房及婚恋压力下城市立足的阻碍

青年是典型的住房刚需群体。在高房价的大都市，普通青年难以拥有自己的住房，租居、群居、蚁居成为其生存常态。无房青年在同辈比较、婚恋社会逻辑、阶层识别等个人社会化逻辑中身处劣势。② 外来务工人员在大城市高房价面前，产生巨大的压力，包括生存压力与精神压力。住房压力下外来务工人员心理上的紧张与挫败，使其产生在城市中生活漂泊无依的感受。部分外来务工人员在生活压力下纷纷逃离大都市。在北京、上海、广州等一线城市，住房问题更加突出。

住房问题带给来穗务工青年巨大的生存压力。首先，高额房价、首付、月供等使来穗务工青年无力承担。多数外来务工人员的交通、生存、休闲娱乐等生活

---

① 李宁. 透析农民工子女的"相对剥夺感"[J]. 唐山师范学院学报，2008（4）：121 - 124.

② 胡小武. 青年的住房压力与社会稳定的探讨：大都市"房奴族"形成的社会化逻辑[J]. 中国青年研究，2014（10）：9 - 13.

成本居高不下。来穗务工青年基本从事体力劳动、服务业等相关工作，收入并不能使其支付高昂的首付与月供，因此产生巨大的生存压力，消解其在广州立足的希望。其次，来穗务工青年群体为非广州户籍人士。非广州户籍人士在广州买房需要满足以下条件之一，不间断连续五年社保缴纳、积分入户、学历入户、职称入户、紧缺工入户等。对于多数来穗务工青年而言，购置住房的条件相对严苛。

住房问题带给来穗务工青年巨大的精神压力。首先是复杂的自我怀疑情绪。买不起房与无法买到房的压力转换为其对自身能力的怀疑，认为自己不够上进，不够努力产生挫败感与失意情绪。其次是生活落差下带来城市生活的疲惫。广州市高额房价对大多数人来说都是难以承受的负担，甚至出现有人在广州生活几十年依旧租房的情况，对来穗务工青年来说更是如此。来穗务工青年生活在大都市中，与有房有车的同龄广州本地居民相比，容易产生挫败感，从而产生生存在大都市中的疲惫感。同时，"有房才是家"的中国社会心态，越来越对婚恋购房的年轻人造成直接压力，住房成为适龄青年在婚恋道路上的重大障碍。加之不断飙升的生活成本，在精神压力与生存压力激增下，来穗务工青年对广州市的城市融入极易被现实因素削弱。

本文的研究对象多为从事体力劳动的来穗务工青年，其薪资水平还不足以支付起新房的价格。在广州立足首先得支付高昂的房租，哪怕是广州城中村无阳光的"牵手楼"，房租也得每月数百元。因此，不堪重负的生活压力与工作节奏，致使来穗务工青年在融入广州的进程中身心疲惫，自然开始出现焦虑、绝望等负面情绪。

六、对策：身份认同下社会融入与情感认同的重塑

广州充足的工作职位、丰富的社会资源以及良好的发展机会使来穗务工青年有着融入城市的强烈意愿，但是由于制度性排斥下的相对隔离感，住房、子女教育等现实困境，使其不能很好地融入城市。一方面长期生活与工作在广州带来的"新广州人"自我认知，另一方面现实中融入广州获取户籍、住房、社会认同等困境，使来穗务工青年在自身身份认同问题上存在困扰。在"新广州人"与"异乡人"叠合身份下，以来穗务工青年志愿活动参与情况作为衡量其社会融入的角度，有利于将来穗务工青年置于优势视角，发挥其主动性，激发其自我效能感。本文没有将来穗务工青年视为弱势群体研究，而是从政策、社

会保障的推动下考察来穗务工青年社会融入的情况，以期为广州市城市治理及其他城市外来务工人员社会融入问题提供研究理论借鉴。

（一）制度认同的建构：户籍制度的革新引导

户籍制度从根本上制约了公民共享城市资源的权利，造成了社会资源分配的不平等，阻碍了社会阶层的地位流动，以政策形式肯定了社会不公正的合法性。当外来务工人员的身份被严格的户籍制度所限定时，其心理上的社会融入动机则会受到削弱，对所在城市的认同感与生活幸福感随之大幅度降低。即使外来务工人员长时间生活在现居住地，生活习惯、行为方式、价值观念逐渐与当地人趋同，但是，由于户籍上的差异，他们被认知的身份却依然是外来务工人员。因此，个体会产生强大的心理落差，被动地放弃融入这一选择。这种情况在大城市尤为明显。

近年来，广州市政府制定了一系列政策，促进来穗群体城市融入，如出台《中共广州市委办公厅广州市人民政府办公厅关于加强我市出租屋管理工作的意见》《广州市房屋租赁管理规定》《广州市流动人员管理规定》等系列文件，并制定《广州市来穗人员融合行动计划（2016—2020 年）》，加快推进来穗人员全方位融入广州社会。根据 2019 年广州市落户最新政策，广州市进一步放宽落户条件与落户名额，优化落户政策，开放积分落户、技能落户、学历落户等不同落户渠道，满足不同层次来穗人员的需求。

因此，政府部门应该不断通过制度创新使户籍政策与经济社会发展阶段相适应。通过推进新型社会管理模式，寻求公正公平这一理念与现实发展状况的平衡点。在提高城市发展水平的同时提升城市服务水平，拓展城市容量，从而消除"本地人"与"外地人"虽同处于一个城市空间，却在制度层面和心理层面相互隔离的现象。此外，应当通过推进经济改革，从根本上消除因二元社会结构和区域发展不平衡导致的社会不平等。只有缩小地区差异、逐步推进户籍制度改革，才能真正实现建立公平社会、和谐社会的理念，为外来务工人员的社会融入提供更大可能。

（二）社会认同的支持：政策倾斜的相对公平

外来务工人员有着融入城市的强烈愿望，他们渴望融入城市，但是对城市的认同还没有建立起来。不同地区文化的差异使外来务工人员内在性地存在与所在地群体的文化认同；社会保障差异使外来务工人员无法与所在地居民享受同等社会保障；户籍制度限制下子女教育差异使得外来务工人员后代教育很难在所在地进行。不同差异从模糊到清晰，从感性到理性的转变，社会排斥也逐渐从隐性状态转化为显性，表现为政治排斥、经济排斥、文化排斥、制度排斥等。①

全面提高公共服务均等化水平，在就业、社保、医疗、住房、教育等进行资源合理分配，政策保障进行相对公平设计与改革，有助于强化来穗务工青年的归属感与认同感。具体对策如下：

第一，在资源短缺领域进行政策性调整倾斜，缩小来穗务工青年与户籍人员之间的财政支出差距，建立完善的公共服务财政支出机制。

第二，建立完善的工资保障制度，出台更为健全的工资保障条例维护来穗务工青年劳动法合同制度，建立更为规范的劳资关系，使来穗务工青年劳有所得；推进来穗务工青年社会保险工作，逐步探索工伤保险、医疗保险等举措，根据来穗务工青年的特点与实际工作情况设立养老保险等基本保险制度，使来穗务工青年在广州生活得更有底气。

第三，健全来穗务工青年落户制度。近年来，广州市出台推动来穗人员进行社会融合的相应规划，其中对落户制度进行了调整与改革，如积分落户与技能落户、学历落户相结合，满足不同群体的需求。

第四，激发来穗务工青年民主参与的活力，拓宽制度化社会参与渠道，灵活社会参与形式。以来穗志愿服务参与为例，部分来穗务工青年在问卷中表示，自己想参与志愿活动但是没有参与的渠道，有时时间安排不合理。而在志愿参与活动的评价中，部分来穗务工青年表示担心活动内容不合理。来穗志愿服务队可以通过创新来穗志愿参与形式，吸纳更多来穗务工青年根据自身的情况参与到志愿服务当中。

因此，政府部门可以根据来穗务工青年分布情况与目前存在的问题，与志愿服务机构进行合作，通过使其参加社会组织活动，有利于提升来穗务工青年的社会参与能力，有利于形成集体意识与主人翁意识，进而更加积极地融入广州。

---

① 胡宏伟，李冰水，曹杨，吕伟. 差异与排斥：新生代农民工社会融入的联动分析［J］. 上海行政学院学报，2011，12（4）：79 - 93.

（三）精神认同的加持：城市包容的价值引领

广州市作为包容发展的城市，在现阶段的城市化过程中，人口数量激增带来原有城市资源分配格局的困境，造成城市资源的紧张。但大规模来穗务工青年涌入广州，在很大程度上解决了城市劳动力短缺问题，为城市建设做出了重大贡献。然而，来穗务工青年进行社会融入是一个漫长的过程，这一过程中必然伴随着各种各样的社会矛盾和冲突。因此通过志愿参与等维度的参与性融入，使来穗务工青年与广州本地青年一起成为广州市经济、社会、文化发展的主体，共享广州市发展的成果，成为包容性治理下推动来穗务工青年进行社会融入的重要任务。

目前，包容性发展已经成为新时代城市发展与治理的理念。因此从包容性视角出发，调动外来务工人员参与其所在地公共事务、公共决策、共享经济发展成果，是促进外来务工人员融入社会的崭新维度。包容性发展的核心是"共享"与"发展"。① 一方面通过使来穗务工青年实质性参与社会治理，另一方面为来穗务工青年等不同群体提供相对均等的公共服务机会、公共资源，使来穗务工青年在民主参与、公共服务、经济利益上实现被所在地城市的认同。通过规范化、均等化、公平化的价值理念引领，使来穗务工青年不断融入社会公共服务之中，落实自身深处"异乡"实则与所在地相互交融不可分割的责任感，在不断地参与公共事务之中激发自身对城市的精神认同，在城市生活中不断建构自己社会人的身份，强化自身责任意识。进而从精神层面削弱来穗务工青年融入社会的心理隔阂，使其更好地融入城市的发展。

（四）资源整合的促进：社区建设的融入维系

社区是社会的基本组成部分，因此社区建设也自然成为城市建设的有机组成部分。充分发挥社区的社会组织功能，对于构建和谐社会、促进社会融入、维护社会稳定都起着至关重要的作用。研究显示，融洽的社区关系和较高的社区融入水平不仅增强了社区居民之间的情感交流，更有助于加强居住在该社区的外来人口的社区归属感，从而提高其对本地身份的认同。社区融入是社会融

---

① 刘红岩. 包容性发展视角下促进农民工社会融入的路径［J］. 经济研究参考，2013 （56）：81－88.

入的重要环节，它使得来穗务工青年对所居住城市的认同不仅停留在该地区可能带给个体的经济利益，还能使来穗群体认可所居住地区给其带来的社会价值和情感价值，从而促进其进一步参与当地的社会建设。实现来穗群体本地化这一情感认知过程，是现代城市中社会融合作用的意义所在。

来穗务工青年与广州市本地人成"小聚居、大杂居"的分布形式，社区作为来穗务工青年与本地人交流的重要平台，在推动来穗务工青年与社区居民之间相处融洽度、提升来穗务工青年社会认同感与归属感上发挥着重要的功能。通过社区举办多种多样的活动为本地居民与来穗务工青年创造更多交流机会，通过鼓励更多广州市本地人和来穗务工青年参与社区志愿活动增进彼此之间的了解与情感认同。这不仅有利于改变部分本地人对于来穗务工青年的刻板印象，而且能够促进融洽的社区氛围，使来穗务工青年在心理上获得归属感，精神上获得认同感。

因此，社区应当发挥自身独特的平台作用，不断促进社区资源整合，加深社区建设与来穗务工青年之间的维系程度，更好地助推来穗务工青年进行"新广州人"的身份认同，进而推动其融入社会。

七、结语及思考

志愿参与是来穗务工青年融入广州的重要指标，其实质是在来穗务工青年的主动参与志愿服务下对广州市的心理认同、社会认同、身份认同、文化认同。研究表明，来穗务工青年的志愿服务参与意愿、态度、行为与个体对所在地的认同感存在相关性。即个体的心理认同、社会认同、身份认同、文化认同等越强烈，越会强化其参与志愿服务活动的意愿，优化其对待志愿服务活动的态度，激发其参与志愿服务活动的积极性，从而在不断的志愿服务参与中形成自身"新广州人"的身份建构，不断促进自身社会融入进程。

基于以上结论，本研究对提高来穗务工青年的志愿参与并促进其社会融入提出以下对策：

首先，推动来穗务工青年的公共服务包容性，加快将来穗务工青年纳入养老、医疗等社会保障公共服务体系，提高流动人口公共服务的受益辐射面积与政策的张力，让来穗务工青年的志愿服务乃至其他社会参与情况更加有底气；其次，提高来穗务工青年的文化公共服务包容性，使来穗务工青年平等使用公共文化设施、参加公共文化活动，丰富其业余文化生活，增强社区融入感；再次，提高教育的包容性，大部分来穗务工青年子女都与父母为分隔状态，教育对本地户籍与外来人口之间的普惠度与包容性欠缺，保障流动人口特别是来穗务工青年子女的基本教育是减少来穗务工青年流动性，减少其后顾之忧的重要一环；最后，加快社会体制改革，拓宽外来务工人员的户籍管理渠道与变革，确保来穗务工青年群体正当的利益与权利诉求得到合理的保障与回应，提高政策的包容性，才能以志愿参与为契机推动来穗务工青年在广州市的发展中更好地融入其中。

参考文献

[1] 周林刚，陈永海. 社交媒体环境下的残疾人志愿参与状况及影响因素研究：基于深圳和东莞的问卷调查分析 [J]. 经济社会体制比较，2020（1）：101 – 113.

[2] 梁少辉. 社会组织在来穗人员服务管理中的作用：基于增城区永宁街凤馨苑社会组织参与社区治理的实践探索 [J]. 大社会，2019（3）：70 – 73.

[3] 时昱，沈德赛. 当代中国青年社会参与现状、问题与路径分析 [J]. 中国青年研究，2018（5）：38 – 44.

[4] 张波，周恩毅. 新生代农民工幸福感影响因素与对策研究 [J]. 浙江社会科学，2017（1）146 – 154，160.

[5] 张敏，祝华凤. 新生代农民工就业质量与社会认同问题研究 [J]. 中国青年研究，2017（1）：108 – 112.

[6] 赵明，高中建. 我国"80 后"青年的社会认同及影响因素分析 [J]. 商丘师范学院学报，2015，31（5）：120 – 123.

[7] 蒋玉. 自组织型志愿活动的动机过程探赜 [J]. 学术交流，2014（6）：135 – 138.

[8] 王斌. 个体化的助人者：新生代农民工从事志愿服务的动机分析 [J]. 深圳大学学报（人文社会科学版），2014，31（1）：119 – 125.

[9] 黄佳豪. 社会排斥视角下新生代农民工市民化问题研究 [J]. 中国特色社会主义研究，2013（3）：77 – 81.

[10] 王辉，解方文. 论青年志愿服务对我国社会发展的影响 [J]. 产业与科技论坛，2011，10（10）：98 – 99.

[11] 李培林，田丰. 中国新生代农民工：社会态度和行为选择 [J]. 社会，2011，31（3）：1 – 23.

[12] 王春林. 农民工相对剥夺感产生原因分析 [J]. 安徽农业科学, 2011, 39 (10)：6180 - 6181, 6184.

[13] 郭科, 陈倩. 新生代农民工社会认同状况的实证研究：以西安市为例 [J]. 重庆科技学院学报（社会科学版）, 2010 (12)：48 - 50.

[14] 朱宇. 新生代农民工：特征、问题与对策 [J]. 人口研究, 2010, 34 (2)：31, 55 - 56.

[15] 孔冬. 沿海发达地区流动人口居住现状及需求发展趋势：基于浙江省嘉兴市的个案研究 [J]. 中国人口科学, 2009 (1)：104 - 110, 112.

[16] 吴晓燕, 吴瑞君. 大城市流动人口子女初中后教育的现状、问题及难点分析：基于上海市的专题调研 [J]. 教育导刊, 2008 (12)：24 - 26.

[17] 王莹. 身份认同与身份建构研究评析 [J]. 河南师范大学学报（哲学社会科学版）, 2008 (1)：50 - 53.

[18] 陈映芳. "农民工"：制度安排与身份认同 [J]. 社会学研究, 2005 (3)：119 - 132, 244.

[19] 卓汉容, 谭建光. 中国社会志愿服务转型的探讨 [J]. 江海学刊, 2001 (3)：45 - 49.

[20] 王春光. 新生代农村流动人口的社会认同与城乡融合的关系 [J]. 社会学研究, 2001 (3)：63 - 76.

[21] 李明欢. 20 世纪西方国际移民理论 [J]. 厦门大学学报（哲学社会科学版）, 2000 (4)：12 - 18, 140.

附录：问卷

······

广州市来穗务工青年的社会志愿服务参与现状调查

尊敬的女士/先生：

您好！我们是暨南大学青年研究项目课题组，为了明晰来穗务工青年的社会志愿服务参与情况，推动其更好地融入社区，希望能占用您宝贵的两分钟完成这份问卷，问卷不记名、不涉及个人隐私，对于您的回答及个人资料完全保密，仅供研究使用，请根据您的实际情况进行填写。

感谢您的支持和配合。

暨南大学新闻与传播学院

青年研究项目课题组

2019 年 8 月

问卷填写说明：1. 请用"√"或"○"选出您所选的答案或在横线处填写文字。

2. 来穗人员：是指外地来广州的人员。

第一部分　社会行为调查

A1. 您来自哪里？

①广东省内　　　②广东省外

A2. 您来广州多长时间了？

①1 年以下　　　②1～2 年　　　③3～6 年　　　④6 年以上

A3. 您参加社会志愿活动的频率是？

①一周一次　　　　②半个月一次　　　　③一个月一次

④半年一次　　　　⑤其他＿＿＿

A4. 您参加过哪些形式的社会志愿活动？（可多选）

①开展安全知识、技能普及　　　　②来穗政策宣传

③文化、娱乐活动　　　　　　　　④居民心理辅导

⑤卫生、环保活动　　　　　　　　⑥辅导社区小朋友课业

⑦救助帮扶困难群体（老弱病残孕）　　⑧其他＿＿＿

A5. 您是如何了解一些志愿活动的？（可多选）

①报纸、电视、广播等媒体　　　　②短信、微信群消息

③微博、网站等　　　　　　　　　④朋友介绍

⑤路过遇见　　　　　　　　　　　⑥其他＿＿＿

A6. 您通过哪些方式参与社会志愿服务？（可多选）

①社区居委会　　　②志愿者社团　　　③自主联系

④社工组织（非营利、服务他人的组织，如广仁、风向标）

⑤青年自组织（青年自发组织的，如乒乓球俱乐部）　　⑥其他＿＿＿

第二部分　参与态度评价

B1. 对于以下观点，您的态度是？（<u>请在您选择的态度下方对应的表格中打钩</u>）

观点一	非常同意	同意	一般	不同意	非常不同意
a. 先前接受过志愿帮扶有助于我参加志愿活动。					
b. 我周围的亲戚朋友理解并支持我进行志愿服务。					
c. 在志愿服务他人和社会时，我是自豪的、高尚的。					
d. 我的居住状况比较稳定，流动性不强。					
e. 服务他人时，我感觉团队氛围很好，大家相处融洽。					

B2. 志愿活动参与带来了哪些影响？（可多选）

①获取相关活动信息　　②成员间交流互动　　③建立紧密的成员关系

④增强团队归属感　　　⑤影响不大　　　　　⑥其他____

B3. 作为志愿者，您最担心以下哪些情况出现？（可多选）

①个人出现意外　　　　②被帮助对象拒绝　　③无关人群的指责

④活动安排不合理　　　⑤没有什么好担心的　⑥其他____

B4. 对于以下观点，您的态度是？（请在您选择的态度下方对应的表格中打钩）

观点二	非常同意	同意	一般	不同意	非常不同意
a. 我觉得每次志愿活动都是高质量的、高效率的。					
b. 关于志愿服务的新闻能够促使我参与志愿活动。					
c. 为了累计志愿服务时长，我会参与更多的活动。					
d. 参加志愿活动能给我带来明确的奖励与回报。					
e. 我喜欢在志愿服务的微信群里聊天。					
f. 我愿意主动介绍别人参加志愿活动。					

B5. 您认为目前的社会志愿服务存在哪些问题？（可多选）

①参与人群较少　　　②参与渠道较少　　　③宣传力度薄弱

④缺乏各方支持　　　⑤理解和支持的人较少　⑥志愿者服务质量不高

⑦志愿服务社会氛围不足　　　⑧其他____

B6. 您认为参加志愿活动对以下各项的影响值是？（1→5 表示：数值越大影响力越大，请在您同意的数值上打钩）

　　a. 参加志愿活动可以增强我的归属感。　　　　　　1　2　3　4　5

　　b. 参加志愿活动可以使我获得当地人的认可、赞许。　1　2　3　4　5

　　c. 参加志愿活动可以结交朋友，获得人脉、资源。　　1　2　3　4　5

第三部分　基本信息

C1. 您拥有广州户籍吗？　　①有　　　　②没有

C2. 您的性别是？　　　　①男　　　②女

C3. 您的职业是？

①建筑行业　②商业　③服务业　④教育行业　⑤学生　⑥其他＿＿＿

C4. 您的年龄是？

①15 岁及以下（含 15 岁）　　　②16 ～ 25 岁

③26 ～ 45 岁　　　　　　　　④46 岁及以上（含 46 岁）

C5. 您的受教育程度是？

①小学　　　　　　②初中　　　　　　③职校/中专/高中

④大专/高职　　　　⑤大学本科　　　　⑥研究生及以上

C6. 您的个人月收入情况？

①1 000 元以下　　②1 001 ～ 3 000 元　③3 001 ～ 5 000 元

④5 001 - 10 000 元　⑤10 001 ～ 20 000 元　⑥20 001 元以上

⑦无收入来源

C7. 您的居住处所是？

①租住私人房屋　　②租住公家房屋　　③亲友房屋

④单位宿舍　　　　⑤自购房屋　　　　⑥其他＿＿＿

C8. 您的子女情况（未婚人士跳过）？

①1 名　　　　　　②2 名及以上　　　③无子女

C9. 您的孩子在哪里上学？（未婚人士跳过）

①为外来子弟设立的民办学校　　　　②当地私立贵族学校

③当地公办学校　　　　　　　　　　④其他＿＿＿

C10. 志愿服务用"小爱铸大爱"，您参与志愿服务的初心是？又是什么原因让您坚持至今呢？您对当前的志愿活动或者组织有什么建议？

_____

_____

_____

对于您所提供的协助，我们表示诚挚的感谢！为了保证资料的完整与翔实，请您再花半分钟时间，检查一下自己填过的问卷，看看是否有填错、填漏的地方。谢谢！